한경MOOK 한경MOOK는 빠르게 변화하는 사회 흐름에 발맞춰 시시각각 현상을 분석하고 새로운 대안과 인사이트를 제시하기 위한 무크형태 단행본을 발행하는 한국경제신문사의 새 브랜드입니다.

일러두기

- 해외기업(50개종목)은 2023년 말 기준 자료를 바탕으로 작성했습니다. 따라서 투자에 앞서 새로 발표된 실적리뷰와 가이던스를 반드시 확인한 후 투자에 임하시길 바랍니다. 애널리스트 평균 목표가와 의견은 2024년 3월 10일 기준입니다.
- 본서에서 언급된 종목은 리딩투자증권과 NH헤지자산운용의 공식의견이 아닌 저자들의 의견임을 알려드립니다.
- 투자로 인한 손해는 투자자 본인에게 있으며, 본서를 고객의 투자 결과에 대한 법적 책임 소재 관련 증빙자료로 활용될 수 없습니다.

Prologue

주식 투자를 할때 MBTI 유형을 대입하는 이유

by 곽병열
리딩투자증권
리서치센터장

> "너 T야?" 이 문장을 직역하면 '넌 왜 공감 능력이 없어?'
> 라는 뜻으로, 이 말은 2023년 한 해 동안 소셜 네트워크 서비스
> (SNS)를 휩쓴 대표적인 키워드이자 화제의 '밈(Meme)'이다.

3년 전부터 불어닥친 MBTI 열풍이 아직도 뜨겁습니다. 2022년 1월부터 2023년 12월까지 인스타그램에서 '#MBTI'라는 해시태그를 사용한 게시물의 수는 약 14억건에 달합니다. 이러한 우리나라 MBTI 열풍의 근원을 찾아보면 우선 코로나19 팬데믹으로 인한 사회적 거리두기를 꼽을 수 있습니다.

코로나19 팬데믹 당시를 떠올려 보면 사회적 거리두기(Social distance)라는 정부의 방역 정책 수단으로 재택근무, 재택수업 등을 시행하면서 대면 접촉이 줄어들고 비대면 온라인 활동이 증가했습니다. 이러한 상황에서 MBTI는 온라인상에서 쉽게 접할 수 있는 성격유형 검사로 자신의 성격을 이해하고 타인과 소통하는 데 도움이 된다는 인식으로 높은 인기를 얻었습니다. 특히 인스타그램 같은 SNS에서 MBTI 검사 결과를 공유하고, 서로 해석을 제공하는 등 다양한 활동이 이뤄지면서 MBTI가 하나의 문화현상으로 자리 잡을 수 있었습니다.

불확실성의 시대엔 빠른 판단과 대처가 필수라는 점을 감안하면 자신과 누군가의 성격을 MBTI라는 도구를 통해 정형화시켜 소통 혹은 의사결정의 불확실성을 줄여보겠다는 마음이 어쩌면 자연스러울 수 있겠습니다.

MBTI 열풍은 그 본연의 미덕을 되새겨 본다면 고무적인 측면이 분명합니다. 바로 사람에 대한 이해의 도구라는 점입니다.

전통적 분석의 고정관념에서 벗어나 새로운 트렌드를 적극적으로 활용하여 투자 솔루션으로 구현하려는 애널리스트로 잘 알려져 있다. 서울대학교 경영학과 재무학 석사(2003)를 마치고 중앙대학교 재무학 박사과정(2018)을 수료했다. 18년 간 국내 증권사(KB증권 등) 투자 전략 애널리스트로 근무 중이다.

'나'는 '너'의 행동과 태도를 더욱 이해할 수 있고 관계 형성에 있어서 때로는 하나의 막연한 기준이 되기도 합니다.

코로나19 팬데믹을 겪는 동안 '나'와 '너'를 더 깊숙이 이해하려는 노력이 MBTI에 투영되었다는 의도는 물론 칭찬받아 마땅합니다. 다만 MBTI가 곧 만능열쇠는 아닙니다. 인간의 성격은 16가지 유형 이상일 수도 있고, 성격의 경계가 모호하거나 유동적일 수 있는 까닭입니다. MBTI에 대한 실증분석 결과, 타당도(Correlation coefficient)와 신뢰도(Test-rete streliability coefficient) 측면에서 완벽하지 못하다는 한계를 지적할 수도 있겠지요. 그럼에도 MBTI는 경제학 관점에서 투자자들의 다양한 선택 가능성을 인정하기에 성격유형에 따른 투자 행위 차이, 더 나아가 비합리적인 의사결정의 원인까지 설명할 수 있습니다. 이는 투자자가 합리적인 투자 결정을 내린다고 가정하는 기대효용 이론(Expected utility theory)과는 사뭇 다릅니다. 행동주의 경제학이 풍미하기 전까지 경제학의 주류를 차지했던 '경제학적 인간(Economic human)'에 대한 가설은 '합리적인 인간(Reasonable human)'이었고 인간은 기대효용을 극대화하도록 선택을 한다고 믿어왔습니다.

그러나 행동주의 경제학의 등장으로 투자자들에게 단 하나의 모범답안인 '기대효용 극대화'가 늘 존재하지 않으며 다양한 투자 성향까지 고려한 맞춤형 솔루션이 필요하다는 새로운 접근을 제시할 수 있었습니다.

실제 행동주의 경제학에서는 MBTI 성격유형이 위험 선호도에 미치는 영향을 고려하기도 합니다.

행동재무학에 근거한 투자지침서 『Behavioral Finance and Investor Types』의 저자 마이클 폼피안(Michael Pompian)과 『워런 버핏의 위대한 부자 수업』의 저자 존 롱고(John Longo)는 MBTI를 사용하여 투자자 성격을 측정해 그들의 자신감과 위험 허용성을 결정했습니다.

예를 들어, INFJ 유형은 위험 회피적이고 비관적인 경향이 있으며, ESTP 유형은 위험을 감수하고 자신의 결정을 과신하는 경향이 있습니다. 우리 역시 성격에 따른 투자 성향의 다양성을 인정하고, 투자 측면에서 성격의 장점을 극대화하면서 단점을 최소화할 만한 MBTI 유형별 투자전략을 모색하는 논의에 주목하고자 합니다.

마치 MBTI 유형별 궁합을 통해 최적의 커플을 구성할 수 있다는 믿음처럼 나의 MBTI에 맞는 주식, 포트폴리오, 투자전략까지 찾아보려는 시도라고 할 수 있습니다.

그럼 이제부터 MBTI 유형별 최적의 투자 솔루션을 찾아 모험을 떠나보도록 합시다.

Prologue

미국 주식을 먼저 시작해보자

by 전상훈
NH헤지자산운용
리스크관리 팀장

> 필자는 주식을 처음 시작하거나 아직 투자 경험이 많지 않은 지인들에게 항상 미국 주식을 먼저 시작하라고 추천한다. 엄밀하게 말하자면 선진국 주식을 먼저 시작하라고 추천한다. 지금부터 그 이유에 대해 몇 가지 설명하려고 한다.

전 세계 주식 시장은 선진국 시장과 신흥국 시장, 크게 두 가지로 구분합니다. 그럼 과연 한국 주식 시장은 어디에 속할까요? 안타깝지만, 한국 시장은 신흥국 시장(Emerging market)입니다. 다시 말해 후진국으로 분류하고 있다는 의미입니다.

우리나라가 후진국이라니 2022년 기준 GDP 13위 국가가 후진국이라는 평가를 받아들이기는 쉽지 않습니다. 그러나 글로벌 기관 투자자들과 벤치마크 지수를 만드는 주요 기관은 한국을 신흥국으로 분류하고 있습니다.

글로벌 자산 배분 펀드나 대형 기관의 투자자는 신흥국 마켓에 많이 투자하기 힘듭니다. 이 가운데 한국은 또 중국에 밀려서 비중이 더욱 작아졌습니다. 중국이 성장할수록 입지는 더욱 좁아질 수 있다는 사실이 다소 염려스럽기도 합니다.

한국 자본시장은 70여 년 가까이 된 오랜 역사를 갖고 있지만 미국 등 선진국 시장에 비하면 아직 갓난아이에 가깝습니다. 실물 경제 규모에 비해 자본시장이 못 따라가는 까닭입니다. 그래서 항상 등장하는 표현이 바로 '코리아 디스카운트'입니다. 그 원인에 대해서는 수많은 연구 결과가 있습니다. 기업지배구조, 기관 투자자의 적극적인 의결권 행사 부족, 소액주주 권리보호 수단, 이사회 기능 등 여러 가지 원인을 꼽을 수 있는데 가장 큰 영향을 미치는 요소는 바로 주주 환원 정책입니다.

17년간 헤지펀드, 연기금 펀드 등 다양한 펀드의 포트폴리오 매니저로 활동했다. 2017년 우정사업본부 중소주식형 위탁 펀드를 운용, 최우수 등급 'S등급'을 받아 수탁고 확대에 기여했다. 같은해, 대한민국 최대 헤지펀드인 NH투자증권 '앱솔루트리턴 펀드'의 펀드 매니저로 이직해 주식, 선물, 옵션, 델타 헷징, 국내외 비상장 및 메자닌 딜소싱을 담당했다.

미국의 경우 애뉴얼 리포트에서 프락시 평가 즉 임원 평가가 깊이 있게 다뤄집니다. 또한 기업 실적 및 주주환원 등 기업가치 향상에 어떤 기여를 했는지 분석하고 보상 내용을 상세히 설명하고 있습니다. 그렇기에 실적 측면에서 손익 개선을 위해 노력하고 자본효율성을 극대화해 주주에게 많은 이득이 돌아갈 수 있도록 배당과 자사주 매입소각을 적극적으로 시행하고 있습니다. 미국의 주주환원율은 92%로 전 세계에서 가장 높습니다.

반면 한국의 주주환원율은 29%에 불과합니다. 신흥국 평균 37%보다 낮고 심지어 중국의 32%보다도 낮습니다. 그나마 한국을 대표하는 기업인 삼성전자와 현대차가 잉여현금흐름(Free Cash Flow, FCF)의 절반 수준을 주주에게 환원하기 위해 노력하고 있는데, 하루빨리 선진국 지수에 편입되어 글로벌 기관 투자자의 자금이 유입되고 주주환원에 대한 요구가 강화되길 바라는 마음입니다.

기업의 가치는 실적의 함수입니다. 주가는 곧 실적이기에 이 책을 접하는 독자 여러분이 재무상태표, 손익계산서, 현금흐름표를 잘 읽을 수 있길 바랍니다. 특히 잉여현금흐름(Free Cash Flow, FCF)을 꼭 주목해서 보셨으면 합니다. 실제 기업에 유입되어 주주에게 돌아갈 수 있는 돈이기에 '찐 숫자'인 셈입니다.

마지막으로 세 가지 당부의 말씀을 덧붙이자면 첫째 가능한 긍정적으로 사고하고, 둘째 현재와 미래의 현금창출능력에 집중하며, 셋째 자신에게 맞는 투자 스타일을 찾으시길 바랍니다. 이로써 조금이나마 부를 축적하는 데 도움을 드릴 수 있다면 매우 기쁘겠습니다.

아직도 주식 투자가 어려다면
MBTI 투자법
CONTENTS

004 PROLOGUE

004 주식 투자를 할때 MBTI 유형을 대입하는 이유
006 미국 주식을 먼저 시작해보자

010 OPENING

010 명언으로 알아보는 투자 대가들의 MBTI
012 MBTI 선호지표 혹시 MBTI가 어떻게 되세요?
014 Who am I_Look&Check MBTI 유형별 투자 성향

CHAPTER 1

020 Know yourself!
MBTI 투자 성향, 너 자신을 알라

Case by MBTI

022 ENFJ 실속부터 챙기자
024 ENFP 충동적인 결정보다는 인내심을 기르자
026 ENTJ 경험많은 투자자 이야기에 귀를 기울이자
028 ENTP 일확천금보다 리스크를 고려해라
030 ESFJ 정보의 질 평가와 학습을 통한 옥석 가리기는 필수
032 ESFP 통제력을 잃지 말자
034 ESTJ 시장의 흐름에 따라 유연성을 기르자
036 ESTP 때론 무모한 도전이 독이 될 수 있다
038 INFJ 사색보다는 추진력을 기르자
040 INFP 때론 과감하게 결단을 내려보자
042 INTJ 비판적 사고 대신 직감이 빠를 때가 있다
044 INTP 끝까지 끈기를 잃지 말자
046 ISFJ 얇디얇은 팔랑귀는 이제 접자
048 ISFP 신중하게 탐색하는 방법을 찾자
050 ISTJ 다양한 관점으로 새로운 기회를 포착하자
052 ISTP 유연성을 가지고 새로운 기회를 포착하자

CHAPTER 2

054 MBTI Money Matching
성향이 투자에 미치는 영향

Investing & Matching

- 056 기업 성향 탐색하기, 기업에도 MBTI가 있다
- 060 투자 성향에 따른 기업 매칭법
- 062 MBTI 유형별 포트폴리오

CHAPTER 3

072 포트폴리오 미국 기업 50

투자 전 알아야 하는 종목 정보

- 074 나이키 NKE
- 076 넷플릭스 NFLX
- 078 노보노디스크 NVO
- 080 로블록스 RBLX
- 082 룰루레몬애슬레티카 LULU
- 084 마이크로소프트 MSFT
- 086 머크 MRK
- 088 메타플랫폼스 META
- 090 버크셔해서웨이 BRK.B
- 092 부킹홀딩스 BKNG
- 094 브로드컴 AVGO
- 096 비자 V
- 098 세일즈포스닷컴 CRM
- 100 스타벅스 SBUX
- 102 시스코시스템즈 CSCO
- 104 아마존닷컴 AMZN
- 106 알파벳 GOOGL
- 108 애플 AAPL
- 110 어도비 ADBE
- 112 어드밴스드마이크로디바이시스 AMD
- 114 어플라이드머티리얼즈 AMAT
- 116 에어비앤비 ABNB
- 118 에이에스엠엘 ASML
- 120 엑슨모빌 XOM
- 122 엔비디아 NVDA
- 124 오라클 ORCL
- 126 우버테크놀로지스 UBER
- 128 월마트 WMT
- 130 월트디즈니 DIS
- 132 유나이티드헬스그룹 UNH
- 134 유니티소프트웨어 U
- 136 인텔 INTC
- 138 인튜이트 INTU
- 140 인튜이티브서지컬 ISRG
- 142 일라이릴리 LLY
- 144 일렉트로닉아츠 EA
- 146 제이피모간체이스 JPM
- 148 존슨앤드존슨 JNJ
- 150 캐터필러 CAT
- 152 컴캐스트 CMCSA
- 154 코스트코홀세일 COST
- 156 코카콜라 KO
- 158 퀄컴 QCOM
- 160 크록스 CROX
- 162 테슬라 TSLA
- 164 텍사스인스트루먼트 TXN
- 166 티모바일 TMUS
- 168 펩시코 PEP
- 170 프록터앤드갬블 PG
- 172 홈디포 HD

174 EPILOGUE
- 174 실전 주식 투자 Q&A

176 INFORMATION
- 176 미국 분기 보고서 보는 팁과 주요 용어
- 177 참고문헌

명언으로 알아보는
투자 대가들의

MBTI

ISTJ

Warren Buffett

워런 버핏
오마하의 현인

> 시장이 닫히면 10년 동안 팔 수 없는 주식을 사라. 그러면 잘 고른 것이다.

ISTP

William O'Neil

윌리엄 오닐
월가 최고의 투자 전략가

> 헐값에는 그저 그런 그림밖에 살 수 없다. 진짜 멋진 그림은 비싼 값을 줘야 한다.

MBTI 본연의 기능은 사람에 대한 이해의 도구다. 나와 타인의 성향을 파악하고 나름의 선택을 이해하는 척도인 셈이다. 투자 분야 역시 전략을 모색하는 데 있어 개인의 성향이 드러나기 마련이다. 생성형 AI를 활용해 성공한 투자가들의 MBTI를 유추해보았다.

ENFP
Jim Cramer
짐 크레이머
골드만삭스 출신, 월가의 미친소

> 투자는 오랜 기간의 게임입니다. 단기적인 변동에 집착하지 말고 장기적인 목표를 세워야 합니다.

ENTJ
Ray Dalio

레이 달리오
브리지워터 어소시에이츠의 창업자

> 원칙을 가지고 투자하는 것이 중요하다. 감정에 휩쓸리지 않고 객관적인 판단을 바탕으로 투자해야한다.

INTJ
Benjamin Graham

벤자민 그레이엄
워런 버핏의 스승

> 주식 거래는 아내를 선택하는 것과 비슷하다.

ENFJ
George Soros

조지 소로스
헤지펀드의 전설

> 내가 부자가 된 이유는 나의 실수를 알고 있었기 때문이고, 나는 기본적으로 나의 실수를 인정함으로써 살아남았다.

ENTP
James Chanos
제임스 차노스
공매도의 제왕

> 당신은 절대 미래를 예측할 수 없습니다. 미래를 예측하려고 노력하지 않아야 합니다. 그 대신 무엇이 어떻게 될지에 대한 현재의 믿음을 가지고 있어야 합니다.

혹시 MBTI가 어떻게 되세요?

나의 MBTI 알아보기

2000년대 초반 'B형 남자친구'라는 영화가 있었다. 하지만 이제는 '내 남자친구는 T'라는 영화가 나오지 않을까 싶을 정도로 MBTI 열풍이 거세다. 오늘날 사람들은 MBTI가 제시하는 내향·외향성, 감각·직관, 사고·감정, 판단·인식의 네 가지 지표를 더 잘 인지하고 있다.

MBTI란

Myers-Briggs Type Indicator의 약어다. 1944년대에 캐서린 쿡 브릭스(Katharine C. Briggs)와 그의 딸 이사벨 브릭스 마이어스(Isabel B. Myers)에 의해 개발된 성격유형검사로, 그들의 이름을 따 명명되었다. 당시 MBTI는 제2차 세계 대전 이후 징병제로 인한 남성 위주의 인력 부족을 보완할 목적으로 여성의 노동시장 진출 시 성격 유형별로 적합한 직무를 찾을 목적으로 만들어졌다.

MBTI 검사는 스위스의 정신의학자 카를 융(Carl Gustav Jung)의 심리 유형 이론을 바탕으로 개발했는데, 다음과 같은 4가지 대응되는 이분법적 척도(외향-내향, 감각-직관, 이성-감성, 계획-즉흥)를 사용하여 개인의 성격을 16가지 유형으로 분류한다.

MBTI 4가지 척도

에너지방향
▶▶▶

내향형(I)
내향형은 내부 세계에 관심을 가지며, 혼자 있는 것을 선호

인식 기능
▶▶▶

감각형(S)
감각형은 현실적이고 구체적인 것을 선호

판단 기능
▶▶▶

이성형(T)
이성형은 논리적이고 이성적인 것을 선호

생활양식
▶▶▶

계획형(J)
계획형은 계획적이고 조직적인 것을 선호

카를 융의 심리 유형이론과 MBTI의 계승

신체지표 vs. 정신지표
융은 심리학적인 탐구를 통해 인간 심리를 이해하기 위해 '신체지표'와 '정신지표'를 사용했다. '신체지표'는 감각적 경험을 나타내고, '정신지표'는 직관적인 경험을 나타낸다. MBTI는 이러한 융의 개념을 확장하여 네 가지 기본 기능(감각, 직관, 사고, 감정)을 이용해 16가지 성격 유형을 정의했다.

인간 심리의 기본 기능

MBTI는 융이 제안한 인간 심리의 네 가지 기능을 사용하여 성격 유형을 분류한다.
- 감각(Sensing, S) vs. 직관(Intuition, N)
감각형은 현실적이고 실용적이면서 경험에 의존하며, 직관형은 미래 지향적이고 창의적이며 가능성에 주의를 기울인다.
- 이성(Thinking, T) vs. 감성(Feeling, F)
이성형은 논리적이고 분석적이면서 객관적으로 판단하며, 감성형은 관계 중심적이고 감정에 민감하며 주관적으로 판단한다.

외향형(E)
외향형은 외부 세계에 관심이 많고 타인과 함께 활동하는 것을 선호

직관형(N)
직관형은 추상적이고 미래지향적인 것을 선호

감성형(F)
감성형은 공감적이고 감성적인 것을 선호

즉흥형(P)
즉흥형은 유연하고 모험적인 것을 선호

1944년생 MBTI가 오늘날 대유행인 이유

첫째, MBTI는 개인이 자신의 성격유형을 이해하고 자아 인식을 높이는 데 도움이 된다. 또한, 다른 사람들의 성격을 이해함으로써 대인관계를 향상시킬 수 있다. 둘째, 조직이나 팀에서 MBTI는 각 구성원의 강점과 약점을 이해하고 조화롭게 협력할 수 있도록 돕는다. 이는 팀 빌딩 및 조직 개발에 유용하다. 셋째, MBTI 결과를 통해 개인은 자신의 관심사나 선호하는 작업 환경을 파악할 수 있다. 이는 직업 선택이나 커리어 개발에 도움이 될 수 있다. 제2차 세계 대전 중 징병으로 노동력이 부족한 상황에서 여성들의 적합한 직무 선택에 도움 주려는 당초 목적과도 일치한다. 넷째, MBTI는 각 성격유형이 정보를 이해하고 전달하는 방식을 설명하므로, 이를 통해 효율적인 커뮤니케이션을 촉진할 수 있다.

행동주의 경제학이 풍미하기 전까지 경제학의 주류를 차지했던 '경제학적 인간'에 대한 가설은 '합리적인 인간'이었고, 기대효용을 극대화시키는 합리적인 선택을 경제학적 인간은 수행한다고 믿었다. 하지만 행동주의 경제학의 등장으로 다양한 투자자들의 투자성향까지 고려한 맞춤형 솔루션이 필요하다는 새로운 접근을 제시하게 되었다. 투자론의 범주로 다뤄지는 행동주의 재무 역시 투자자들의 의사결정에 있어서 보편타당한 최적의 결정보다는 각자의 개별적인 효용을 따져 결정한다는 것을 보고하고 있다. 경제학적 인간을 추종하는 경제학-재무학 교수가 봤을 때는 고개를 갸웃하는 투자결정도 하지만, 사람들은 다양한 개성을 지닌 존재로서 많은 요인들의 영향을 받아 나름대로 자기 성격에 맞는 결정을 내린다는 것이다. 인간의 성격유형별로 의사결정의 차이를 설명하는데, 이는 성격 유형의 영향으로 의사결정 과정도 차별적이고, 이에 따른 해당 성격 유형에 맞는 최적의 투자 포트폴리오도 개별화될 수 있음을 의미한다. 따라서 위의 4가지 유용성을 확장시켜 투자자들의 성격 유형에 따라 독특한 개성을 이해하고 '각 성격 유형마다 자신의 성격에 적합한 맞춤형 투자방법이 존재하지 않겠는가' 하는 가정에서 MBTI 투자법을 설명하고자 한다.

014　MBTI 투자법

투자하기 전 필수 체크
MBTI 유형별 투자성향

Who am I

Look&Check

투자성향은 개인의 전문성과 경험, 환경 등 수많은 요소들의 영향을 받는다. 특히 개인의 성격유형은 강력한 영향을 미치는 요인 중 하나다. 중요한 경기를 앞둔 선수가 체성분 분석을 받듯 실전 투자에 앞서 나의 투자성향을 세심하게 체크해보자.

ENFJ 1

☑ ENFJ는 외향형(E)으로 사람들과 어울리는 것을 좋아하고, 직관형(N)으로 새로운 아이디어에 관심이 많다. 감성형(F)으로 감정과 관계를 중요시하면서, 계획형(J)으로 계획적이고 체계적인 것을 선호한다. 이타적인 성격으로 인간관계에 의미를 부여하는 반면, 본인에 대해서는 냉정하고 객관적으로 평가하는 편이다. 조직 내 '인싸'로 불릴 만한 공감 능력을 지닌 착한 리더십의 소유자라고 볼 수 있다.

투자성향 ENFJ성향상 타인의 성공을 돕고 사회에 긍정적인 영향을 미치고 싶어 한다. 따라서 '환경(E)-사회(S)-지배구조(G)'를 고려하는 착한 기업, ESG 투자에 관심이 클 수 있다. 공감 능력이라는 장점을 보유한 ENFJ는 금융시장 변동성이 그대로 전달되어 스트레스로 연결될 가능성이 크므로 변동성이 높지 않고 장기적인 성장을 추구하는 투자가 잘 맞을 수 있다. 본인 스스로에 대한 이상이 높기 때문에 지나치게 높은 투자수익률을 추구하면 번아웃이 올 수도 있으니 적정한 투자목표와 이에 미치지 못할 수도 있다는 '멘탈' 관리도 중요하다.

ENTJ 3

☑ ENTJ는 외향형(E)으로 사람들과 어울리는 것을 즐기며, 직관형(N)으로서 새로운 아이디어에 관심이 많다. 이성형(T)으로 논리적이고 합리적인 사고를 선호하며, 계획형(J)으로서 불확실성이나 변화보다는 안정성과 예측 가능성을 중시한다. 목표가 확고해지면 이를 이루기 위해 체계적인 추진력을 발휘하기 때문에 열정적이고 성과 지향적인 리더형이기도 하다. 주로 완벽주의자로 알려져 있고, 자기 주장과 자신감이 강한 편이다.

투자성향 ENTJ는 미래지향적이고 적극적인 투자를 선호하기 때문에, 때로는 위험을 감수하고 공격적인 투자성향을 보이기도 한다. 새로운 투자 기회를 탐색하는 데 적극적이기 때문에, 다양한 투자상품을 탐색하고 투자 기회를 찾는 데 열심이다. 높은 목표를 달성하기 위해 노력하는데, 투자 결정을 내리기 전에 충분한 정보를 수집하고 분석하는 효율적인 포트폴리오 관리를 중시하기도 한다. 물론 계획대로 반드시 시장이 움직이는 것은 아니기 때문에 지나친 자신감은 손실을 초래할 수도 있으니 투자 위험을 충분히 이해하고, 자신에게 맞는 투자 전략을 수립하는 것이 중요하다.

ENFP 2

☑ 외향형(E)으로 대중 앞에 나서는 것을 두려워하지 않고, 직관형(N)으로 추상적인 개념 이해에 능하다. 감정형(F)으로 감정에 따라 판단하는 것을 선호하며, 즉흥형(P)으로 불확실성이나 변화를 즐긴다. 사교적이고 낙천적이지만 감정 기복이 큰 편이다. 새로운 것에 대한 도전 정신은 크지만 반복되는 지루한 업무는 견디기 힘들어 한다. 한 우물을 파는 집중력보다는 관심 범주가 넓고 다양한 멀티플레이어의 특징을 보유하고 있다.

투자성향 ENFP는 새로운 투자 기회를 탐색하는 데 꽤 적극적이다. 따라서 새로운 아이디어나 가능성을 가진 기업이나 투자 상품에 투자하는 것에 거부감이 없다. 다만 이성보다는 감성에 휘둘려 투자 결정을 내릴 수도 있으므로 자신의 내면 감성을 잘 이해하고, 합리적인 판단 기준을 세워서 이를 감안한 의사결정을 하는 것도 필요하다. 도전적이지만 싫증 또한 잘 내는 성향을 고려하면 주식, 채권, 부동산, 펀드 등 다양한 투자상품의 최신 트렌드를 빨리 흡수하면서 투자하는 방식이 성향상 잘 맞다고 볼 수 있다. 다양한 투자안에 대한 관심은 포트폴리오 분산 효과로 연결될 경우 투자위험을 낮추는 효과도 기대할 수 있을 것이다. 또한 저조한 투자성과에 대해서 크게 연연하지 않아 뒤끝이 적은 것도 장점으로 파악된다.

ENTP 4

☑ ENTP는 외향형(E)으로 사람들과 어울리는 것을 즐기며, 직관형(N)으로 새로운 아이디어와 가능성에 관심이 많다. 이성형(T)으로 논리적이고 합리적인 사고를 선호하며, 즉흥형(P)으로 계획보다는 선제적인 행동에 나서면서 불확실성이나 변화를 즐긴다. 고정관념에 사로잡히지 않는 개방적인 성격으로 관심분야가 넓고 창의력이 뛰어나 변화에 대한 적응력이 뛰어난 편이다.

[투자성향] ENTP는 창의적이고 도전적인 투자를 선호한다. 새로운 투자 아이디어와 미래 성장 가능성에 관심이 많으며, 단기적이고 고수익을 추구하는 공격적인 방식을 취하기도 한다. 또한 새로운 투자 기회를 탐색하는 데 적극적이기 때문에 다양한 투자 가능 자산 및 상품을 탐색하고 투자 기회를 찾는 데 노력한다. 자신의 생각을 표현하는 것을 즐기며, 투자에 대한 의견을 공유하고, 다른 투자자들과 토론하길 좋아한다. 성향상 위험을 감수하고 적극적인 투자를 할 수 있지만 이러한 성향으로 인해 투자 손실이 발생할 수 있다. 따라서 ENTP는 투자 위험을 충분히 이해하고, 자신에게 맞는 투자 전략을 수립하는 것이 중요하다.

ESFJ 5

☑ ESFJ는 외향형(E)으로 대중 앞에 나서길 두려워하지 않고, 감각형(S)으로 보다 현실적인 것에 관심이 많다. 감성형(F)으로서 사람 간의 관계를 중시하고 감정에 따라 판단하는 것을 선호하며, 계획형(J)으로 계획적이고 체계적인 것을 중시한다. 뛰어난 친화력을 보유한 사교적인 리더형으로 이타적인 면이 강해 본인보다 가족이나 조직을 더 챙기는 사회 생활에 적합한 성격이다. 타인의 감정에 민감하게 반응하고 이해하며, 돕고 지원하는 데 관심을 가지는 특성을 보인다.

[투자성향] ESFJ는 안전한 투자를 선호하는 만큼 안정적인 수익을 추구한다. 또한, 장기적인 투자에 관심이 많기 때문에, 단기적인 수익을 올리는 투자보다는 장기적인 성장을 추구하는 투자에 관심이 많을 수 있다. 사람과 관계를 중시하는 투자를 선호하여 사회적 책임을 다하는 기업이나, 지역 사회에 기여하는 투자 상품에 투자하는 것에 적극적일 수 있다. 다만 안전한 투자를 선호하고 투자 결정에 충분한 시간을 갖는 편이기 때문에 투자 결정이 지연되거나, 새로운 투자 기회를 놓칠 수 있다.

ESFP 6

☑ ESFP는 외향형(E)으로 사람들과 어울리는 것을 즐기며, 감각형(S)으로 현실적인 것에 관심이 많다. 감성형(F)으로서 사람과 관계를 중시하고 감정에 따라 판단하는 것을 선호하며, 즉흥형(P)으로 계획보다는 실천을 선호하며, 불확실성이나 변화를 즐긴다. 활발하고 사교적이며 즐거움을 추구하는 성격이고, 즉각적이고 현실적인 경향이 있으며 새로운 경험을 즐기고 다양한 활동에 관심을 가진다.

[투자성향] ESFP는 다소 즉흥적이고 현실적인 경향을 보일 수 있다. 새로운 경험과 즐거움을 추구하는 성향으로 인해, 일상적인 투자보다는 새로운 기회나 현재의 상황에서 나타나는 가능성에 더 관심을 가질 수 있다. 때때로 이들은 감각적인 판단을 통해 투자 결정을 내릴 수 있으며, 현실적인 수익과 짧은 기간 내의 결과에 집중할 수 있다.

ESTJ 7

☑ ESTJ는 외향형(E)으로 대중 앞에 나서길 두려워하지 않고, 감각형(S)으로 현실적인 것에 보다 관심이 많다. 이성형(T)으로 논리적이고 합리적인 사고를 선호하며, 계획형(J)으로써 계획적이고 체계적이면서 불확실성이나 변화를 즐기지 않는다. 현실적이고 실용적인 성향을 가지며, 조직적이고 책임감이 강한 완벽주의자 혹은 워커홀릭으로 잘 알려져 있다. 논리적으로 일 처리를 하고, 목표 달성을 위해 체계적으로 계획을 세우는 꼼꼼한 성격이다.

[투자성향] ESTJ는 일반적으로 안전한 투자를 선호한다. 이들은 보수적이고 실용적이기 때문에, 안정성과 수익의 균형을 중시한다. 투자 관점으로 보면 기업 실적이 검증된 안정성이 큰 주식이나 회사채에 투자하려는 경향이 강하다. 더불어 장기적인 투자에도 관심을 갖는 경우가 많다.

ESTP 8

☑ ESTP는 외향형(E)으로 사람들과 어울리는 것을 즐기며, 감각형(S)으로서 현실적인 것에 관심이 많은 편이다. 이성형(T)으로 논리적이고 합리적인 사고를 선호하며, 즉흥형(P)으로 계획보다는 일단 행동을 선호하며, 불확실성이나 변화를 두려워하지 않는다. 이들은 타고난 센스와 자신감을 바탕으로 뛰어난 문제 해결능력, 적응력과 유연성을 갖추고 있다.

투자성향 ESTP는 적극적이고 과감한 경향을 보일 수 있다. 변화와 도전을 즐기는 성향으로 높은 리스크를 감수하면서도 빠른 시장 변동에 대응하는 것을 선호한다. 새로운 투자 기회를 발견하고 신속하게 행동하여 이익을 얻으려는 경향이 있다. 금융시장에서 과거의 흐름이나 추세보다는 현재의 상황과 미래의 가능성에 주목하며 투자 결정을 내릴 수 있다.

INFP 9

☑ INFP는 내향형(I)으로 혼자 있는 것을 즐기고, 직관형(N)으로서 추상적인 개념이나 이론을 이해하는데 능숙하다. 감성형(F)으로서 사람과 관계를 중시하며, 감정에 따라 판단하며, 즉흥형(P)으로 계획보다는 실천을 선호하며, 불확실성이나 변화에 잘 적응한다. 이상적이고 창의적이며, 감수성이 풍부한 성향을 가진 것으로 알려져 있다. 자신의 가치관과 독립적인 성향을 중시하며, 타인과 조화롭게 일하기를 선호한다.

투자성향 INFP의 투자성향은 개인의 가치관과 미래 비전에 따라 결정된다. 안정적인 수익보다도 개인의 이상과 가치관에 부합하는 투자를 선호할 수 있다. 내가 규정하지 않은 사회의 일반적인 관행이나 규칙을 싫어하기 때문에 자신의 믿음과 신념에 따라 투자 결정을 내릴 수 있다. 본인의 가치관을 잘 정립하는 것에 비해 실천력은 다소 약할 수 있어서 투자 결정이 지연되거나, 새로운 투자 기회를 놓칠 수도 있다. 또한 이성보다는 감정에 따라 투자 결정을 내릴 수 있기 때문에 때로는 자신의 감정보다는 객관적인 시각에서 판단을 내리는 것도 필요할 것이다.

INFJ 10

☑ INFJ는 내향형(I)으로 혼자 있는 것을 즐기며, 직관형(N)으로 새로운 아이디어에 관심이 많다. 감성형(F)으로 사람과 관계를 중시하며, 감정에 따라 판단하는 것을 선호하고, 계획형(J)으로 계획적이고 체계적인 것을 중시하고 불확실성이나 변화를 즐기지 않는다. 창의적이고 이상주의적인 성향을 바탕으로 깊은 이해력과 공감 능력을 보유했다. 미래를 예측하고 상상력을 바탕으로 목표를 이루려는 경향이 있다.

투자성향 INFJ는 신중하고 조심스러운 경향을 보인다. 감성적이고 신념이 강한 성향으로 투자 결정을 내릴 때 돌다리를 두드리는 신중을 기한다. 이를 통해 안정성과 미래의 장기적인 성장을 중시하는 투자 방식을 선호한다. 투자위험을 최소화하고 안정성을 추구하는 경향이 강하고, 장기적인 목표를 위해 인내한다. 또한 INFJ 유형은 종종 사회적 가치 및 윤리적인 측면을 고려하여 투자를 결정할 수 있다.
행동재무학에 근거한 투자지침서를 쓴 마이클 폼피안(Michael Pompian)과 존 롱고(John Longo)의 말처럼 INFJ는 투자에 있어서 위험 회피적이고 비관적이라는 결론을 내리기도 했다.

INTJ 11

☑ INTJ는 내향형(I)으로 대중 앞에 나서길 꺼릴 수 있으며, 직관형(N)으로 새로운 아이디어에 관심이 많은 편이다. 이성형(T)으로 논리적이고 합리적인 사고를 선호하며, 계획형(J)으로 불확실성이나 변화보다는 안정성과 예측 가능성을 지향한다. 분석적이고 전략적이며, 논리적 사고와 비전을 가진 것으로 알려져 있다. 목표 달성을 위해 체계적으로 계획을 세우고, 문제를 해결하는 데 뛰어난 능력을 갖고 있다.

투자성향 INTJ는 전략적이고 분석적인 접근을 통해 투자 결정을 내린다. 뛰어난 분석력과 계획을 바탕으로 투자전략을 수립하며, 자신의 목표와 비전을 위해 효율적으로 자산을 배분하고 운용한다. 따라서 리서치를 통한 과학적인 분석과 정보를 기반으로 한 투자 방식을 선호하며 장기적인 투자 전략에 집중할 가능성이 있다. 때로는 높은 리스크를 감수하더라도 목표 달성을 위한 전략적 투자를 선호할 수 있다.

INTP 12

☑ INTP는 내향형(I)으로 혼자 있는 것을 즐기며, 직관형(N)으로 새로운 아이디어에 관심이 많다. 이성형(T)으로 감정보다는 객관적인 사실을 중시하고, 즉흥형(P)으로 계획보다는 즉각적인 행동을 선호한다. 논리적이고 분석적이며, 창의성과 비판적 사고를 가진 것으로 알려져 있다. 자신만의 독창적인 아이디어와 해결책을 찾는 데 능숙하며, 지적 호기심이 높다.

투자성향 INTP의 투자 성향은 분석적이고 논리적인 접근을 통해 투자를 결정한다. 자신만의 분석과 연구를 통해 정보를 수집하고, 전략적으로 투자를 계획하는 데 시간을 할애한다. 금융시장에서도 풍부한 지식과 분석을 통해 투자 결정을 내릴 수 있다. 또한 새로운 아이디어나 기술에 투자하는 데 관심이 큰 편이다. 기술혁신이나 뉴트렌드에 대한 관심이 높아서 IT 회사나 혁신적인 신성장 분야에 투자하는 경향을 보인다. 또한, 과학, 기술, 혁신 등에 대한 관심을 바탕으로 장기적이고 전략적인 투자를 선호할 수 있다.

ISFJ 13

☑ ISFJ는 내향형(I)으로 혼자 있는 것을 즐기며, 감각형(S)으로 현실적인 것에 관심이 많다. 감성형(F)으로 사람과 관계를 중시하며, 감정에 따라 판단하며, 계획형(J)으로 계획적이고 체계적인 것을 선호한다. 사려깊고 세심한 성향을 가지며, 타인을 돕고 지원하는 데에 능숙한 것으로 알려져 있다. 신뢰성이 있고 조직적이며, 안정성을 중시한다. 그리고 타인의 시선도 늘 고려하면서 전통이나 관습을 존중하는 태도도 보인다.

투자성향 ISFJ는 안정적이고 실용적인 성향을 토대로 안전한 투자를 선호한다. 보수적인 투자 방식을 채택하여 안정성과 신뢰성 있는 투자를 추구할 가능성이 크다. 또한 장기적인 투자에 관심을 갖는 경우가 많아서 주식시장에서는 안정성과 신뢰성이 높은 기업이나 산업에 투자하는 경향을 보일 수 있다. 투자 결정에 심사숙고하고 때로는 투자 결정이 지연되거나, 새로운 투자 기회를 놓칠 수도 있다.

ISFP 14

☑ ISFP는 내향형(I)으로 대중 앞에 나서는 것을 꺼릴 수 있으며, 감각형(S)으로 현실적인 것에 관심이 많다. 감성형(F)으로 감정에 따라 판단하는 것을 선호하고, 즉흥형(P)으로 계획보다는 즉각적인 행동에나서는 편이고 변화를 즐긴다. 예술적이고 창의적이며, 감성적인 성향을 가진 것으로 알려져 있다. 자유로운 영혼을 가지고 있으며, 예술, 음악, 자연 등을 통해 자신의 감성을 표현하는 데에 관심이 많다. 기존의 규칙이나 관습의 틀에 얽매이는 것을 싫어하고 자신만의 개성을 추구하려고 한다.

투자성향 ISFP는 개인의 감정과 가치관에 따라 개인별로 취향이 매우 가변적이다. 감성적이고 예술적인 성향을 감안하면 투자 결정을 내릴 때도 다분히 감정적인 요소가 크게 작용할 수 있다. 안정성보다는 자신의 감성에 맞는 투자를 선호할 수 있으며 예술이나 창작분야, 환경보호 등 특정한 개별적인 관심을 감안한 투자로 확장할 수도 있다.

ISTJ 15

☑ ISTJ는 내향형(I)으로 혼자 있는 것을 즐기고, 감각형(S)으로 현실적인 것에 관심이 많다. 이성형(T)으로서 논리적이고 합리적인 사고를 중시하며, 계획형(J)으로서 계획적이고 체계적인 것을 좋아하여 안정성과 예측 가능성을 선호한다. 실용적이고 현실적인 성향을 가졌고, 안정성과 신뢰성, 그리고 질서와 규칙을 중요시한다. 사회생활의 반복적인 일상에서 성실함과 책임감을 가지고 인내력 있게 업무를 완수하는 성향이기도 하다.

투자성향 ISTJ는 안정적이고 실용적인 성향으로, 일정한 안정성을 보장하는 투자를 선호할 가능성이 크다. 안정성과 이를 가능하게 하는 신뢰성 큰 기업이나 산업에 투자하는 경향을 보일 수 있고 보수적인 투자 방식을 채택하여 투자위험을 최소화하는 경향이 있다. 과거 실적분석을 통해 검증된 안정적인 기업에 투자하려고 하고 기업의 장기적인 성장성을 중요시하는 경우가 많다. 성실함과 책임감을 바탕으로 고소득자가 많은 유형이라고 잘 알려져 있다.

ISTP 16

☑ ISTP는 내향형(I)으로 대중 앞에 나서길 피할 수 있고, 감각형(S)으로 현실 세계와 구체적인 것에 관심이 많다. 이성형(T)으로 논리적이고 합리적인 사고를 선호하며, 즉흥형(P)으로서 계획보다는 선제적인 행동에 나서기도 하고 불확실성이나 변화에 대한 적응력이 양호하다. 논리적이고 현실적이며, 문제 해결능력과 적응력을 갖췄다. 새로운 도전과 경험을 추구하며, 실제적인 해결책을 찾는 데에 능숙하다. 독립적이고 자기 주관이 확실하며 집중력도 뛰어나다.

투자성향 ISTP는 실용적이고 적응력 있는 접근을 통해 투자를 결정한다. 새로운 정보나 경험을 통해 투자 결정을 내리며, 논리적이고 현실적인 판단을 중시한다. 이를 바탕으로 투자 위험을 감수하면서도 새로운 기회를 발견하고자 한다. 또한 개인적인 경험을 바탕으로 투자를 결정하는 경향이 있는데, 실제로 경험해본 것에 대해 더 많은 관심을 가진다. 새로운 기술이나 혁신적인 분야에 투자하는 경향을 보일 수 있다. 실용적이고 현실적인 투자를 선호하기 때문에 장기적인 성장을 추구하는 투자보다 단기적인 수익을 올리는 투자에 관심이 많을 수 있다.

MBTI 투자 성향

너 자신을 알라
Know yourself!

어떤 MBTI 유형이든지 나에게 적합한 재테크 방법을 습득하고 객관적으로 파악해 강점을 극대화하면서 약점은 최소화시킨다면 재테크 성공은 얼마든지 가능하다.
MBTI 유형별로 실제 사례를 재구성한 이야기를 통해 개인별 투자 성향을 진단하고 성공적인 재테크를 위한 방법을 모색해본다.

ENFJ
조직 내 '인싸'이자 착한 리더십의 소유자로 공감능력이 뛰어나며 타인과의 연결을 통해 투자 정보를 습득한다.

ENFP
열정적이고 창의적이며, 개방적인 태도를 가진 낙천주의자. 사랑에도 주저하지 않으며, 투자할 때도 이러한 성향이 두드러진다.

ESFP
외향적이고 남들보다 스트레스를 덜 받는 밝은 성격의 소유자다. 새로운 투자 아이디어에 적극적이고 개방적이지만 끈기가 부족하다.

ESTJ
보수적인 성향에 기반한 투자전략을 추구한다. 계획적이고 조직적이며 실용적인 것을 좋아하는 사람이기 때문에 무엇보다 안정적인 것을 선호한다.

INTJ
분석적인 사고를 좋아하고 복잡한 문제를 전략적으로 해결하려는 성향이 강하다. 따라서 결정을 지연할 수 있으며, 때로는 좋은 기회를 놓칠 수도 있다.

INTP
분석적이고 논리적인 사고를 바탕으로 깊이 있는 지식을 추구하는 성향이 있으며, 새로운 아이디어와 이론에 대한 호기심이 매우 높다.

ISFJ
신중하고 성실하며, 안정성과 검증된 방법을 선호하는 경향이 강하다. 타인의 의견에 영향을 받기 쉬워서 결정 과정에 혼란을 느낄 수도 있다.

ENTJ
어떤 일이든 철저한 준비와 분석을 바탕으로 한 전략적 접근을 선호하며, 자신감과 목표 달성을 위한 의지가 강하고 뚜렷하다.

ENTP
다양한 관심사와 뛰어난 직관력을 가졌으며, 모험심이 강해 높은 수익을 위해서라면 리스크를 감수해서라도 여러 루트를 탐색해 도전한다.

ESFJ
안정적인 것을 추구하며, 사교적이고 외향적인 성격의 보유자다. 사람들과 관계를 만들고 유지하는 데 열정적이며, 조화를 이루는 것을 중요하게 생각한다.

ESTP
현실적이고 실용적인 접근을 선호하며, 변화에 빠르게 적응한다. 다음 수를 보는 동물적인 감각과 트렌드를 빠르게 읽는 특성도 지녔다.

INFJ
직관적이고 신중한 결정을 선호하며, 높은 집중력과 계획성으로 업무 진행에 있어서 큰 그림을 그리고 파악하는 일에 능숙하다.

INFP
창의적이고 세심한 접근을 선호한다. 풍부한 상상력과 미래에 대한 관심을 바탕으로 무엇이든 신중하게 고민하는 편이라 우유부단한 성향이 있다.

ISFP
자유로운 정신으로 자신만의 개성이 강한 투자 스타일을 선호한다. 새로운 관점과 독창적인 접근 방식을 통해 투자에 임하는 것이 특징이다.

ISTJ
신중함, 체계성, 규칙성을 중요하게 생각한다. 안정적이고 장기적인 투자 성과를 목표로 하며, 위대한 투자자들의 성공 요인을 분석해 자신만의 원칙을 내세운다.

ISTP
독립적이고 자유로운 사고로 문제해결 능력이 뛰어난 성격의 소유자다. 타인의 조언보다는 개인적 판단에 의존하며 즉흥적인 결정을 내리기도 한다.

→ 각 사례의 투자 온도계 수치는 미국의 'MBTI 유형별 연평균 소득'의 조사(Truity) 결과를 활용했다. 16개 유형별 연평균 소득 순서로 5점 척도로 구분, 가장 소득이 높은 유형은 5점, 가장 소득이 낮은 유형은 1점으로 산출했으며, 특히 한국인에 있어서 두드러지게 긍정적인 영향을 미치는 것으로 알려진 T(이성형)와 J(계획형)에는 각각 2점, 이에는 못미치나 역시 일정한 긍정적인 영향이 보고되는 E(외향형)에는 1점을 부여하여 산출했다.

뒷북 투자는 이제 그만!
실속부터 챙기자

조직 내 '인싸'이자 착한 리더십의 소유자로 공감능력이 뛰어나며
타인과의 연결을 통해 투자 정보를 습득한다.

Profile

이름 김이현
나이 37세
직업 & 연봉 직장인, 8000만원
보유 자산 5000만원
성격 유형 ENFJ
현재 목표 5년 내 종잣돈 1억원 만들기
투자 방식 미국 주식투자

Case

37세 ENFJ인 나, 김이현은 규모가 어느 정도 있는 기업에 근무 중이고, 현재 연봉은 8000만원이야. 5년 내 종잣돈 1억원을 만들기 위해서 미국 주식투자에 도전하고 있어.

나의 사교적인 성향 덕분에 미국 주식투자 동호회 절친 회원들과의 적극적인 소통으로 주식 정보를 얻었지만, 때로는 유별난 오지랖 때문에 남들에게는 좋은 정보를 제공하고 정작 나는 퍼주다가 좋은 기회를 놓치기도 해. 그리고 난 주식투자를 할 때 감정에 크게 휘둘리기도 하는 편이라서 뒷북을 칠 때도 있어.

하지만 난 타인과의 꾸준한 소통과 연대를 통해 늘 새로운 기회를 발견하고 있어.

이렇게 나만의 투자 전략을 구상하고, 더불어 내가 가진 남다른 직관력과 타인과의 시너지 효과를 통해 미국 주식투자로 1억원 만드는 데 반드시 성공하리라 확신하고 있어.

> 내 성공 요인은 사람들과의 협업을 통해 다양한 정보 습득, 그리고 내 단점인 감정 조절하기 아니었을까?

Evaluation

투자접근법

✓ **사교적 성향 활용**
주식투자 동호회를 통한 정보 습득과 공유

✓ **정보 공유의 이중성**
타인에게 유용한 정보 제공과 동시에 개인 투자 기회 놓침

✓ **감정적 투자 결정**
시장 변화에 대한 뒷북 대응

투자 온도계 (아래 수치는 트루이티의 'MBTI유형별 연평균 소득' 조사 결과를 활용)

투자성향

투자성과

계획형(J)과 외향형(E) 성향을 고루 보유하여 실속적인 면만 보완하면 약점을 극복할 수 있다고 판단 된다.

타인과의 활발한 소통과 정보 습득을 통해 기회 발견.

투자 성공을 위한 TIP

감정 조절
투자 결정에 있어 감정적 요소 최소화

정보의 질 관리
신뢰도 높은 정보에 기반한 투자 결정

ENFJ 투자 스타일 진단

김이현님의 주식투자 스타일을 진단하자면, 사교적이고 정보 공유를 즐기는 ENFJ 성격의 특성을 바탕으로 투자하는 모습이 보입니다. 주식투자 동호회나 소셜 그룹을 통해 정보를 얻으며, 사람들과의 소통을 통해 새로운 기회를 발견하는데 주력합니다. 따라서 주식 선택은 남들이 다 좋다고 자주 거론되는 최신 유행에 민감하게 영향을 받을 가능성이 큽니다.

그렇다면 주식투자 동호회나 소셜그룹이라는 정보 원천에 대한 옥석 가리기가 필수적입니다. 어차피 타인과의 관계와 소통, 협업을 통해 미국 주식에 관한 아이디어를 추출한다고 본다면 신뢰도가 낮은 '카더라' 통신이 아닌, 정말 신뢰도가 높은 투자업계 전문가들을 나름대로 찾아서 그들의 의견을 통해 정보 원천을 끌어올리는 것이 중요합니다. 그리고 최신 유행을 추구하더라도 가능하면 변동성이 너무 큰 중소형주보다는 누구나 알만한 대형주를 중심으로 실적전망을 따지면서 접근할 것을 권해드립니다. 넓은 인간관계에서 얻은 정보는 정보의 양 측면에서는 충분성을 가지지만, 그만큼 정보의 질에서는 확인 가능성이 떨어질 수 있기 때문이죠. 지인들에게 정보 공유하실 때도 이 점을 미리 밝히시고 공유하시길 바랍니다.

Solution

❶ **자기 신념을 중시하기** | 타인의 의견이나 영향을 받지 않고, 자신만의 투자 철학과 목표를 중시하세요. 자기 자신에게 충실하며 신념을 지키는 것이 중요합니다.

❷ **적절한 정보를 가려 듣기** | 사교적인 성격으로 다양한 정보를 받아들이기 쉽겠지만, 그 중에서도 당신의 투자 목표와 철학과 부합하는 정보를 선별하는 능력을 기르세요.

❸ **리더십과 영향력 활용** | 당신의 리더십과 영향력을 활용하여 토론과 의견 공유를 통해 새로운 시각을 얻고, 동료 투자자들과의 네트워크를 구축하세요.

❹ **목표와 계획 수립** | 명확한 투자 목표와 그에 따른 계획을 수립하세요. 목표를 향해 나아가는 과정에서 타인의 영향을 받지 않도록 주의하세요.

❺ **감성적 지혜 활용** | 다른 사람들과의 소통과 협력에서 나오는 감성적 지혜를 투자 결정에 활용하세요. 특히 소비자 입장에서 해당 기업이 출시하는 다양한 제품과 서비스에 대한 감성적인 접근도 이해하고 그것을 포용하면서 객관적인 판단을 유지하세요.

❻ **자기 돌봄** | 사교적인 성격일수록 자기 돌봄이 중요합니다. 투자에 소모되는 에너지 외에도 자신을 충분히 챙기며, 휴식과 재충전에 시간을 할애하세요.

ENFP

열정! 열정! 열정!
충동적인 결정보다는 인내심을 기르자

열정적이고 창의적이며, 개방적인 태도를 가진 낙천주의자.
사랑에도 주저하지 않으며, 투자할 때도 이러한 성향이 두드러진다.

Profile

- **이름**: 김도영
- **나이**: 28세
- **직업 & 연봉**: 직장인, 4000만원
- **보유 자산**: 2000만원
- **성격 유형**: ENFP
- **현재 목표**: 5년 내 종잣돈 1억원 만들기
- **투자 방식**: 미국 주식투자

Case

28세 ENFP인 나, 김도영은 연봉 4000만원에서 5년 내 1억원 종자돈 만들기를 목표로 미국 주식투자를 시작했어. 난 무엇이든 한번 마음먹으면 열정을 가지고 적극적으로 임하는 경향이 있고, 호기심이 많은 편이라 나의 장점인 창의력을 살려 새로운 아이디어를 제시하는 것을 주저하지 않아. 빠르게 변하는 시장 속에서 나만의 창의적인 투자 전략을 세웠지만, 문제는 내가 낙천적인 성격이라 늘 좋은 면만 보고 나쁜 면을 놓칠 때도 있어. 그러나 나의 융통성과 유연성 덕분에 금세 새로운 목표를 세우고 그 목표를 이루기 위해 노력하는 편이야. 내가 속한 재테크 클럽 회원들과의 협업으로 나름대로 좋은 정보를 공유하고 아이디어를 선입견 없이 받아들이며 유대관계를 돈독하게 다지고 있어. 사람들과의 유연한 소통과 나만의 아이디어로 좋은 성과를 거둘 수 있을 거라고 기대하고 있어.

> 사람들과 함께 다양한 정보를 나누는 게 즐거워! 긍정적인 마인드로 임하면 뭐든 잘 해낼 수 있을 것 같아.

Evaluation

투자접근법

- ✓ **창의적인 투자 전략**
  열정적이고 새로운 아이디어에 열린 마음을 가짐
- ✓ **활발한 소통 활동**
  사람들과의 협업을 통한 정보공유
- ✓ **감정적 투자 결정**
  낙천적인 성향으로 때론 리스크를 간과할 수 있음

투자온도계

투자성향
외향형(E) 성향으로 낙천적이고 투자 시 충동적인 면이 있으므로 냉정도 찾을 필요가 있다.

투자성과
투자성과는 중하위권이나, 미국주식은 낙관주의자들이 길게 보고 승리했다는 점에서 '냉정과 열정 사이'를 잘 관리한다면 좋은 성과로 이어질 수 있다.

투자 성공을 위한 TIP

ENFP 투자 스타일 진단

김도영님은 열정적이고 창의적인 성향으로 새로운 아이디어와 변화를 즐기며 주식투자에 참여하고 있습니다. 다양한 아이디어를 모색하고 적용하고 사람들과의 협업을 통해 투자정보 습득도 원활하게 할 가능성이 있습니다.
다만 때로는 세상을 낙관적으로 보는 편이라 냉정하게 중요한 정보를 따지는 것을 간과할 수도 있으니 이는 유의해야 합니다. 내 장점과 단점을 미리 알고, 향후 투자에 있어 참고할 6가지 포인트를 뽑아봤으니 잘 참고하세요.

Solution

❶ **좋은 아이디어에 집중하기** | 당신의 반짝이는 창의력과 새로운 아이디어에 주목하고 나만의 개성 있는 투자 전략으로 통합해보세요. 새로운 시각과 창의적인 접근은 종종 성공적인 투자의 기회를 창출할 수 있습니다.

❷ **긍정적인 에너지 유지하기** | 낙관적인 성향은 장기적으로 보면 긍정적인 투자 결과를 가져올 수 있습니다. 결국 장기투자 관점에서 뉴욕증시에 대한 인덱스 투자를 하더라도 비관적인 투자자보다는 그저 장기 보유한 낙관적인 투자자가 승리했으니까요. 그러나 긍정적인 에너지를 유지하면서 현실적인 리스크를 신중하게 고려하는 것도 중요하겠죠.

❸ **목표 설정과 계획 수립** | 감정의 기복이 있는 편이라 큰 그림을 그리면서 명확한 내 목표 수익률과 언제쯤 사고팔지에 대한 기준과 계획을 세우는 것이 중요합니다. 투자 목표와 기간에 맞게 계획을 세워 변동성에 대응할 수 있도록 하세요.

❹ **자기 관리** | 즉흥적이고 집념도 강해서 감정적인 소모에 금세 싫증낼 수 있습니다. 자주 자기를 돌아보며 내 감정의 흐름을 이해하고, 필요할 때는 휴식과 재충전에 시간을 투자하세요.

❺ **다양한 정보 수집** | 전문가들의 다양한 정보와 깊이 있는 의견을 수용하며 투자 결정에 반영하세요. 나만의 새로운 아이디어에 다양한 시각의 좋은 정보까지 추가되면 더 좋겠죠.

❻ **실적을 평가하고 배우기** | 투자의 결과를 주기적으로 평가하고, 성공한 경험과 실패한 경험을 모두 배우세요. 성장의 기회로 이어질 수 있습니다.

충분한 연구와 분석

투자 결정을 내리기 전에 기업, 산업, 시장 동향에 대해 철저히 연구

장기 목표에 집중

단기적인 시장 변동에 흔들리지 않도록 장기적인 투자 목표와 계획을 상기

감정과 분리된 결정

감정적인 반응을 최소화하기 위해 명확한 투자 기준과 규칙 설정

ENTJ

무조건 직진은 위험!
경험 많은 투자자 이야기에 귀를 기울이자

어떤 일이든 철저한 준비와 분석을 바탕으로 한 전략적 접근을 선호하며, 자신감과 목표 달성을 위한 강한 의지가 뚜렷하다.

Profile

- **이름** 강동환
- **나이** 47세
- **직업 & 연봉** 직장인, 9000만원
- **보유 자산** 1억원
- **성격 유형** ENTJ
- **현재 목표** 보유 자산 외 종잣돈 1억원 만들기
- **투자 방식** 미국 주식투자

Case

47세 ENTJ인 나, 강동환은 지금 회사에서 20년째 근무 중이지. 연봉은 9000만원이고, 그동안 모은 돈은 1억원 정도야. 5년 내 추가로 1억 종잣돈을 더 만들기 위해 미국 주식투자를 시작했어. 난 저돌적인 면이 있고 모든 면에 언제나 자신감을 가지고 임해. 한번 목표를 정하면 "돌격 앞으로!" 마인드로 추진력도 좋은 편이지. 한 번 마음먹은 건 반드시 해내는 성격이라 이번에도 잘 해낼거라고 생각해. 난 이미 목표를 이룰 계획을 다 세웠어. 일단 투자 관련 100권의 책을 섭렵해서 주식 시장을 철저히 분석하고 있고, 데이터를 기반으로 한 냉철한 투자 전략을 나름대로 수립했지. 이를 바탕으로 투자위험은 최소화하면서도 높은 수익을 창출할 거야. 물론 지인들과 좋은 정보를 교류할 수도 있겠지만, 나만의 방식대로 해볼 계획이야. 내 전략적인 치밀한 사고력과 화끈한 실행력이라면 5년이 아니라 3년이면 1억원을 달성하지 않을까?

> 나만의 방식으로 기필코 목표금액 1억원 만들기에 성공할 거야. 두고 봐! 철저한 준비를 한 만큼 나는 자신있어!

Evaluation

투자 접근법

- ✓ **철저한 정보 수집과 분석**
  투자 관련 도서 100권 섭렵과 데이터 기반의 냉철한 전략 수립
- ✓ **강한 목표 의식과 투지력**
  열정적이고 목표 지향적이며, 뛰어난 실행력 보유
- ✓ **독립적인 투자 결정**
  투자 전략과 성과에 대한 정기적인 평가와 빠른 적응력

투자 온도계

투자성향

투자성과

투자성향상 가장 높은 잠재력을 보유했다. 방심하지말고 정보 수집에 집중해보자.

투자성과는 최상위권이나, 이는 미국 통계이고, 엄청나게 성공한 일부 창업가 CEO가 교란 요인일 수도 있다.

투자 성공을 위한 TIP

융통성 부족

강한 목표 지향성과 계획성은 큰 장점, 시장의 빠른 변화에 유연하게 대응하기 위해 다른 전문가의 의견 수용 필요

과도한 압박감

강한 목표 달성 의지는 때로 과도한 압박감으로 이어질 수 있기에, 장기적인 관점 유지

팀워크와 협력 부족

강력한 리더십을 가지고 있지만, 때로는 팀워크와 협력의 중요성을 간과할 수 있으므로 투자 결정 과정에서 다른 사람들의 의견을 듣고 협력해 새로운 기회 도모

ENTJ 투자 스타일 진단

강동환님은 결단력과 목표 지향적인 성격 덕에 주식투자에 유리한 측면이 분명 있습니다. 물론 결단력을 뒷받침해 줄 충분한 실력만 갖춰주면 주식시장을 철저히 분석하고, 데이터를 기반으로 한 나름대로 냉철한 판단을 잘하실 거라고 생각됩니다.

다만 타인들과 협업보다는 독립성이 강한 편이기 때문에 이를 보완할만한 나름대로의 네트워크를 구축하는 것도 도움이 되실 겁니다. 또한 자신감이 매우 높은 편이어서 때로는 과도한 자신감으로 인해 잠재적 리스크를 과소평가할 수 있습니다. 성공적인 투자 결과로 이어질 수 있도록 6가지 팁을 드리자면 다음과 같습니다.

Solution

❶ **목표 달성을 강조하기** | 결단력과 목표지향성은 투자에서 중요한 자산입니다. ENTJ 성향상 목표달성에 진심인 점을 스스로 활용하면 대단히 유리할 것입니다. 자신의 목표를 명확히 설정하고 그에 맞춰 투자전략을 수립하세요.

❷ **자기 신념을 존중하되, 관리하기** | 목표를 정하고 나만의 확고한 투자철학을 점차적으로 확립하시기 바랍니다. 여기에 때로는 새로운 아이디어를 수용하고 다양한 시각을 고려하는 것이 투자의 폭을 확장시킬 수 있습니다.

❸ **타인의 경험에 귀 기울이기** | 자신감이 높다는 것은 좋지만, 경험 많은 투자자들의 이야기를 듣고 배우는 것 또한 중요합니다. 타인의 경험에서 교훈을 얻어 자신의 결정에 반영하세요.

❹ **효과적인 정보망 구축하기** | 주식투자에 있어서 내가 참고할만한 정보망 구축은 효과적인 의사결정과 실행에 도움이 될 수 있습니다. 나에게 도움이 될 참고도서, 전문가의 보고서, 경제 유튜브 등 전문가들의 의견을 들으면서 자신의 목표에 부합하는 방향을 유지하세요.

❺ **리스크 관리 강화** | 대담한 성격이지만, 투자에서는 언제나 투자위험을 고려해야 합니다. 모든 가능성을 고려하고, 리스크를 최소화하는 전략을 강화하세요.

❻ **자기 발전 추구** | 항상 새로운 지식을 탐험하고, 시장 동향을 파악하며 자기 발전에 투자하세요. 결국 주식투자는 경제, 산업, 기업 등의 변화를 예측하고 내 자산을 변화의 물결에 맡기는 것입니다. 다양한 루트로 갱신하는 지식과 정보는 투자의 성공에 도움이 될 겁니다.

ENTP

하이리스크, 하이리턴!
일확천금보다 리스크를 고려해라

다양한 관심사와 뛰어난 직관력을 가졌으며, 모험심이 강하고 변화에 유연한 태도를 보이기도 한다. 높은 수익을 위해서라면 리스크를 감수해서라도 여러 루트를 탐색해 도전한다.

Profile

- **이름** 이세연
- **나이** 30세
- **직업 & 연봉** 직장인, 3000만원
- **보유 자산** 800만원
- **성격 유형** ENTP
- **현재 목표** 5년 내 종잣돈 1억원 만들기
- **투자 방식** 미국 주식투자

Case

30세 ENTP인 나, 이세연은 연봉 3000만원에서 5년 내 1억 종잣돈을 만들기 위해 미국 주식투자에 도전했지. 나만의 독특한 창의력과 유연성으로 새로운 시장 아이디어를 잘 쫓으며 투자를 시작할 거야. 난 다방면에 관심 많은 팔방미인으로 친구들 사이에서 통하고 있어. 물론 내 판단으로 산 종목이 지지부진하면 난 못 견디고 싫증을 느껴서 투자 전략을 변경할 거야(난 유연하니까). 난 모험심도 강하고 탐구적인 편이라 다양한 루트를 찾아서 결국 목표에 도달하겠어. 물론 모험적인 결정으로 몇 번은 리스크를 감수하기도 하겠지만, 내 직관력과 창의력을 믿고 투자 포트폴리오를 구성하겠어. 시장 트렌드를 잘 읽는 내 투자 아이디어는 결국 가까운 미래를 예측하는데 성공하지 않을까?

> 이번 투자는 분명히 리스크가 있지만, 나의 직관과 분석이 맞다면 큰 수익을 얻을 수 있는 기회야! 모험을 감수할 준비가 되어있지!

Evaluation

투자접근법

- ✓ **다양한 투자 기회 탐색**
  팔방미인으로 다양한 관심사를 가지며, 고수익 도전
- ✓ **새로운 시장에 대한 빠른 적응과 판단력**
  시장 트렌드를 잘 읽고 유연하게 대처
- ✓ **창의적인 투자 포트폴리오 구성**
  직관력과 창의력을 바탕으로 유연한 투자 전략 실행

투자온도계

투자성향

남다른 직관력과 판단력이 좋은 요인으로 작용한다. 단, 즉흥적인 판단보다 계획을 먼저 세우도록!

투자성과

투자성과는 상위권이나, 이는 '하이 리스크(High risk), 하이 리턴(High return)'의 결과이다. 고위험 선호에 대한 쓰라린 대가가 따를 수 있다.

투자 성공을 위한 Tip

분석과 연구
투자 결정을 내리기 전 충분한 시간을 들여 기업, 산업, 경제 상황 등 철저한 분석과 연구 수행

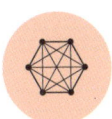

분산 투자
리스크 관리의 가장 효과적인 방법 중 하나는 투자 포트폴리오 다양화

목표 설정과 계획 수립
명확한 투자 목표 설정과 유연성이 뒷받침된 장기적 안목 필요

ENTP 투자 스타일 진단

이세연 님은 성격상 개방적이고 편견과 고정관념이 적은 스타일로 시장 트렌드를 잘 쫓아서 주식 투자를 하시는 것 같습니다.

물론 관심분야도 넓지만 상대적으로 깊이는 얕은 편이라 팔방미인으로서의 장단점을 가지고 있습니다. 그리고 즉흥적이고 승부욕이 큰 편이라 주식투자에 있어서 승부사적 기질이 발휘될 수도 있고 때로는 장애가 될 수도 있습니다. 이런 성격과 기질을 감안해서 다음과 같이 6가지 팁을 드리겠습니다.

Solution

❶ **다양한 관심을 활용하기** | 넓은 시야와 다양한 관심을 토대로 주식 시장의 다양한 부분을 탐험하세요. 다양한 분야의 정보를 융합하여 새로운 투자 아이디어를 발굴할 수 있습니다.

❷ **깊이 있는 연구와 학습** | 팔방미인의 장점을 살리면서, 관심 있는 분야에 대해 깊이 있는 연구를 통해 투자 지식을 확장하세요. 깊이 있는 이해가 투자 결정을 강화시킬 수 있습니다.

❸ **계획적인 투자 전략 수립** | 즉흥적인 성향이 강하다면, 계획적이고 체계적인 투자 전략을 수립하여 감정적인 결정을 최소화하세요. 목표와 계획에 따라 투자를 진행하세요.

❹ **자기 성장에 집중하기** | 개방적인 성격을 활용하여 자기 성장에 집중하세요. 투자 업계의 변화에 민감하게 대응하고, 새로운 기회를 발견하는 데에 주력하세요.

❺ **리스크 관리 강화** | 승부욕이 큰 성격이라면, 감정적인 투자 결정을 피하고 자신의 투자 목표를 달성하기 위해 리스크를 적절히 관리하세요.

❻ **실패를 긍정적인 경험으로 간주** | 즉흥적인 성향으로 실패할 수 있지만, 이를 긍정적인 경험으로 삼아 성장하는 기회로 여기세요. 실패는 새로운 배움의 출발점일 수 있습니다. 그리고 의외로 스트레스를 잘 견디는 성격이랍니다.

ESFJ

친화력 만렙! 사교의 달인

정보의 질 평가와 학습을 통한 옥석 가리기는 필수!

안정적인 것을 추구하며, 사교적이고 외향적인 성격의 보유자다.
사람들과 관계를 만들고 유지하는 데 열정적이며, 조화를 중요하게 생각한다.

Profile

- **이름** 신민정
- **나이** 24세
- **직업 & 연봉** 직장인, 3000만원
- **보유 자산** 200만원
- **성격 유형** ESFJ
- **현재 목표** 서른 전 종잣돈 1억원 만들기
- **투자 방식** 미국 주식투자

Case

24세 ESFJ인 나, 신민정은 회사생활을 시작한 지 얼마 되지 않은 사회초년생이야. 현재 연봉 3000만원으로 5년 내 1억 종잣돈을 만들기 위해서 미국 주식투자에 도전하려고 해. 나는 사교성이 남달라서 주변인들에게 '친화력 만렙'으로 불리는 편이야. 나의 사교적인 성향 덕분에 주식투자로 큰돈 만진 고수들이 주변에 많아. 주식 고수들과 투자 정보를 공유하고, 소통하면서 주식시장 동향을 파악하고, 안정적인 투자 포트폴리오를 구축하려고 해. 물론 고수라는 지인들이 준 정보만 믿고 투자했다가 때론 손실을 본 적도 있긴 해서 옥석 가리기를 할만한 역량은 길러야 하겠지. 하지만 나는 모든 것은 결국 인간관계에서 비롯된다는 것으로 믿어 의심치 않고 있어. 지인 네트워크의 구축과 주식투자 동호회 활동, 정보 탐색 등으로 역량을 꾸준히 키워서 반드시 5년 안에 1억원을 달성하고야 말겠어.

> 주식투자에 대해 더 많이 공부하고, 경험이 풍부한 지인들을 통해 새로운 지식을 부단히 습득해서 목표액을 달성할 거야!

Evaluation

투자접근법

- ✓ **다양한 투자 기회 탐색**
  정보의 질 평가와 독립적인 학습을 통한 옥석 가리기 능력 개발
- ✓ **활발한 정보 교류**
  사교적 성향을 활용한 정보 공유 및 네트워킹
- ✓ **안정적인 투자 포트폴리오 구축**
  꾸준한 학습을 통한 장기적인 관점 유지

투자온도계

투자성향
계획형(J)과 외향형(E) 성향을 보유하고 있으니 약점을 보완하면 발전 가능성이 있다. 옥석가리기 능력을 키우기 위해 학습에 집중하자.

투자성과
투자성과는 중위권이다. 조화와 안정을 추구하는 성향을 감안하여 자산배분과 주식 간의 분산투자 등을 활용하면 좋을 것이다.

투자 성공을 위한 TIP

ESFJ 투자 스타일 진단

신민정 님은 성격상 뛰어난 사회성과 사교성으로 많은 지인들과 소통하면서 투자 정보를 공유하고 있습니다. 이렇게 투자 정보에 대해 교류할 수 있는 전문 그룹이 주변에 있기에 잘 관리만 한다면 득이 될 수도 있습니다.
하지만 지인이 준 정보는 늘 그렇듯이 옥석 가리기에 실패하면 큰 손해를 감수할 수도 있으니 본인만의 판단능력, 즉 실력을 키우는 것이 중요할 것입니다. 관련하여 6가지 팁을 다음과 같이 제시합니다.

Solution

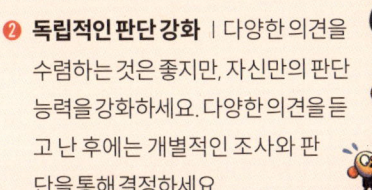

독립적인 학습과 연구
인간 관계를 통해 얻은 정보를 바탕으로 하되, 기본적인 투자 원칙, 시장 분석 방법, 재무제표 읽는 법 등 학습 필요

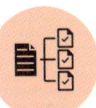

리스크 관리
안정적인 투자 포트폴리오 구축을 목표로 한다면, 다양한 리스크 관리 전략을 적극적으로 활용

인간 관계 네트워킹 활용
사교적인 성향을 활용해 지식과 경험 확장

❶ **신뢰할 수 있는 정보원 선택** | 투자에 앞서, 신뢰할 수 있는 정보원을 선택하고 그들의 의견을 듣고 평가하세요. 지인들과의 소통을 통해 얻은 정보를 중요하게 생각하지만, 신뢰성 있는 소스를 선별하는 것이 핵심입니다.

❷ **독립적인 판단 강화** | 다양한 의견을 수렴하는 것은 좋지만, 자신만의 판단능력을 강화하세요. 다양한 의견을 듣고 난 후에는 개별적인 조사와 판단을 통해 결정하세요.

❸ **투자 목표 설정** | 명확한 투자 목표를 설정하고 이를 기반으로 투자 결정을 내리세요. 목표가 명확하면 지나치게 타인의 영향을 받지 않고 자신만의 판단을 할 수 있습니다.

❹ **리스크 관리와 다양한 분산** | 투자 시 리스크를 고려하고, 포트폴리오를 다양하게 분산하여 손실을 최소화하세요. 안전하고 꾸준한 수익을 추구하는 목표를 설정해 보세요.

❺ **지속적인 학습과 자기계발** | 주식시장은 끊임없이 변하기 때문에, 지속적인 학습과 자기계발에 주력하세요. 자신의 투자 스킬을 향상시키고 새로운 기회를 발견하는데 도움이 됩니다.

❻ **실적에 기반한 평가** | 투자 결정의 결과를 실적에 기반하여 평가하고, 성공한 경험과 실패한 경험을 통해 자신만의 투자 스타일을 찾아가세요.

난 럭키가이! 통제력을 잃지 말자

외향적이고 남들보다 스트레스를 덜 받는 밝은 성격의 소유자다.
새로운 투자 아이디어에 적극적이고 개방적이지만,
끈기가 부족해 싫증을 금방 낸다.

Profile

이름 윤종필

나이 39세

직업 & 연봉 직장인, 5000만원

보유 자산 4000만원

성격 유형 ESFP

현재 목표 5년 내 종잣돈 1억원 만들기

투자 방식 미국 주식투자

Case

39세 ESFP인 나, 윤종필은 중견기업에서 연봉 5000만원으로 근무 중이다. 주변에 재테크에 관심 많은 친구들이 많다보니 나도 5년 내 1억원 종잣돈 만들기를 목표로 미국 주식투자에 과감히 나섰어. 나는 외향적이고 남들보다 스트레스를 덜 받는 밝은 성격으로 항상 긍정적으로 생각하려고 해. 새로운 투자 아이디어를 늘 적극적으로 받아들이고 변화하는 데 주저하지 않으며, 투자를 잘 하는 친구들과 끈끈하게 지내며 그들에게서 좋은 정보와 아이디어를 구하고 있어. 다만 내 성격상 싫증을 금방 내기도 하고 끈기가 있는 편은 아니라서 지속성이 떨어지지 않을까 하는 걱정이 앞서기는 해.

그래도 난 언제나 럭키가이니까, 친화력과 긍정적인 에너지라면 충분히 투자면에서도 잘되지 않을까?

> 긍정적이고 낙관적인 성격으로,
> 투자에 있어서도 나는 잘 될 거라고
> 기대하고 있어! 시장의 변동성에도 나는
> 더 많은 기회를 찾을 수 있을거라 믿어.

Evaluation

투자접근법

✓ **사회적 네트워킹을 통한 정보 수집**
재테크에 능한 친구들과의 소통과 투자 아이디어 교환

✓ **투자의 다양성**
단일한 투자 방식과 다양한 포트폴리오

✓ **단기 성과에 대한 관심**
단기 목표 설정과 지속적인 동기부여를 통한 집중력 유지

투자온도계

투자성향

외향형(E) 성향으로 낙천적이나 끈기가 부족하다는 단점이 있다. 동기부여를 통해 내 성향을 관리하면 좋을 것이다.

투자성과
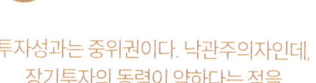
투자성과는 중위권이다. 낙관주의자인데, 장기투자의 동력이 약하다는 점을 고려하여 내 관심도를 유지시킬 투자방법을 잘 찾는 것도 중요하다.

투자 성공을 위한 TIP

위험 관리와 다각화
투자 포트폴리오 다양화 및 리스크 관리 전략을 세워 손실 최소화

학습과 적응
시장 동향, 투자 전략, 재정 등 정보를 지속적으로 업데이트

감정 관리
비현실적인 기대감 탈피, 객관적인 분석과 합리적인 결정이 중요

ESFP 투자 스타일 진단

윤종필 님은 성격상 매우 외형적이고 활달한 성격으로 늘 많은 지인들과 소통하면서 투자 정보를 공유하는 것으로 보입니다. 이러한 성격은 투자에서 큰 장점으로 작용하기도 합니다.

다만 끈기가 부족하고 관심 지속도가 상대적으로 길지 않아 주식투자에 대한 진심 내지는 책임감도 점차 약화될 수 있는 성향이 있어서 주식투자의 굴곡에서 스스로를 어떻게 컨트롤 하느냐가 매우 중요합니다. 이 부분에 대해 걱정이 된다면, 단기 목표를 설정하고 이를 달성할 때마다 자신을 칭찬하는 방법을 시도해 보길 바라며, 다음과 같은 6가지 조언을 드립니다.

Solution

❶ **즐거운 투자 환경 조성** | 주식투자를 더욱 즐겁게 만들기 위해 자신만의 투자 환경을 조성하세요. 관심 있는 주제나 기업을 찾아보고, 그에 대한 정보를 수시로 접하면 투자에 흥미가 더욱 높아질 것입니다.

❷ **단기 목표 설정** | ESFP 유형은 즉각적인 보상을 선호하는 경향이 있습니다. 작은 목표를 설정하고 이를 달성할 때마다 자신에게 칭찬을 해주면 투자에 대한 동기부여가 높아질 수 있습니다.

❸ **다양한 투자 방법 탐색** | 주식뿐만 아니라 다양한 투자 방법을 탐색해보세요. 예를 들어, 투자 앱을 활용하거나 새로운 투자 전략을 시도해보면서 자신에게 맞는 방식을 찾아보세요.

❹ **감정 관리** | 투자 시 감정적인 요소를 통제하는 것이 중요합니다. 특히 손실이 발생했을 때에도 긍정적인 마음가짐을 유지하고, 배운 교훈을 통해 성장하는 기회로 삼아보세요.

❺ **투자 교육 수강** | 투자에 대한 교육을 받아보세요. 책이나 온라인 강의를 통해 투자에 대한 기초 지식을 쌓으면 자신감이 높아지고, 실력 향상에도 도움이 될 것입니다.

❻ **지속적인 타입과의 소통** | 나보다 전문성이 나은 지인들과의 소통을 통해 새로운 아이디어를 얻고 경험을 나누어보세요. 함께하는 동료 투자자들과 소통하면서 서로에게 도움이 될 수 있습니다.

ESTJ

기본에 충실한 원칙주의자!
시장의 흐름에 따라 유연성을 기르자

보수적인 성향에 기반한 투자전략을 추구한다. 계획적이고 조직적이며 실용적인 것을 좋아하는 사람이기 때문에 무엇보다 안정적인 것을 선호한다.

Profile

- **이름** 이태제
- **나이** 31세
- **직업 & 연봉** 직장인, 4000만원
- **보유 자산** 3000만원
- **성격 유형** ESTJ
- **현재 목표** 5년 내 종잣돈 1억원 만들기
- **투자 방식** 미국 주식투자

Case

31세 ESTJ인 나, 이태제는 연봉 4000만원에서 5년 내 1억원 종잣돈을 만들기 위해 얼마 전에 미국 주식투자에 도전했어. 난 무엇이든 일단 시작하면 끝을 보는 편이야. 물론 철저하게 계획하고, 나름대로 전설적인 투자자들의 투자 원칙을 다 습득한 다음 내 것으로 만들려고 노력해. 그리고 철저한 분석을 바탕으로 한 주식투자를 할 계획이야. 물론 전설적인 투자자들의 과거 성공 원칙이 현대사회에도 통할지는 의심스러울 수도 있겠지만, 난 일단 이를 꼼꼼하게 따져서 실행해 볼 거야. 난 스스로 검증된 것을 경험해야 직성이 풀리거든. 결국 투자하는 기업의 재무제표가 단단하면 장기적으로는 좋은 수익률로 연결될 거라고 믿어 의심치 않아. 난 원칙주의자이기도 해서 기존부터 탄탄히 학습하고 검증된 방법과 명확한 정보에 기반해 투자 결정을 실행할 거야.

> 전설적인 투자자들의 원칙을 나의 투자 전략에 어떻게 적용할 수 있을까? 투자 결정 과정에서 검증된 원칙과 규칙을 따르는 것은 매우 중요해.

Evaluation

투자접근법

- ✓ **목표 설정과 계획**
  목표 달성을 위해 구체적인 단계와 전략을 계획
- ✓ **원칙 기반 투자**
  전설적인 투자자들의 투자 원칙 습득 및 자신의 투자 스타일로 조정
- ✓ **철저한 분석**
  기업의 재무 상태, 시장 위치, 성장 잠재력 등 면밀히 조사

투자 온도계

투자성향
투자성향 상 가장 높은 잠재력을 보유했고 기본에 충실한 편이기도 하다. 그러나 방심은 금물. 잠재력은 잠재력일 뿐이다.

투자성과
투자성과는 최상위권에 속하지만 어디까지나 미국의 통계를 활용했기 때문에 지금처럼 부단히 노력하자.

투자 성공을 위한 Tip

장기적 관점 유지
장기적 관점 유지로 리스크를 줄이고, 복리의 힘을 극대화

포트폴리오 다각화
다양한 자산 클래스, 지역, 산업에 걸쳐 투자해 특정 투자의 손실 줄임

유연성 유지
시장 환경은 끊임없이 변화하므로 투자 목표에 맞춰 전략 조정

ESTJ 투자 스타일 진단

이태제 님은 성격상 현실성과 효율성을 추구하는 원칙주의자이자 야무진 완벽주의자의 면모를 가지고 있습니다. 철저한 분석과 계획, 전설적인 투자자들의 원칙을 자신에게 맞게 조정하여 적용하는 것은 성공적인 투자 여정에 있어 매우 중요한 요소이기도 합니다. 본인의 투자철학과 늘 해오던 습관을 중시하며 기본적인 규칙을 충실하게 이행하려 노력합니다.

반면 새로운 변화에 대한 수용성과 융통성은 조금 부족할 수도 있기 때문에 이 부분을 보완만 한다면 주식투자 시 장점을 더 도드라지게 할 수 있습니다. 성공적인 주식투자를 위해 다음과 같은 6가지 솔루션으로 대응 방안을 정리해드립니다.

Solution

❶ **목표 및 전략의 명확화** | ESTJ 유형은 목표를 설정하고 그에 따른 체계적인 계획을 선호합니다. 주식 투자에 있어 명확한 목표와 전략을 세우고 이를 따라가면서 투자 결정을 내리는 것이 중요합니다.

❷ **새로운 정보 수용을 위한 노력** | 새로운 변화와 정보에 대한 수용성을 향상시키기 위해 노력해 보세요. 새로운 투자 방법이나 시장 동향에 대한 지속적인 학습을 통해 투자 전략을 업데이트할 수 있습니다.

❸ **전문가 및 조언 그룹과의 협력 강화** | 주식투자에 있어서도 다양한 의견을 수용하고 협력하는 것은 중요합니다. 나의 단점을 보완해 줄 전문가 및 조언 그룹과의 소통을 강화하여 새로운 관점을 수용하고 투자 결정에 반영해보세요.

❹ **잠재적인 리스크 파악** | ESTJ 유형은 파악 가능한 모든 리스크를 사전에 파악하고 대비하려는 경향이 강합니다. 투자 시 잠재적인 리스크를 면밀히 분석하고 대비책을 마련하여 안정적인 투자를 할 수 있도록 노력해보세요.

❺ **타협과 조절 능력 향상** | 현실적인 성향이 강하다면, 타인의 의견이나 변화에 대한 타협과 조절 능력을 향상시키는 노력이 필요할 수 있습니다. 이를 통해 유연성을 발휘하며 효과적인 투자 결정을 내릴 수 있습니다.

❻ **성과에 대한 보상체계 구축** | ESTJ 유형은 목표 달성에 대한 성과에 큰 가치를 두는 경우가 많습니다. 투자에서 얻는 성과에 대한 나에 대한 인센티브를 스스로 만들어 보고, 이를 통해 자기 동기부여를 높일 수 있습니다. 예를 들어 1년 투자수익률 10% 달성 시 '10만원 내외 선물을 나에게 주기' 또한 좋겠죠.

ESTP

탁월한 감각의 소유자!
때론 무모한 도전이 독이 될 수 있다

현실적이고 실용적인 접근을 선호하며, 변화에 빠르게 적응한다.
상대방의 의도를 빠르게 캐치하고 다음 수를 보는 동물적인 감각과
트렌드를 빠르게 읽는 특성도 지녔다.

Profile

- **이름**: 오신종
- **나이**: 39세
- **직업 & 연봉**: 직장인, 6000만원
- **보유 자산**: 4000만원
- **성격 유형**: ESTP
- **현재 목표**: 5년 내 종잣돈 1억원 만들기
- **투자 방식**: 미국 주식투자

Case

39세 ESTP인 나, 오신종은 연봉 6000만원에서 5년 내 1억원 종잣돈 만들기를 목표로 미국 주식투자를 시작했지. 난 세상 돌아가는 것을 누구보다 앞서 파악하고 눈치도 빠른 편이야. 상황 대응능력도 괜찮다고 믿고 있어서 사실 도전에 대한 두려움이 별로 없어. 새로운 변화에 대해 두려워하지 않고 도전을 즐기니까 주식시장은 나의 무대가 될거라고 생각해. 물론 겁 없이 뛰어들었다가 예전에 손실도 본 적 있어. 하지만 나의 유연성과 현실적인 접근으로 변화에 빠르게 대응하며, 실패를 통해 값진 배움을 얻었어. 과거의 경험을 반성하며 더 나은 결정을 내리기 위한 방법을 고민하고 깨달았어.

결국 세상은 도전하는 사람들의 개척정신이 남들과 다른 성과를 만드는 것 아닐까?

> 현재 시장에서 어떤 기회를 포착할 수 있을까?
> 새롭고 유망한 투자 기회를 지속적으로 찾아봐야지!

Evaluation

투자 접근법

- ✔ **시장 동향에 집중**
  발빠른 기회 발견과 리스크 관리
- ✔ **위험 관리 전략 수립**
  손절매와 같은 전략으로 손실 가능성 제한
- ✔ **개척정신**
  유연한 사고로 도전을 즐기고 현실적인 접근으로 빠르게 대응

투자 온도계

투자성향

이성형(T)과 외향형(E) 성향을 보유하여 투자성향 관점에서는 괜찮은 편이다. 빠른 상황판단 능력자로 배움이 추가되면 금상첨화일 것이다.

투자성과

투자성과는 상위권으로 변화에 대한 빠른 적응력과 과감한 의사결정능력이 긍정적 영향을 미친다. 다만 학습을 통한 보완에 신경쓰면 좋겠다.

투자 성공을 위한 TIP

ESTP 투자 스타일 진단

오신종 님은 자신감이 넘치고 경쟁 지향적이며, 생각한 것은 반드시 실행에 옮겨야 직성이 풀리는 성향을 가졌습니다. 넘치는 에너지로 내기도 마다하지 않는 모험적인 면모를 가지고 있으며 행동에 확신을 가지기도 합니다.

또한 눈치와 관찰력도 뛰어나고 도전적이라서 발 빠른 상황 판단 능력과 과감한 의사 결정도 거침없이 내릴 수 있습니다. 다만 겁이 없고, 도전적이라 위험성 높은 투자도 거침없이 하다가 화를 당할 수도 있으니 리스크 관리 능력을 갖추면 금상첨화일 것이라고 생각합니다. 관련하여 6가지 솔루션을 제시해드립니다.

Solution

❶ **자신의 강점 활용** | 자신의 도전적이고 경쟁 지향적인 성향을 주식투자에 유리하게 활용하세요. 빠른 상황 판단과 뛰어난 관찰력은 높은 수익을 올릴 수 있는 기회를 찾는 데 도움이 될 것입니다.

❷ **리스크 관리** | 높은 도전 정신은 주식투자에서 큰 장점이 될 수 있지만, 동시에 높은 리스크를 동반할 수 있습니다. 투자 시에는 신중한 리스크 관리가 필요합니다. 짜임새 있는 계획을 세워 불확실한 시장 상황에 대응하세요.

❸ **학습과 계획** | 도전적인 투자를 하기 전에 충분한 내공을 기를 학습과 계획이 필요합니다. 시장 동향, 기업 분석, 투자 전략 등에 대한 깊은 이해를 토대로 투자 의사결정을 내리세요.

❹ **전문가 그룹 및 지인과의 협업** | 자신의 강점을 살려 독립적인 투자뿐만 아니라, 나보다 나은 지인들과의 협업을 통해 다양한 시각을 수용하고 투자 전략을 강화하세요.

❺ **정서적 통제** | 겁없고 도전적인 성향은 훌륭한 투자자로 나아가는 길이지만, 정서적인 통제도 중요합니다. 손실이 발생했을 때 감정을 통제하고, 체크하며 투자하도록 노력하세요.

❻ **다양한 자극 수용** | 꾸준한 도전을 통해 자기 성장을 이뤄내는 것도 중요하지만, 다양한 자극을 받아 개인적인 흥미와 경험을 확장하는 것도 고려해보세요.

시장 타이밍에 의존하지 않기

시간에 따른 시장 참여(Time in the market)가 시장 타이밍(Timing the market)보다 훨씬 중요

개인 재정 상태 파악

투자전략은 개인의 재정 상태, 위험 감수 능력, 투자 목표에 맞게 투자지속적인 포트폴리오 검토 및 조정(변화에 따라 정기적으로 조정)

INFJ

통찰력을 가진 선지자!
사색보다는 추진력을 기르자

직관적이고 신중한 결정을 선호하며, 높은 집중력과 계획성을 가지고
어떤 일을 진행하는 데 있어서 큰 그림을 그리고 파악하는 일에 능숙하다.

Profile

- **이름** 조진우
- **나이** 40세
- **직업 & 연봉** 직장인, 7000만원
- **보유 자산** 7000만원
- **성격 유형** INFJ
- **현재 목표** 5년 내 종잣돈 1억원 만들기
- **투자 방식** 미국 주식투자

Case

40세 INFJ인 나, 조진우는 연봉 7000만원에서 5년 내 1억 종잣돈 만들기를 목표로 미국 주식투자를 시작했어. 평소 사색을 즐기는 나는 미래 예측에도 관심이 많은 편이긴 한데, 생각이 많다보니 여러 변수를 고려해 신중하게 투자를 하려고 해. 묵묵하게 주식투자를 하나씩 배워 나가면서 차근차근 나만의 방법을 터득해야겠지. 때론 나보다 앞선 사람들에 대해서 곰곰이 생각하고 공감하면서 다양한 투자 방법을 집중력 있게 탐구해. 생각의 꼬리를 물고 물다 보면 스스로의 함정에 빠지기도 하지만 무턱대고 실행하는 것보다 신중한 투자 전략을 세우는 편이 좋다고 생각해.

계획을 세우고 조심스럽게 하나씩 시작하다 보면 마침내 상상만 하던 1억원이 쌓여있는 날이 언젠가는 오겠지?

> 미국주식투자를 어떻게 배워 나갈까?
> 어떤 자료가 나에게 도움이 될까?
> 다른 투자자들은 어떤 고민을 하고 있을까?
> 내가 투자하는 기업은 사회적으로 어떤 영향을 미칠까?

Evaluation

투자접근법

- ✓ **철저한 연구와 계획**
  신중하게 투자하려는 계획적인 접근
- ✓ **다양한 투자 방법 탐구**
  주식투자를 하나씩 배워 가며 차근차근 나만의 방법 터득
- ✓ **위험 관리와 다각화**
  계획성 있고 신중한 성격을 바탕으로 조심스럽게 투자 진행

투자 온도계

투자성향

계획형(J) 성향을 보유했으며 직관적이고 신중한 편이다. 생각이 많은 편이라 추진력이 약한 점은 감안해야 한다.

투자성과

투자성과는 하위권이다. 다만 신중한 성격에 따른 저위험 성향의 결과물이므로 그렇게 실망할 필요는 없다.

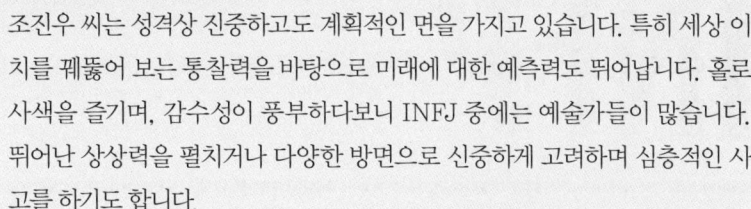

투자 성공을 위한 TIP

감정적 결정 피하기

투자 결정을 내릴 때는 감정보다는 논리와 분석에 기반해 접근

지속적인 학습과 개선

자신이 가진 장점을 살려 시장의 변화와 새로운 정보를 지속적으로 학습하고 개선

INFJ 투자 스타일 진단

조진우 씨는 성격상 진중하고도 계획적인 면을 가지고 있습니다. 특히 세상 이치를 꿰뚫어 보는 통찰력을 바탕으로 미래에 대한 예측력도 뛰어납니다. 홀로 사색을 즐기며, 감수성이 풍부하다보니 INFJ 중에는 예술가들이 많습니다. 뛰어난 상상력을 펼치거나 다양한 방면으로 신중하게 고려하며 심층적인 사고를 하기도 합니다.

다만 지나치게 생각이 많다보니, 많은 생각은 완벽주의 성향을 가지게 해 주식투자에 있어서 걱정이 앞서기도 합니다. 지나친 생각과 고민은 과감한 행동으로 연결되지 못하게 하여 추진력을 발휘하지 못합니다. 이러한 특성을 감안해 아래 6가지 솔루션을 제시합니다.

Solution

❶ **신중하고 계획적인 성향 활용** | 투자 시에도 신중한 계획과 분석이 중요합니다. 감수성과 통찰력을 활용하여 기업 분석 및 시장 동향을 꼼꼼히 살피고, 안정적이면서도 수익성도 챙기는 투자를 목표로 설정하세요.

❷ **과감한 결정에 도전** | 과감한 투자 결정이 어려울 수 있지만, 과거의 성공 사례를 참고하고, 안전하게 시작하면서 조금씩 위험을 감수해보세요. 성장과 경험을 통해 자신의 투자 스타일을 발전시킬 수 있습니다.

❸ **걱정에 대한 대응 전략** | 생각이 많고 완벽주의자 성향일수록 걱정이 더해질 수 있습니다. 투자 계획을 세우면서 발생할 수 있는 여러 시나리오를 고려하고, 각각에 대한 대응 전략을 마련해두세요. 이렇게 하면 불확실한 시장에서도 더 안정적으로 투자할 수 있습니다.

❹ **마음의 여유 유지** | 완벽주의 성향은 때로 스트레스를 유발할 수 있습니다. 성공과 실패는 투자의 일부분이니, 그에 대한 마음의 여유를 유지하면서 즐거움과 성취감을 찾아보세요.

❺ **타인의 의견 수용** | 종종 다른 투자자의 의견이 도움이 됩니다. 타인과의 소통을 통해 새로운 시각을 얻고 자신만의 투자 전략을 개선해보세요.

❻ **소소한 보상체계** | 자주 투자 결과에 대해 작은 보상체계를 마련하여 성과를 확인하고 긍정적인 동기부여를 유지하세요.

INFP

풍부한 상상력으로 미래 예측!
때론 과감하게 결단을 내려보자

자신의 가치와 관심사에 매우 몰입하는 경향이 있으며, 창의적이고 세심한 접근을 선호한다. 풍부한 상상력과 미래에 대한 관심을 바탕으로 무엇이든 신중하게 고민하는 편이라 때론 우유부단한 성향을 보인다.

Profile

- **이름** 박진남
- **나이** 29세
- **직업 & 연봉** 직장인, 3000만원
- **보유 자산** 500만원
- **성격 유형** INFP
- **현재 목표** 5년 내 종잣돈 1억원 만들기
- **투자 방식** 미국 주식투자

Case

29세 INFP인 나, 박진남은 연봉 3000만원을 쪼개어 5년 내 1억 종잣돈 만들기를 목표로 미국 주식투자에 나섰지. 나는 풍부한 상상력으로 미래를 주도할 대표 기업을 잘 찾아서 투자를 해볼 생각이야. 난 내가 관심 있는 일에는 집중하지만 그렇지 않으면 흥미를 잃고 열정이 금방 식기도 해서 주식투자에 지속적인 관심을 유지하는 게 관건이긴 해. 그리고 생각이 많다보니 은근 우유부단한 면도 있어서 과연 과감하게 주식투자의 결단을 내릴 수 있을지가 우려스러워.

하지만 무모한 결단보다는 여러 방면을 고려해서 나의 창의성과 세심함으로 약점을 보완해 주변의 조언도 경청하면 성공할 수 있을 거라는 생각도 들어.

> 내가 관심 있는 분야에서
> 떠오를 새로운 혁신은 무엇일까?
> 내가 정말로 하고 싶은 일은 무엇일까?
> 나의 선택이 내 가치관과 일치하는가?

Evaluation

투자접근법

- ✓ **신중한 리스크 관리**
  신중한 접근 방식은 투자에서 강력한 자산
- ✓ **창의성과 세심함 활용**
  세부적인 기업 분석과 시장 동향 분석으로 기회 발견
- ✓ **주변 네트워크 활용**
  투자에 대한 조언을 구하거나 투자 아이디어 공유

투자온도계

투자성향

투자성향 점수는 낮지만 역설적으로 나의 한계를 극복하거나 보완할 경우 나에 맞는 해답을 찾기 쉬울 수도 있다.

투자성과

투자성과는 하위권이나, 이는 위험을 회피한 결과이기도 하다. 관심도를 유지할 유인과 환경을 조성할 필요가 있다.

투자 성공을 위한 Tip

INFP 투자 스타일 진단

박진남 님은 성격상 감수성이 매우 풍부하고 외면적인 것보다는 내적 성장을 중요하게 생각합니다. 겉으로 타인과 공감은 잘하나 내면에선 독립적인 면이 강해서 많은 생각과 내면의 갈등을 겪을 가능성이 있습니다.

따라서 주식투자 시에도 세심한 성격과 약한 멘탈 때문에 주식 시장의 야단법석에 쉽게 질려 흥미를 잃고 중도 하차할 가능성이 클 수 있습니다. 따라서 스스로의 마음을 다스리면서 주식시장의 변동성에 대한 내 마음의 요동을 미리 준비하고 변화에 대한 대응책도 선제적으로 준비한다면 괜찮을 겁니다. 이에 대한 7가지 솔루션은 다음과 같습니다.

Solution

지속적인 동기 부여

주식투자에 대한 지속적인 관심을 유지하기 위해 동기부여 방법 모색

결정 내리기 전 신중한 고려

우유부단함을 극복하고 분석을 통해 합리적으로 결정

❶ **자기 감정을 이해하고 존중하기** | 감수성이 풍부한 성향이기 때문에 주식 시장의 변동이 감정에 큰 영향을 미칠 수 있습니다. 자신의 감정을 이해하고 존중하는 것이 중요합니다. 특히 멘붕이 오는 경우, 감정을 정리하고 긍정적인 면도 찾아보세요.

❷ **명확한 목표와 계획** | 내적 성장을 중시하는 성향상 목표와 계획을 세우는 것이 중요합니다. 투자에 앞서 목표를 명확히 하고, 작은 계획으로 나누어 실행하면 불안감을 줄이고 효과적인 투자를 할 수 있습니다.

❸ **독립성을 존중하되 조언 수용하기** | 독립적인 성향이 강할 수 있겠지만, 때로는 주변의 조언을 듣는 것도 중요합니다. 주식 시장은 복잡하고 예측하기 어려운 부분이 많기 때문에 다양한 의견을 듣고 나만의 판단을 내리세요.

❹ **자연스러운 투자 환경 조성** | 주식투자를 할 때 편안하고 조용한 환경을 조성하세요. 감정의 안정을 유지하면서 투자에 집중할 수 있습니다.

❺ **자기 독려의 수단 찾기** | 주식투자에서의 성과에 대해 자신에게 적절한 독려의 수단을 찾아보세요. 작은 성취를 기록하고, 주식 투자에서 얻은 지식과 경험에 대해 긍정적으로 생각해보세요.

❻ **휴식과 여가 활동** | 멘탈이 강하게 영향을 받을 때 휴식과 여가 활동을 통해 스트레스를 풀어보세요. 감성적이고 창의적인 측면을 발휘할 수 있는 취미와 관심사에 시간을 투자하세요.

❼ **실패는 성장의 기회** | 주식 시장에서의 실패는 성장의 기회입니다. 실패를 피하기 보다는 그로부터 얻을 수 있는 교훈과 경험에 주목하세요.

INTJ

전략적 분석가!
비판적 사고 대신 직감이 빠를 때가 있다

분석적인 사고를 좋아하고 복잡한 문제를 전략적으로 해결하려는 성향이 강하다. 투자 기회에 대해 과도한 분석을 하려는 경향이 있어서 분석의 과부하로 결정을 지연할 수 있으며, 때로는 좋은 기회를 놓칠 수도 있다.

Profile

이름 권윤경
나이 41세
직업 & 연봉 직장인, 9000만원
보유 자산 6000만원
성격 유형 INTJ
현재 목표 5년 내 종잣돈 1억원 만들기
투자 방식 미국 주식투자

Case

41세 INTJ인 나, 권윤경은 연봉 9000만원에서 5년 내 1억 종잣돈 만들기를 목표로 미국 주식투자를 시작했어. 난 평소 호기심 많고 비판적인 관점에서 주식 시장을 보는 성향인 것 같아. 정보를 분석하는 데 많은 시간을 할애하는 편이라 시간이 지체될 때도 있지만 무엇이든 논리적인 판단이 중요하다고 생각해. 따라서 철저한 공부를 통해 정보 분석을 하고 체계적인 전략과 계획을 통해 주식투자를 하려고 해. 물론 스트레스에 취약한 부분도 있어서 내 마음을 잘 다스리면서 목표를 향해 달려야 할 것 같아. '1억원 만들기'라는 목표를 이루려면 강한 의지와 효율적으로 도달할 수 있는 계획적인 접근이 필요하겠지. 그래도 논리적인 판단과 신중한 전략으로 안정적으로 운영하면 목표에 도달할 수 있을 거라 믿어.

> 단계별로 목표를 설정하고, 단계별 구체적인 액션 플랜을 마련해야할 거야. 이를 통해 5년 안에 기필코 1억원을 만들거야.

Evaluation

투자 접근법

✔ **객관적인 관점**
호기심이 많고 비판적인 관점으로 주식 시장 분석

✔ **명확한 목표 지향**
철저한 공부와 분석을 통한 체계적 전략 수립

✔ **체계적인 투자 전략**
계획적이고 효율적인 접근으로 포트폴리오 다각화

투자온도계

투자성향
이성형(T)과 계획형(J) 성향을 보유하여 투자 성향상 높은 잠재력을 갖추고 있다. 다만 잠재력은 잠재력일 뿐, 방심하지 말자.

투자성과
투자성과는 중위권인데, 중위험 성향에서 비롯된 성과이다. 지적 호기심과 비판적 사고능력을 바탕으로 나만의 성과를 만들어보자.

투자 성공을 위한 TIP

스트레스 관리
스트레스에 취약한 부분을 인식하고, 정신적 안정 유지

감정 조절
감정적인 결정을 피하고, 논리적인 분석에 기반해 행동

목표와 진행 상황 검토
정기적으로 상황을 검토하고 최적화 경로 탐색

INTJ 투자 스타일 진단

권윤경 씨는 성격상 지적 호기심이 크고 비판적 분석을 중시하는 편입니다. 따라서 주식투자할 때 이러한 지적 탐구능력과 현실성 있고 계획적인 성격을 바탕으로 목표에 도달하는 효율적인 해결능력을 갖췄다고 볼 수 있습니다.
다만 감정적인 스트레스에 취약하고 독립적인 면이 강하기 때문에 누군가와의 협업보다는 스스로 나만의 방법을 터득하고 성과로 연결시키는 면모가 강하다고 판단합니다. 이런 특성을 감안하여 다음의 솔루션들을 제시 드립니다.

Solution

❶ **논리적인 분석을 적극 활용하세요** | 지적 호기심과 뛰어난 분석 능력을 활용해 주식 시장을 깊이 이해하고 분석해보세요. 여기에 도달할만한 성향상 강점을 지니고 있습니다. 투자 결정에는 객관적이고 체계적인 접근이 도움이 될 것입니다.

❷ **감정적 스트레스 관리에 주의하세요** | 감정적인 스트레스에 민감할 수 있기 때문에 자주 감정 상태를 확인하고 필요한 경우 휴식이나 명상과 같은 방법으로 스트레스를 관리하세요.

❸ **목표와 계획을 명확히 하세요** | 목표를 명확히 정의하고 계획을 세우는데 INTJ의 계획적인 성향을 활용하세요. 장기적인 비전과 목표를 설정하면 효과적인 투자 전략을 수립할 수 있습니다.

❹ **독립성을 존중하되, 협력도 고려하세요** | 독립성을 중요시하지만 때로는 다양한 의견과 협력이 투자에 도움이 될 수 있습니다. 주변의 의견도 듣고 유연하게 대처하세요.

❹ **실적에 대한 학습으로 성장하세요** | 주식 시장에서의 성공과 실패는 모두 성장의 기회입니다. 실패를 두려워하지 말고, 그로부터 교훈을 얻어 성장하세요.

❺ **자신의 강점을 최대한 활용하세요** | INTJ의 강점인 논리적 사고와 목표 달성 능력을 최대한 활용하여 자신만의 개성있는 투자 스타일을 찾아보세요.

❻ **지적인 측면을 넘어 예측이 어려운 부분에 유연하게 대처하세요** | 주식 시장은 언제나 예측이 어려운 환경입니다. 지적인 측면도 중요하지만 예측이 어려운 부분에는 유연하게 대처하고 적응할 수밖에 없습니다.

INTP

한번 파고들면 나도 전문가!
끝까지 끈기를 잃지 말자!

분석적이고 논리적인 사고를 바탕으로 깊이 있는 지식을 추구하는 성향이 있으며, 새로운 아이디어와 이론에 대한 호기심이 매우 높다. 이러한 성향을 투자에 잘 활용한다면, 큰 성공을 거둘 수 있을 것이다.

Profile

이름 최웅선
나이 39세
직업 & 연봉 직장인, 8000만원
보유 자산 5000만원
성격 유형 INTP
현재 목표 5년 내 종잣돈 1억원 만들기
투자 방식 미국 주식투자

Case

39세 INTP인 나, 최웅선은 연봉 8000만원에서 5년 내 1억을 목표로 미국 주식투자에 도전했어. 난 나름 분석적이고 논리적인 성향으로 주식시장을 철저히 분석하고 이해해서 어느 정도 내공을 쌓고 도전할 거야. 한번 파고들면 어느 정도는 전문가 소리를 들어야 직성이 풀리거든.

물론 그래서 너무 이론에만 치우쳐 실제 투자 시기를 놓치는 것은 주의해야겠지. 그리고 시작은 거창한데 마무리가 잘 안되어서 지적을 받기도 했으니까 이 부분도 극복해야 할 과제긴 해. 어찌 되었든 주식투자는 나의 지적 호기심과 창의력을 테스트할 수 있는 좋은 기회라고 생각해!

> 내가 학습한 이론을
> 실제 투자에 어떻게 적용할 수 있을까?
> 어떻게 하면 이론적 지식과
> 실제 시장 사이의 간극을
> 좁힐 수 있을까?

Evaluation

투자접근법

- ✓ **지적 호기심과 창의력 활용**
  분석적이고 논리적인 성향을 바탕으로 주식 시장 철저 분석
- ✓ **목표 설정과 실행력 강화**
  체계적인 전략과 계획적인 접근으로 투자 실행
- ✓ **리스크 관리와 다각화**
  이론과 실제의 균형을 유지하며 투자 시기를 신중하게 결정

투자온도계

투자성향

이성형(T) 성향을 보유했고, 주식 덕후가 될만한 지적호기심과 직관력이 뛰어난 편이다. 다만 실행력이 보완되면 더 좋겠다.

투자성과

투자성과는 하위권이나, 이는 위험회피 성향의 결과이기도 하다. 공부만 하면 일취월장할 성향임을 명심하자.

투자 성공을 위한 Tip

목표 설정과 실행력 강화

구체적인 목표 설정과 단계별 실행 계획 수립

감정 관리

투자 결정 과정에서 감정적인 요소가 개입하지 않도록 주의

INTP 투자 스타일 진단

최웅선 씨는 지적 호기심과 직관력이 탁월하고, 창의적 지능과 논리력이 뛰어난 유형입니다. 선입견이 크지 않기 때문에 타인의 의견을 이해하고 받아들이는데 큰 문제는 없습니다. 즉 주식 공부에 적용한다면 제대로 꽂히면 전문가 수준의 지식 습득에까지 푹 빠지는 주식 덕후로까지 발전할 만한 스타일이기도 합니다.

다만 실행력이 필요할 텐데, 이 부분이 부족하여 일의 마무리가 잘 안 된다는 단점도 있습니다. 따라서 솔루션을 제시하면 다음과 같습니다.

Solution

❶ **지적 호기심을 유지하며 학습에 몰두하세요** | 주식 시장은 끊임없이 변화하므로 지적 호기심을 유지하고 새로운 투자 전략 및 동향에 대한 학습에 집중하세요.

❷ **창의적 사고를 활용해 독특한 전략을 개발하세요** | INTP의 창의적 지능을 활용하여 독특하고 혁신적인 투자 전략을 개발하세요. 새로운 아이디어에 개방적이며 실험적인 접근이 도움이 될 것입니다.

❸ **계획을 세우고 완결성을 중요시하세요** | 실천력이 부족하다고 느낀다면 목표 달성을 위한 계획을 세우고 실행에 옮기는 데 집중하세요. 완결성을 중요시하면 투자 전략을 더욱 효과적으로 수행할 수 있습니다.

❹ **투자 결정에 있어 논리적 분석을 강화하세요** | 논리적인 분석 능력은 주식 투자에서 중요합니다. 투자 결정 시 객관적이고 체계적인 논리를 사용하여 리스크와 수익을 평가하세요.

❺ **진지함과 꾸준함을 가지고 투자에 임하세요** | 주식 시장에서의 성공은 진지하고 꾸준한 노력이 필요합니다. 주식투자는 단기적인 것이 아니므로 장기적인 비전을 가지고 꾸준한 투자 활동을 유지하세요.

❻ **타인의 의견을 수렴하고 협력하세요** | 투자는 혼자 하는 것이 아니라 다양한 의견을 수렴하고 협력하는 것이 중요합니다. 주변의 전문가 의견이나 투자자들과 소통하며 배울 점을 찾으세요.

❼ **실패를 두려워하지 마세요** | 실패는 성공의 여정에서 필연적인 부분입니다. 실패에서 배우고 성장할 수 있도록 두려움을 극복하세요.

ISFJ

친절한 완벽주의자!
얇디 얇은 팔랑귀는 이제 접자

신중하고 성실하며, 안정성과 검증된 방법을 선호하는 경향이 강하다. 또한 타인의 의견에 영향을 받기 쉬운 부분이 있어서 투자 결정 과정에서 혼란을 느낄 수도 있다.

Profile

- **이름** 노성윤
- **나이** 29세
- **직업 & 연봉** 직장인, 4000만원
- **보유 자산** 500만원
- **성격 유형** ISFJ
- **현재 목표** 5년 내 종잣돈 1억원 만들기
- **투자 방식** 미국 주식투자

Case

29세 ISFJ인 나, 노성윤은 연봉 4000만원에서 5년 내 1억원 종잣돈 만들기 목표로 미국 주식투자에 나섰어. 나는 신중하고 성실한 편인데, 위대한 투자가들의 원칙에 입각했던 검증된 투자 기법을 학습해서 내게도 반영시키고 싶어.
물론 변화무쌍한 투자환경에 적응하는 것은 내겐 너무 어려워서 유행을 쫓기보단 무리하지 않고 투자위험은 적더라도 안정적인 성과를 추구하고 싶어. 물론 누군가가 옆에서 좋은 투자라고 추천해주고 솔깃한 이야기를 하면 귀가 얇은 나는 갈피를 못 잡고 마음이 왔다 갔다 하긴 하지만 이제는 줏대를 가지고 노력해 볼 작정이야.

> 내가 학습한 이론을 실제 투자에 어떻게 적용할 수 있을까? 어떻게 하면 이론적 지식과 실제 시장 사이의 간극을 좁힐 수 있을까?

Evaluation

투자접근법

- ✓ **투자 전략 학습**
  신중하고 성실한 성격을 바탕으로 검증된 투자 기법 학습 및 적용
- ✓ **안정적인 투자**
  변화무쌍한 투자 환경에 대한 적응보다는 안정적인 성과 추구
- ✓ **정보 습득**
  사람들과의 소통을 통해 기회 발견

투자온도계

투자성향
계획형(J) 성향을 가졌는데, 성실한 태도와 뛰어난 공감능력과 결합할 경우 시너지를 발휘한다.

투자성과
투자성과는 중하위권이다. 다만 신중한 성격에 따른 중-저위험 성향의 결과물이므로 그렇게 실망할 필요는 없다.

투자 성공을 위한 TIP

변동성에 대한 적응력 강화

소액으로 다양한 투자를 시도해 자신만의 적응 방법을 찾기

지속적인 학습과 개선

투자에 대한 지식과 경험을 지속적으로 발전시키기

ISFJ 투자 스타일 진단

노성윤 님은 직장이든 가족이든 책임감이 강하고 전통과 관습을 존중하는 유형입니다. 늘 성실한 태도와 주변 사람들의 고민을 상담해줄 정도로 공감을 잘하기도 합니다. 특히 원리-원칙에 대해 인정하고 이를 바탕으로 행동으로 옮기는 편이라 주식 투자에 적용한다면 충동적인 면을 자제하고 주식투자의 원리-원칙에 충실하게 따를 수 있는 면이 충분하다는 장점이 있습니다. 다만 원리-원칙에서 벗어난 새로운 가능성에 개척하는 역량은 다소 모자랄 수 있는 점도 고려해야 할 것입니다. 이와 관련한 솔루션을 다음과 같이 제시합니다.

Solution

❶ **신중하고 안정된 접근을 유지하세요**: ISFJ 성격은 신중하고 안정된 특징을 가지고 있습니다. 투자 시에도 급한 감정에 휩싸이지 말고 안정된 마음가짐으로 접근하세요.

❷ **자신의 원칙에 충실하며 투자하세요** | 주식투자에서도 자신의 가치관과 원칙에 충실하면서 투자 결정을 내리세요. 주변의 소음에 휩싸이지 않고 나만의 판단을 중요시하세요.

❸ **목표와 계획을 세우세요** | 책임감이 강한 ISFJ는 목표와 계획을 세우고 이를 지키는 데 능숙합니다. 투자 목표를 명확히 정하고 계획에 따라 행동하세요.

❹ **자기 자신을 믿고 자존감을 유지하세요** | ISFJ는 타인에 대한 공감이 뛰어나지만 때로는 자신에 대한 믿음이 부족할 수 있습니다. 자기 자신을 믿고 자존감을 유지하여 투자 결정에 자신감을 가져보세요.

❺ **전문가의 도움을 받고 지식을 쌓으세요** | 투자에 관한 지식을 높이기 위해 전문가의 도움을 받거나 관련 서적 등을 통해 지식을 쌓아보세요. 더 깊이 있는 이해는 안정된 투자에 도움이 될 것입니다.

❻ **리스크 관리를 중요시하세요** | 안정성을 중요시하는 ISFJ는 투자 시에도 신중한 리스크 관리가 필요합니다. 가능한 리스크를 사전에 파악하고 효과적으로 관리하세요.

❼ **자주 체크하고 조정하세요** | 투자 포트폴리오를 주기적으로 검토하고 필요에 따라 조정하세요. 변화하는 시장 상황에 적응하면서 투자를 지속적으로 개선해나가세요.

ISFP

자유로운 영혼의 소유자!
신중하게 탐색하는 방법을 찾자

자유로운 정신과 자신만의 개성이 강한 투자 스타일을 선호한다.
새로운 관점과 독창적인 접근 방식을 통해 투자에 임하는 것이 특징이다.

Profile

- **이름** 김민영
- **나이** 21세
- **직업 & 연봉** 직장인, 3000만원
- **보유 자산** 100만원
- **성격 유형** ISFP
- **현재 목표** 5년 내 종잣돈 1억원 만들기
- **투자 방식** 미국 주식투자

Case

21세 ISFP인 나, 김민영은 한 달 전에 갓 입사한 새내기야. 연봉 3000만원으로, 5년 내 1억원 종잣돈을 만들기 위해 미국 주식투자에 도전하려고 해. 나는 사실 전통에 얽매이지 않는 자유로운 성격으로 나만의 새로운 관점을 정립해서 주식투자를 해보고 싶어.

하지만 뭔가 투자 결정을 내릴 때도 즉흥적인 면이 있어서 나중에 후회하곤 해. 즉흥적인 결정은 잘못하면 손실로 이어지기도 하니까. 그래도 누구와 비교하지 않고 나만의 열린 사고와 접근법으로 천천히 목표달성을 위해 노력해 볼 거야.

> 시장을 어떻게 독특하게 바라볼 수 있을까?
> 전통적인 투자 방식을 벗어나 나만의 관점을 어떻게 개발해 성공적으로 이끌 수 있을까?

Evaluation

투자 접근법

- ✓ **자유로운 성격과 열린 사고**
  나만의 독특한 투자 관점 개발과 적용
- ✓ **자기 반성**
  즉흥적인 결정의 리스크를 인지하고, 신중한 계획을 통해 균형 찾기
- ✓ **자기개발과 학습**
  개인적인 가치와 목표에 부합하는 투자 선택

투자온도계

투자성향

투자성과

투자 성향 점수가 낮다고 해서 실망하지 말자. 지금부터라도 지속적인 학습을 통해 개선해 나가도록 하자.

투자성과는 하위권이나, 이는 위험을 회피한 결과이기도 하다. 관심도를 유지할 유인과 환경을 조성할 필요가 있다.

투자 성공을 위한 Tip

자신의 가치관 중시
열린 사고와 접근법을 통해 자신만의 투자 경로를 개발

지속적인 학습과 개선
투자 정보를 습득하고 손실 위험을 인지해 신중한 투자 결정

ISFP 투자 스타일 진단

김민영 씨는 항상 겸손하며 공감능력이 양호한 유형입니다. 다만 전통과 관습에 얽매이는 것에 대한 거부감이 있고, 실행력이 상대적으로 약해서 이러한 면을 감안하는 것이 필요합니다.

즉 주식투자 시 기존의 성공 문법이 나에게도 맞는 지에 대한 의구심, 그리고 나름대로의 투자계획을 끝까지 추진해가지 못하는 면이 있는 것이죠. 이러한 성격을 감안해서 다음과 같은 솔루션을 제시드립니다.

Solution

❶ **자신만의 스타일을 찾아보세요** | ISFP는 독립적이며 예술적인 특성을 가지고 있습니다. 주식투자에서도 다양한 스타일 중에서 자신에게 맞는 방식을 찾아보고, 강점을 살려 개성있는 투자방법을 선택해보세요.

❷ **투자에 관심을 기울이세요** | 주식 시장은 복잡한 세계일 수 있습니다. 자주 변하는 투자 동향과 기업 정보에 관심을 기울여, 투자에 필요한 지식을 쌓아보세요.

❸ **간단하게 시작하세요** | 복잡한 투자 전략이나 용어에 압도되지 마세요. 간단한 시작으로부터 경험을 쌓아 나가는 것이 중요합니다. 점진적으로 투자에 대한 이해를 넓혀가세요.

❹ **자신의 가치관을 중시하세요** | 전통이나 규칙에 얽매이지 않는 ISFP 성격이 강점일 수 있습니다. 자신의 가치관에 따라 투자를 결정하고 다양한 시각을 통해 새로운 기회를 찾아보세요.

❺ **자발적으로 도움을 구하세요** | 투자에 대한 지식이 부족하다고 느낄 때 주변의 전문가나 친구에게 도움을 청하세요. 다양한 의견을 듣고 자신만의 판단을 내리는 데 도움을 받을 수 있습니다.

❻ **긍정적인 마음가짐을 유지하세요** | 투자는 시장 상황에 따라 변화할 수 있습니다. 어려움에 부딪힐 때에도 긍정적인 마음가짐을 유지하고, 작은 성과에 기뻐하는 습관을 가지세요.

❼ **감정을 허용하세요** | ISFP는 감정 표현이 풍부한 성격입니다. 주식투자에서 감정을 무시하지 말고, 투자 결정에 어떤 감정이 영향을 미치는지 이해하고 허용하세요.

ISTJ

확고한 현실주의자!
다양한 관점으로 새로운 기회를 포착하자

신중함, 체계성, 규칙성을 중요하게 생각한다.
안정적이고 장기적인 투자 성과를 목표로 하며, 위대한 투자자들의
성공 요인을 분석해 자신만의 투자 원칙을 수립하고자 한다.

Profile

이름 강영주

나이 30세

직업 & 연봉
직장인, 3000만원

보유 자산
500만원

성격 유형
ISTJ

현재 목표
5년 내 종잣돈 1억원 만들기

투자 방식
미국 주식투자

Case

30세 ISTJ인 나, 강영주는 연봉 3000만원에서 5년 내 1억원 종잣돈 쌓기 목표로 미국 주식투자를 시작했어. 난 매우 신중하고 체계적이며 꼼꼼한 성격으로 투자에 앞서 철저한 준비와 분석을 통해 안정적으로 투자를 주도할 거야. 당연히 위대한 투자자들의 성공 요인들을 추출해서 나만의 규칙을 만들고 이를 따라야겠지. 물론 원칙대로만 한다면 새롭게 생겨나는 신성장 산업과 기업들을 놓칠 수도 있겠지만. 그러나 원칙에 순응하는 태도, 즉 좋은 기업에만 투자하는 습관은 결국 장기적으로 보면 좋은 성과로 이어진다는 진리를 난 절대적으로 믿어.

> 모든 투자 결정에 앞서
> 철저한 준비와 분석을 해야해.
> 시장, 기업분석, 그리고 경제동향에 대해
> 꼼꼼하게 조사하고,
> 그 정보를 바탕으로 투자를 결정하겠어.

Evaluation

투자접근법

✓ **안정적인 투자**
원칙 고수하며 및 신성장 산업과 기업에 대한 투자 기회 가능성 인지

✓ **나만의 규칙 수립**
장기적 관점에서 좋은 기업에 투자하는 습관의 중요성 강조

✓ **정보 분석**
위대한 투자자들의 성공 요인을 추출하여 분석하고 신중하게 계획

투자온도계

투자성향

체계적이고 규칙적인 것을 선호하는 만큼 높은 잠재력을 보유하고 있다. 방심하지 말고 꾸준히 노력하자.

투자성과

투자성과는 상위권인데, 꼼꼼하게 원칙을 고수하면서 얻은 성과로 추정할 수 있다. 다만 통계는 통계일뿐 나도 통계처럼 되기 위해 위대한 투자자들처럼 노력하자.

투자 성공을 위한 TIP

ISTJ 투자 스타일 진단

강영주 씨는 매사에 철저하게 계획을 세우고 이에 근거하여 행동하는 유형입니다. 또한 전통과 관습, 원칙에 나름대로 가치를 부여하기 때문에 보수적인 면이 뚜렷하고 안정성을 추구하는 편입니다. 주식투자에 적용한다면 성공 공식이 뚜렷한 이론을 기반으로 투자하는 편이죠.

또한 반복적인 일상에 대한 인내력이 강하고 주어진 임무를 철저하게 완수하려는 책임감이 뚜렷하기 때문에 나만의 주식투자 루틴을 잘 구축할 성격이기도 합니다. 관련한 구체적인 솔루션을 다음과 같이 제시합니다.

Solution

❶ **계획을 세우고 따르세요** | ISTJ는 계획과 규칙을 중요시하는 경향이 있습니다. 투자에 앞서 명확한 계획을 세우고 그에 따라 행동하는 것이 중요합니다. 투자 목표와 전략을 구체적으로 정리하세요.

❷ **신중하게 연구하고 분석하세요** | ISTJ는 세부적인 사실에 주의를 기울이는 경향이 있습니다. 주식시장에 대해 신중하게 조사하고 분석하여 안정적이고 신뢰성 있는 정보를 바탕으로 투자 결정을 내리세요.

❸ **전통적인 가치를 고려하세요** | 전통과 안정성을 중시하는 ISTJ 성격은 주식투자에서 기반이 탄탄한 자산을 선택하는 데 도움이 될 수 있습니다. 안정성 있는 기업이나 성숙한 시장을 탐색해보세요.

❹ **위험 관리에 주의하세요** | 보수적인 성향으로 리스크를 최소화하는 노력을 기울이세요. 다양한 자산 간 분산을 통해 투자 위험을 효과적으로 관리할 수 있습니다.

❺ **목표를 명확히 정의하세요** | 명확한 목표를 설정하고 그에 따라 투자를 진행하세요. 목표 달성을 위해 꾸준한 노력과 인내가 필요하므로 목표의 중요성을 항상 기억하세요.

❻ **주기적인 리밸런싱을 고려하세요** | 투자 포트폴리오를 주기적으로 검토하고 필요에 따라 조절함으로써 시장 상황에 더 잘 대응할 수 있습니다.

❼ **감정과 이성의 균형을 유지하세요** | 투자 시 감정과 이성의 균형을 유지하는 것이 중요합니다. 감정에 휩쓸리지 않고 객관적인 판단을 유지하며 투자하세요.

장기 투자의 중요성 인식

장기적인 관점으로 리스크를 줄이고, 복리 효과 극대화

분산 투자

포트폴리오 내 분산 투자 전략을 고려, 새로운 성장 기회 포착

ISTP

확신의 마이웨이!
유연성을 가지고 새로운 기회를 포착하자

독립적이고 자유로운 사고로 문제해결 능력이 뛰어난 성격의 소유자다.
타인의 조언보다는 개인적 판단에 의존하며 즉흥적인 결정을 내리기도 한다.

Profile

- **이름**: 김정희
- **나이**: 29세
- **직업 & 연봉**: 직장인, 4000만원
- **보유 자산**: 100만원
- **성격 유형**: ISTP
- **현재 목표**: 5년 내 종잣돈 1억원 만들기
- **투자 방식**: 미국 주식투자

Case

29세 ISTP인 나, 김정희는 연봉 4000만원에서 5년 내 1억원 종잣돈 만들기 프로젝트로 미국 주식투자에 도전장을 냈어. 나만의 문제해결 능력, 집중력에 대해서 스스로 신뢰하는 편이고, 이를 바탕으로 실전투자를 통해 효율성을 찾아 나갈 거야. 물론 누군가의 조언을 귀 기울여 듣는 편은 아니고 내 나름대로 판단해서 즉흥적인 결정도 하기 때문에 가끔 투자위험을 감수해야 할 수도 있어.
결국 투자란 것은 나와의 싸움이라고 생각하고, 마이웨이를 개척해서 내 방식대로 흔들리지 않고 뚜벅뚜벅 힘차게 걸어갈 거야.

> 현재 내가 직면한 투자문제를 해결하기 위해 어떤 분석방법이나 도구를 사용할 수 있을까?
> 효율적인 해결책은 무엇일까?

Evaluation

투자접근법

- ✓ **독립적인 사고**
  나만의 문제해결 능력과 집중력을 신뢰하여 실전투자로 효율성 추구
- ✓ **실용적 접근**
  타인의 조언보다는 개인적 판단에 의존하여 즉흥적인 결정을 내림
- ✓ **과감한 실행력**
  투자 위험 감수를 두려워하지 않음

투자온도계

투자성향

이성형(T) 성향을 보유했고, 좋은 집중력과 문제해결 능력을 지니고 있다. 다만 타인의 조언보다는 스스로의 판단에 의존하는 편이다.

투자성과

투자성과는 중하위권이다. 다만 신중한 성격에 따른 중-저위험 성향의 결과물이므로 그렇게 실망할 필요는 없다.

투자 성공을 위한 TIP

리스크 관리
분산 투자와 같은
리스크 관리 전략 적용

지속적인 학습
시장 동향, 금융 뉴스,
투자 전략에 대한
최신 정보 습득

개방성 유지
다양한 관점으로
새로운 기회 개척

ISTP 투자 스타일 진단

김정희 씨는 독립적이고 자유로우며, 자기 주관이 확실한 성격 유형을 지니고 있습니다. 본인이 하고 싶은 일에 대해서는 집중력과 몰입력이 뛰어나기 때문에, 만약 주식 투자에 그런 점이 발휘된다면 긍정적일 수 있습니다.

다만 관심에서 벗어나면 아예 신경을 안 쓰는 경향이 있어서 주식에도 지속적인 관심을 유도시킬 수 있는 자신만의 유인책, 즉 '당근'을 주는 것도 필요할 것입니다. 관련하여 솔루션들을 다음과 같이 제시합니다.

Solution

❶ **독립적인 사고를 존중하세요** | ISTP 유형은 독립적이고 자유로운 사고 방식을 선호합니다. 주식투자에서 자신만의 분석과 판단에 자신감을 가지고, 다양한 의견을 들으면서도 자신의 결정을 중시하세요.

❷ **실용적이고 경험 중심으로 학습하세요** | ISTP는 경험을 통한 학습을 선호합니다. 주식시장에서 새로운 전략이나 기술을 습득하면서 실전 경험을 쌓아보세요.

❸ **목표를 명확히 정의하고 실행하세요** | 목표를 정확하게 정의하고 그에 따라 실행하는 데 강점을 가지고 있습니다. 투자 목표를 명확히 하고 그에 따른 실행계획을 세우세요.

❹ **탐험 정신을 살려 새로운 기회를 찾아보세요** | 새로운 투자 기회를 찾아나가는 것을 즐기면서 변화에 대한 유연성을 유지하세요. 다양한 시장 동향을 탐험하면서 자신만의 차별된 전략을 개발하세요.

❺ **감정적인 안정을 유지하세요** | 급변하는 주식시장에서는 감정적인 안정이 중요합니다. 손실이 발생해도 감정에 휩싸이지 않고 합리적인 판단을 유지하는데 집중하세요.

❻ **기술적인 분석에 주목하세요** | ISTP는 기술적인 부분에 흥미를 가질 수 있습니다. 기술적 분석 도구와 차트 분석을 활용하여 효과적인 투자 결정을 내리세요.

❼ **주변 지인들과의 소통에도 신경 조금만 쓰세요** | 독립적인 성향이 강하더라도 다양한 의견과 정보를 수용하고 타인들과 소통하는 데 신경 써 보세요. 다양한 시각은 새로운 투자 아이디어를 얻는 데 도움이 될 수 있습니다.

CHAPTER 2

성향이 투자에 미치는 영향

MBTI Money Matching

나는 돈을 좇는 사람일까, 아니면 돈이 나를 좇는 사람일까.
과거 '투자'라고 하면 어느 정도 여윳돈이 있는 사람들만 할 수 있다는
인식이 강했다. 하지만 주식과 코인으로 재테크 열풍이 강해지면서 이제는
빈부격차를 넘어 남녀노소 누구나 투자에 도전하는 사람들을 쉽게 볼 수 있다.
하지만 모두가 성공하는 것은 아니며, '금수저'나 '흙수저'처럼 처음부터 빤히 정해진 한계는 없다.
누구에게나 잠재된 재능이 있듯 투자 재능에도 잠재력이 있는 법.
주식시장의 새로운 주인이 될 여러분의 투자 잠재력을 알아보자.

MBTI 유형별 연평균 소득

자료 Truity 주: 만 21세 이상 7만 2000명 미국인 대상으로 산출 (2022년 기준)

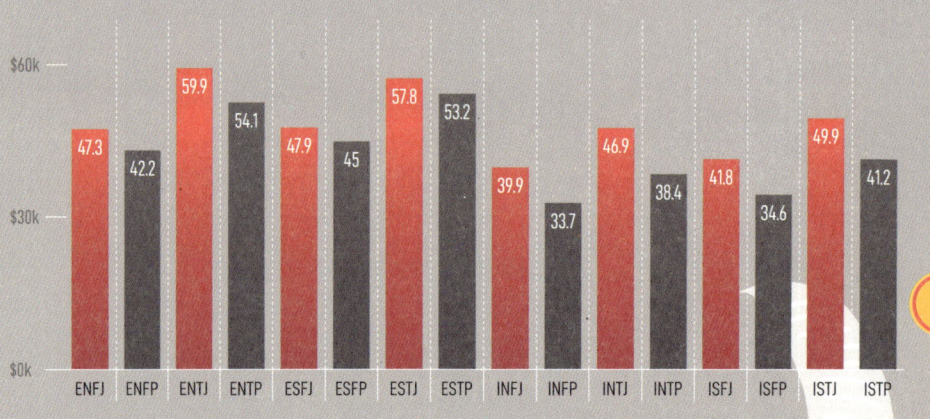

ENFJ	ENFP	ENTJ	ENTP	ESFJ	ESFP	ESTJ	ESTP	INFJ	INFP	INTJ	INTP	ISFJ	ISFP	ISTJ	ISTP
47.3	42.2	59.9	54.1	47.9	45	57.8	53.2	39.9	33.7	46.9	38.4	41.8	34.6	49.9	41.2

미국의 온라인 성격 테스트 개발자인 트루이티(Truity)가 16가지의 MBTI 성격 유형 중 특정 유형들에게서 소득이 높은 경향을 보인다는 결과를 발표했다. 해당 조사에 따르면 16개의 유형 중 ENTJ와 ESTJ가 소득 수준이 가장 높았고, 이들의 큰 특징으로는 외향적이며 직관적이고 업무 중심적이며 분명한 목적과 방향을 선호하는 타입으로 나타났다.

MBTI의 선호지표 중 하나인 에너지의 방향(주의 초점)은 외향성-내향성을 결정하는 요소로서 인간관계에서의 태도나 가치관이 소득 수준을 결정하는 중요한 요소인 것으로 나타났는데, 내향적 보다는 외향적인 성향이, 이상주의보다는 현실적인 성향이, 업무 중심의 타입이 인간관계 중심 타입보다 소득 수준이 높은 것으로 나타났다.

연소득 15만달러 이상 비율

자료: Truity 주: 만 30~59세 이상 미국인 대상으로 산출 (2022년 기준)

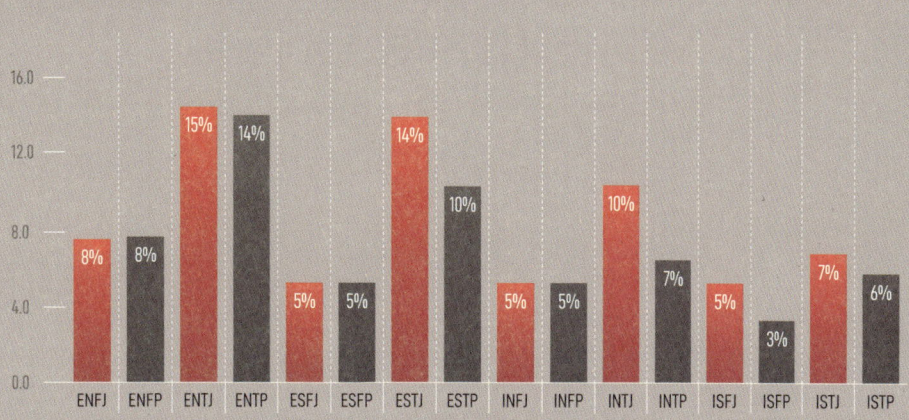

	ENFJ	ENFP	ENTJ	ENTP	ESFJ	ESFP	ESTJ	ESTP	INFJ	INFP	INTJ	INTP	ISFJ	ISFP	ISTJ	ISTP
	8%	8%	15%	14%	5%	5%	14%	10%	5%	5%	10%	7%	5%	3%	7%	6%

MBTI의 4가지 지표 간의 연소득

자료: Truity 주: 만 21세 이상 7만 2000명 미국인 대상으로 산출 (2022년 기준)

성향이 투자에 미치는 영향

외향형 E $50,034	내향형 I $40,687	감각형 S $46,843	직관형 N $44,933	이성형 T $50,210	감성형 F $41,799	계획형 J $48,625	즉흥형 P $41,722
Extraverts	Introverts	Sensors	Intuitives	Thinkers	Feelers	Judgers	Perceivers

트루이티(Truity) 조사에 의하면 소득 증가에 유리했던 MBTI 성향(기질)은 외향형(E), 이성형(T), 계획형(J) 요인들이었다. 특히 외향형(E)과 내향형(I)의 연간 소득 차이는 9347달러(5만34달러~4만687달러)로 가장 큰 폭을 나타냈다. 다음으로는 이성형(T)과 감성형(F)의 차이로 연간 8400달러(5만210달러~4만1799달러)였고, 계획형(J)과 즉흥형(P)의 차이는 6903달러(4만8625달러~4만1722달러)였다. 다만 감각형(S)과 직관형(N)의 연소득 간극은 1910달러로 가장 미미한 것으로 나타났다. 다시 정리하면 MBTI 성향상 외향형(E), 이성형(T), 계획형(J) 요인은 소득 증가 혹은 그 일부분인 투자에 있어서 유리한 기질로 볼 수 있다.

기업성향 탐색하기
기업에도 MBTI가 있다

개인의 세상을 바라보는 인식의 틀, 즉 4가지 인식함수(Perceiving function)를 통해 16가지 성향으로 구분한 것이 MBTI다. 그렇다면 개인의 집합으로 형성된 기업 역시 MBTI와 최대한 유사한 인식의 틀을 찾아내어 개인의 성향을 구분하는 논리를 적용할 수 있다. 책에서는 미국의 대표 종목 50가지를 대상으로 기업의 MBTI 분석을 시도했다. 기업의 MBTI 4가지 척도는 베타(β), ESG 위험지수, 주가수익비율(PER), 이익증가율(EPS증가율)을 적용했다.

외형형(E) vs 내향형(I) : 베타(β)

외형형(E)인지 내향형(I)인지 개인의 성격을 구분하는 것처럼 특정 주식의 성향을 판단하려고 할 때 가장 적절한 판단 기준으로 주식의 '베타(β)'를 활용할 수 있다. 주식의 베타(β)는 주식 자체가 시장 전반의 변동성에 얼마나 민감하게 반응하는지를 나타내는 지표이다. 베타는 일반적으로 주식의 가격이 시장 지수(미국증시 S&P 500, 한국증시 KOSPI 등)와 얼마나 연관되어 있는지를 측정하는 데 사용된다. 개별 주식과 시장 지수 간의 공분산은 주식 가격과 시장 지수 움직임 간의 공통된 변동성을 찾아내고, 시장 지수의 분산은 시장 전체의 변동성을 측정한다.

1보다 큰 경우(고베타주): 만약 주식의 베타가 1.2라면, 시장 지수가 1% 상승할 때 해당 주식은 평균적으로 1.2% 상승하는 경향이 있다는 것을 의미한다. 즉 시장 평균보다 더 큰 움직임을 보이는 것이라고 해석할 수 있다. 일반적으로 상승장에서 시장 지수보다 더 큰 상승폭을 기대하면 고베타주가 선호될 수 있으며, 포트폴리오의 베타를 높게 만들기 위해서 고베타주를 편입시켜서 시장 수익률을 초과하도록 하는 전략을 '베타 플레이'라고도 부른다.

1보다 작은 경우(저베타주): 주식의 베타가 0.8이라면, 시장 지수가 1% 상승할 때 해당 주식은 평균적으로 0.8% 상승하는 것을 나타낸다. 이는 시장 평균보다 더 작은 움직임을 보이는 것을 의미한다. 일반적으로 하락장에서 시장 지수보다 더 작은 하락폭을 기대하면서 저베타주가 선호될 수 있다.

→ **1보다 큰 경우 '고베타주'**
만약 주식의 베타가 1.2라면 시장 지수가 1% 상승할 때 해당 주식은 평균 1.2% 상승하는 경향이 있다는 의미

→ **1보다 작은 경우 '저베타주'**
주식의 베타가 0.8이라면 시장 지수가 1% 상승할 때 해당 주식은 평균 0.8% 상승하는 것을 나타낸다.

💡 **개별 주식의 베타(β)** = 개별 주식과 시장 지수 간의 공분산 / 시장 지수의 분산

책에서 소개하는 50개 종목군은 과거 5년간 월말 주가를 기준으로 베타(β)를 구했으며, 베타의 중간값인 1.095를 기준으로 이보다 높은 베타를 나타낸 주식은 활달한 외형형(E)이라고 규정한 반면, 중간값보다 낮은 베타를 보인 주식은 내향형(I)이라고 판단했다. 주식에 대한 스타일을 구분하는 기준으로 고베타 종목군은 고변동성, 저베타 종목은 저변동으로 양분하기도 하는데, 이를 외형형(E)인지 내향형(I)인지를 가늠하는 방법론으로 활용했다.

참고 미국 주식의 베타를 찾는 방법은?
① 야후 파이낸스 접속
 (https://finance.yahoo.com/)
② 검색창에 종목 코드 입력: 예) AAPL
③ 중단에서 Beta(5Y Monthly) 찾기; 예) 1.29

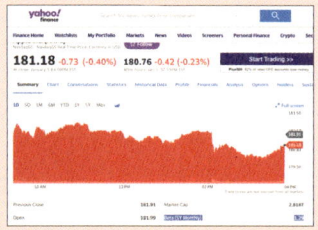

직관형(N) vs 감각형(S) : ESG 위험점수

MBTI 척도 중 직관형(N)은 주로 미래에 대한 가능성, 패턴, 트렌드 등을 파악하는 데 주력하고, 감각형(S)은 현재의 경험과 사실을 중시하며, 현실적이고 구체적인 정보를 선호한다. 이런 세상을 바라보는 인식의 차이를 주식의 성향으로 구현할 방법론으로 '환경(E—Environmental), 사회(S—Social), 지배구조(Governance)'을 고려한 ESG 지표를 활용하고자 했다.
즉 보다 장기적인 미래를 바라보면서 준비하는 ESG 중시 기업의 경우 직관형(N)에 가깝다고 판단한 반면, 당장의 시급하고 현실적인 대응에 치중하는 ESG 스코어가 낮은 기업(ESG 위험등급이 높은 기업)은 감각형(S)이라고 간주했다.
ESG 위험등급은 Sustainalytics사가 제공하는 ESG 위험점수를 이용하고자 한다. 동사의 ESG 위험점수는 핵심적인 ESG 리스크에 대한 해당 기업의 노출과 그러한 리스크를 얼마나 잘 관리하는지를 측정한다.

책에서 소개하는 50개 종목군의 ESG 위험점수를 기준으로 중간값(Median)인 21.85점 보다 낮은 점수를 나타낸 주식은 장기 미래까지 선제적으로 준비하는 직관형(N)이라고 규정한 반면, 중간값보다 높은 점수를 보인 주식은 가까운 현실을 중시하는 감각형(S)이라고 판단했다. 지난 10년 내 새롭게 등장한 주식 스타일로 ESG방법론을 활용하여 주식의 MBTI 구분 중 직관형(N)인지 감각형(S)인지를 가늠하는 방법론으로 활용한 것이다.

서스테이널리틱스(Sustainalytics)사의 ESG 위험점수 측정절차

Exposure(ESG 위험 노출)	
Manageable Risk(관리 가능한 위험)	Unmanaged Risk (관리되지 않는 위험)
Managed Risk(관리된 위험)	Management Gap (관리 격차)
	Unmanageable Risk(관리할 수 없는 위험)

자료 Sustainalytics

ESG 등급별 연평균 알파 수익률
(단위: %)

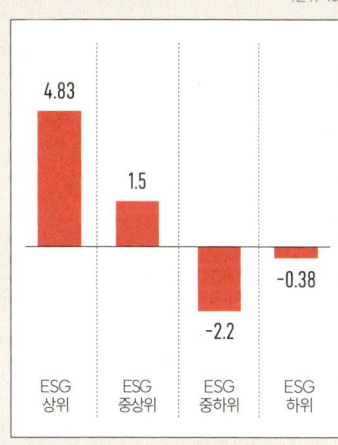

- ESG 상위: 4.83
- ESG 중상위: 1.5
- ESG 중하위: -2.2
- ESG 하위: -0.38

자료 Corporate Sustainability: First Evidence on Materiality, The Accounting Review (2016.11)

그러면 과연 ESG에 신경을 많이 쓰는 기업은 주가 상승률에 긍정적 영향을 미칠까? 1991년에서 2013년까지 미국 상장기업을 ESG 기준으로 총 네 그룹으로 나누어 조사한 결과를 보면 ESG에 신경 쓰는 상위그룹에 속할수록 알파수익률(시장초과수익률)도 높은 것으로 확인되고 있다. 즉 ESG 상위 기업은 장기 투자자의 관점에서 긍정적인 결과를 낳았던 것으로 보인다. 직관형(N)은 이렇게 장기적인 미래를 바라보면서 ESG 중시 기업에 투자한다고 가정할 수 있다.
반면 ESG 기업들도 외부변수에 따라 중기적으로 주가 부진을 겪기도 한다. 2022년 이후 글로벌 ESG 기업들의 주가 부진이 지속 중인데, 주된 원인으로 '급격한 기준금리 인상에 따른 ESG 관련 투자 위축 우려를 반영했다고 해석할 수 있다. 감각형(S)의 경우 당장의 시급하고 현실적인 조건에 대해 민감하게 반영한다는 점에서 먼 미래를 조망하는 ESG 중시 기업에 대해서는 중립적인 태도를 갖는다고 가정할 수 있다.

글로벌 ESG 프리미엄 추이 (단위: 배, %)

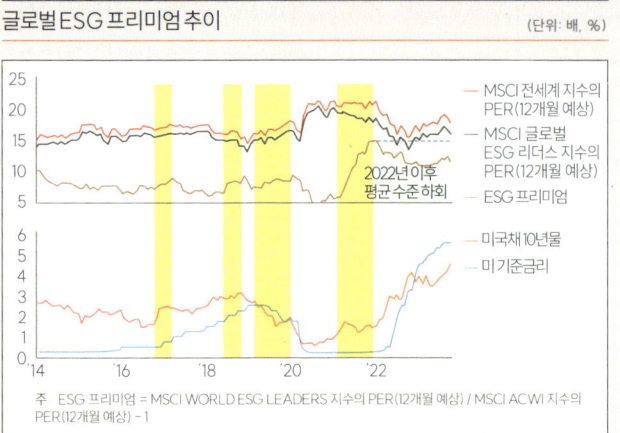

주) ESG 프리미엄 = MSCI WORLD ESG LEADERS 지수의 PER(12개월 예상) / MSCI ACWI 지수의 PER(12개월 예상) - 1

참고) 미국 주식의 ESG 리스크 점수를 찾는 방법은?
① 야후 파이낸스 접속(https://finance.yahoo.com/)
② 검색창에 종목 코드 입력: 예) AAPL
③ 상단탭에서 Sustainability 클릭
④ 상단에서 Total ESG Risk score 찾기: 예) 17

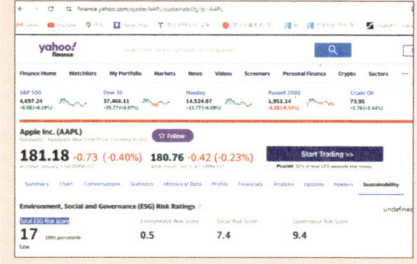

이성형(T) vs 감성형(F) : PER

이성형(T)과 감성형(F)의 구분 척도는 의사결정 시 판단기준과 접근 방식에서 차이를 보이는데, 이성형은 주로 논리적인 원리와 사실에 따라 결정을 내리며, 감성형은 감정과 가치에 따라 결정을 내린다. 만약 주식 투자에 있어서 '이성적인 투자자인가, 아니면 감성적인 투자자인가'를 구분할 기준으로는 'PER'이 적절할 것으로 판단한다. 주가수익비율로 알려졌고, 발음 그대로 '퍼(PER)'라고도 흔히 불리는데 주식의 가격이 기업이익 대비 고평가 인지, 저평가인지를 가늠하는 대표적인 준거점으로 실무에서 가장 애용되는 지표이기도 하다.

💰 주식의 PER = 주가(P) / 주당순이익(EPS)

PER을 기준으로 저PER을 주로 선호하는 투자자를 가치주 투자자, 이와 반대로 고PER임에도 과감하게 용기를 내는 투자자를 성장주 투자자로 양분할 수 있다. 가치주 투자자의 경우 PER이라는 주가의 수익대비 고평가 여부에 대한 나름대로의 판단 기준에 근거했다는 측면에서 MBTI 기준상 이성형(T)에 가깝다고 평가할 수 있다. 저PER을 고려하는 가치투자 지향은 이성형(T)이 현실적이고 실용적이며, 경험과 사실에 따라 문제를 해결하는 방식과 공통점이 많다는 점을 의미한다. 이에 반해 고PER, 다시말해 높은 성장 프리미엄이 부여되는 성장주나 모멘텀주에 대해서도 용감하게 투자할 수 있는 점은 감성적인 성향과 관련이 있다고 추정했다.

50개 종목군의 12개월 예상 PER기준으로 중간값인 23.12배를 기준으로 이보다 낮은 배수를 나타낸 주식은 이익 대비 저평가 매력을 고려한 이성형(T)이라고 규정한 반면, 중간값보다 높은 배수를 보인 주식은 투자자들의 긍정적인 센티먼트를 충분히 반영하는 감성형(F)이라고 규정했다. PER을 활용한 주식 스타일 구분은 주로 가치주와 성장주를 양분할 때 활용되는 방법론이기도 하다. 물론 PER의 활용법은 가치주와 성장주에 따라 많이 다르다. 이른바 저PER 성격이 강한 가치주의 경우 역사적 수준 대비 낮은 PER은 수익가치 대비 저평가 매력을 부각시켜서 좋은 매수신호가 되기도 하고, 역사적 수준 대비 높은 PER은 고평가로 인한 논란이 커지면서 매도신호가 되기도 한다. 예를 들어 순수가치주 지수의 경우 역사적 고PER에서는 고평가에 따른 주가하락 신호를 나타내고, 반대로 역사적 저PER 국면에서는 저평가로 인한 주가상승 신호를 알려주기도 한다.

참고) 미국 주식의 PER를 찾는 방법은?
① 야후 파이낸스 접속 (https://finance.yahoo.com/)
② 검색창에 종목 코드 입력: 예) AAPL
③ 상단탭에서 Statistics 클릭
④ 상단에서 Forward P/E 찾기: 예) 27.47배

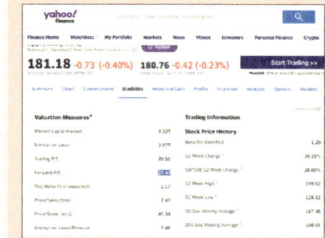

순수가치 지수와 PER 추이

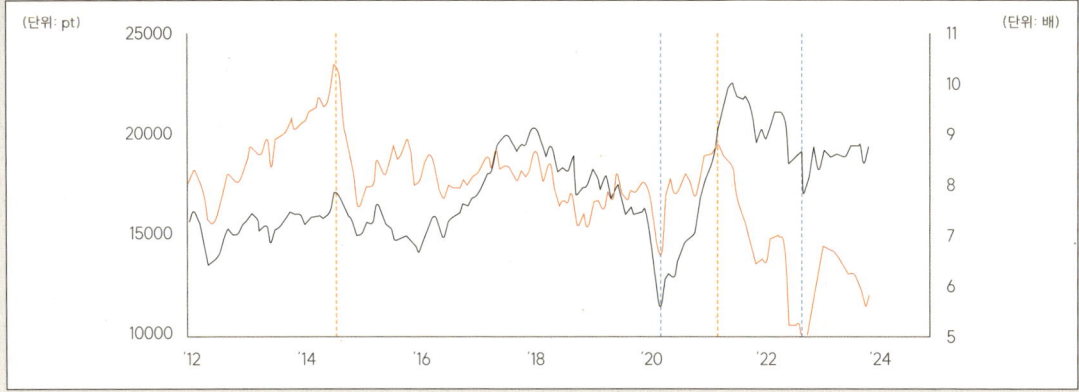

자료 Dataguide

계획형(J) vs 즉흥형(P) : EPS증가율

계획형(J)과 즉흥형(P)의 구분 척도는 외부 세계에 대처하는 방식에서 차이를 보이는데, 계획형은 특정한 목적과 방향에 대한 계획을 세워 실행하고, 즉흥형은 유연성을 가지고 외부 세계에 대처하며 즉흥성과 열린 태도를 좋아하는 경향이 있다. 주식투자의 관점에서 계획형인가 즉흥형인가 구분하는 기준은 향후 5년간 예상되는 연평균 주당순이익(EPS) 증가율로 가늠하고자 했다. 장기적으로 기업가치인 이론적인 주가(P)는 기업이익(EPS)의 함수이다. 따라서 향후 이익증가율이 시장 평균을 초과하는 주식에 투자하는 투자자를 계획형(J)이라고 판단했고, 그렇지 않은 투자자를 즉흥형(P)라고 규정했다.

주가(P) = 주당순이익(EPS) * PER

앞서 살펴본 50개 종목군의 예상 주당순이익(EPS) 증가율 기준으로 중간값인 13.23% 기준보다 높은 증가율을 나타낸 주식은 중장기 이익

참고 미국 주식의 EPS증가율을 찾는 방법은?
① 야후 파이낸스 접속 (https://finance.yahoo.com/)
② 검색창에 종목 코드 입력: 예) AAPL
③ 상단탭에서 Analysis 클릭
④ 하단에서 Next 5 Years(per annum 찾기: 예) 6.14%

성장이 기대되는 계획형(J)이라고 정의한 반면, 중간값보다 낮은 증가율을 보인 주식은 중장기 이익 성장에 크게 연연하지 않는 즉흥형(P) 이라고 규정했다.

이러한 4가지 재무 데이터를 적용한 인식의 틀을 통해서 얻어낸 MBTI별 미국의 주요 기업은 다음과 같다. 예를 들어 ENFJ의 재무적 특징을 설명하자면 '(고)베타–(고)ESG–(고)PER–(고)이익성장'으로 해석할 수 있다. 물론 앞서 살펴본 것처럼 (고)와 (저)의 구분은 50개 종목의 재무데이터의 중간값을 기준으로 양분했다는 측면에서 레벨을 다양한 층위로 세밀하게 따진 것은 아니라는 점을 참고하기 바란다. MBTI 역시 4가지 척도를 이분법적으로만 나눴다는 점을 감안하여 해석해야 하는 것과 같은 이치다.

MBTI 유형별
투자 성향에 따른 기업 매칭법

나와 궁합이 잘 맞는 기업 찾기

MBTI 유형별 상호관계도 활용

MBTI의 16가지 유형별 각각의 개성을 점검하는 것이 1차원적이라면, MBTI 16가지의 상호적인 관계를 살펴보는 것은 인간관계의 입체성을 다룰 수 있다는 점에서 더 흥미로운 주제이다. 특히 이른바 'MBTI 궁합'으로도 잘 알려져서 '어떤 유형과 케미가 맞고', '어떤 유형은 조심해야 하는지'에 대한 일종의 인간관계 혹은 이성친구 만들기의 가벼운 지침서 역할을 하기도 한다. 다만 MBTI를 이용하여 인간관계의 적합성을 타진하는 것은 전혀 근거가 없는 것은 아니고, 나름대로 이론적인 이유를 가지고 있다.

첫째, 성격의 상호보완성이다. MBTI는 네 가지 기본 성격 요소(내향-외향, 직관-감각, 이성-감성, 계획-즉흥)를 기반으로 성격을 분류한다. 그런데 이 4가지 요소는 대립되는 성격을 나타내기 때문에, 서로 다른 성격을 가진 사람들은 상호 보완적인 관계를 형성할 수 있다는 것이다. 예를 들어, 내향적인 사람은 외향적인 사람에게 활력과 에너지를 얻을 수 있고, 외향적인 사람은 내향적인 사람에게 안정감과 편안함을 줄 수 있다. 또한, 감각적인 사람은 직관적인 사람에게 새로운 아이디어와 영감을 제공할 수 있고, 직관적인 사람은 감각적인 사람에게 현실적인 판단과 실행력을 제공할 수 있다.

둘째, 성격의 유사성이다. MBTI는 같은 성격 유형을 가진 사람들이 공통된 가치관과 관심사를 가지고 있기 때문에, 서로 유사한 관계를 형성할 수 있다. 예를 들어, 같은 ISTJ(내향-감각-이성-계획) 유형을 가진 사람들은 현실적이고 실용적인 성향을 가지고 있기 때문에, 함께 일이나 사업을 할 때 협력적이고 효과적인 관계를 형성할 수 있다. 또한, 같은 ENFP (외향-직관-감성-즉흥) 유형을 가진 사람들은 창의적이고 혁신적인 성향을 가지고 있기 때문에, 함께 새로운 아이디어를 개발하고 실현하는 데 좋은 파트너가 될 수도 있다. 이러한 성격의 상호보완성이나 유사성은 곧 포트폴리오 구성에 있어서 각각 분산투자와 집중투자의 논리적으로 연결된다. 특히 재무학의 관점에서 상호보완성, 즉 분산투자는 투자위험을 줄여주는 역할을 한다는 점에서 MBTI 유형 간 최적의 상호보완성이 있는 것으로 알려진 상호관계를 활용하여 포트폴리오 구성 시 대안적으로 활용하고자 한다.

투자 성향 지표

	연평균 소득		소득 증가
ISFP	ESFP	ESFJ	ESTP
INFP	ISTP	ISTJ	ENTP
INTP	ENFP	ENFJ	ESTJ
INFJ	ISFJ	INTJ	ENTJ

(위험선호 ↕ 위험회피)

MBTI 유형별 포트폴리오 만들기 5단계

1. <연 평균소득과 고소득자 비율의 관계도> 활용 투자성향의 추정

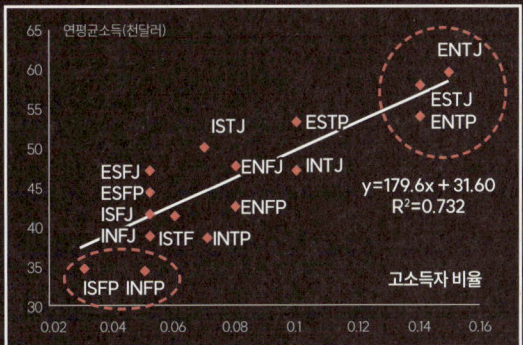

MBTI 유형별 연소득 15만달러 이상 비율, 즉 고소득자비율을 X축으로, MBTI 별 연평균소득을 Y축으로 그려보면 양 변수는 뚜렷한 정(+)의 상관성을 나타내는데, 고소득자비율이 높을수록 연평균소득도 높은 것을 확인할 수 있다. 일반적으로 소득의 변동성은 고소득자가 높다. 고소득층은 종종 투자 및 자본소득에 의해 소득을 창출하므로 이러한 수입은 경제적 변동에 민감하게 반응할 수 있다. 저소득자는 주로 고정된 월급이나 정부 혜택에 의존하므로 상대적으로 소득 변동성이 낮을 수 있다. 도표를 통해서 고소득자의 비중이 높을수록 시장 변동성에 대한 노출이 많을 가능성을 유추할 수 있다. 이러한 '연 평균소득과 고소득자 비율의 관계도'를 통해 MBTI 유형별 자산배분 전략, 혹은 주식 스타일 전략이 적합한지를 찾는 하나의 기준이 될 수 있다.

2. 재무데이터로 주식 MBTI 구하기

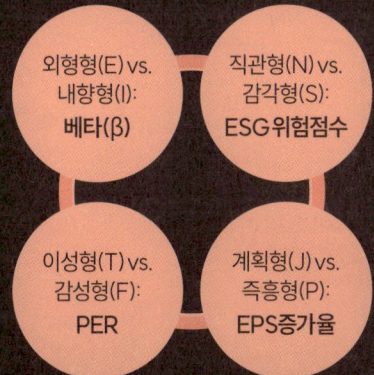

3. 투자자와 기업 간 MBTI 궁합보기

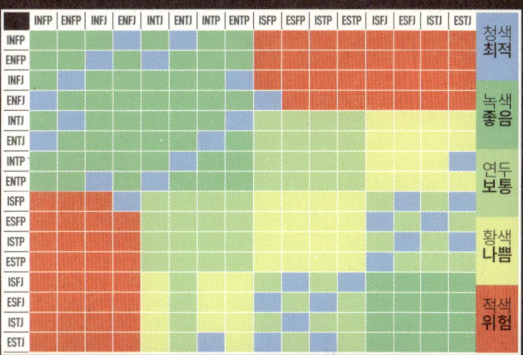

4. 기업의 MBTI 유형별 후보군

ENFJ	엔비디아(NVDA), 브로드컴(AVGO), 어도비(ADBE), 넷플릭스(NFLX), 인튜이티브서지컬(IRSG), 룰루레몬(LULU), 세일즈포스(CRM)
ENFP	애플(AAPL)
ENTJ	어플라이드머티어리얼즈(AMAT), 부킹홀딩스(BKNG), 디즈니(DIS)
ENTP	퀄컴(QCOM)
ESFJ	아마존(AMZN), ASML(ASML), 에어비앤비(ABNB), 우버(UBER), 유니티(U)
ESFP	테슬라(TSLA), AMD(AMD), 로블록스(RBLX)
ESTJ	메타(META)
ESTP	크록스(CROX), 제이피모간체이스(JPM)
INFJ	마이크로소프트(MSFT), 비자(V), 나이키(NKE)
INFP	인텔(INTC), 텍사스인스트루먼트(TXN), 노보노디스크(NVO)
INTJ	버크셔해서웨이(BRK)
INTP	시스코(CSCO), 일렉트로닉아츠(EA), 머크(MRK), 홈데포(HD), 코카콜라(KO), 오라클(ORCL), 유나이티드헬스케어(UNH)
ISFJ	스타벅스(SBUX), 일라이일리(LLY)
ISFP	코스트코(COST)
ISTJ	알파벳(GOOGL), 티모바일(TMUS), 엑손모빌(XOM)
ISTP	펩시코(PEP), 컴캐스트(CMCSA), 존슨앤존슨(JNJ), P&G(PG), 월마트(WMT), 캐터필라(CAT), 3M(MMM)

5. 추천 포트폴리오 도출

- 주식 MBTI 종목 중 최대 3개 선택
- MBTI 간 최선호 종목은 유형별 각 1개 선택
- 3~5개 종목수로 구성된 추천 포트폴리오 도출

나의 투자 취향 저격
MBTI 유형별 포트폴리오

포트폴리오의 효과는 내가 아닌 나를 보완할만한 다른 성질에서 비롯된다.
내향적인 사람은 나와 다른 외향적인 사람에게서 에너지를 얻고, 외향적인 사람은 내향적인 사람에게서 안정감 얻듯
나와 궁합이 잘 맞는 기업군이 추가되는 것은 포트폴리오의 안정성을 보강하는 데 유익하다.
책에서 소개한 나와 기업의 MBTI 궁합을 바탕으로 미국 주식 50종목을 활용한 최적의 포트폴리오를 알아보자.

ENFJ

투자성향 / 위험 / 수익

개인의 성향을 반영한 기업 후보군
엔비디아(NVDA), 브로드컴(AVGO), 어도비(ADBE), 넷플릭스(NFLX), 인튜이티브서지컬(IRSG), 룰루레몬(LULU), 세일즈포스(CRM)

개인과 기업의 상호 보완 종목
INFP: 인텔(INTC), 텍사스인스트루먼트(TXN), 노보노디스크(NVO)
ISFJ: 스타벅스(SBUX), 일라이일리(LLY)

추천 포트폴리오
엔비디아(NVDA), 어도비(ADBE), 넷플릭스(NFLX), 노보노디스크(NVO), 스타벅스(SBUX)

50개 기업의 MBTI 중 ENFJ형은 상대적으로 '(고)베타-(고)ESG-(고)PER-(고)이익성장'을 선호하는 것으로 나타났다. 해당되는 재무적인 성격을 잘 반영하는 종목들은 엔비디아(NVDA), 브로드컴(AVGO), 어도비(ADBE), 넷플릭스(NFLX), 인튜이티브서지컬(IRSG), 룰루레몬(LULU), 세일즈포스(CRM)이었다. 이 중에서 최적의 포트폴리오 구성 관점에서 선정된 3개 종목은 엔비디아(NVDA), 어도비(ADBE), 넷플릭스(NFLX)로 선택했다. 포트폴리오 구성을 위해 ENFJ와 보완적인 찰떡궁합 효과가 기대되는 유형으로는 INFP, ISFJ가 있다. 선정된 3개 종목과 포트폴리오 효과를 감안할 때 각각 노보노디스크(NVO), 스타벅스(SBUX)를 선정했다.

엔비디아(NVDA), 어도비(ADBE), 넷플릭스(NFLX), 노보노디스크(NVO), 스타벅스(SBUX)로 구성된 포트폴리오의 특징은 비교적 다양한 산업군과 성장 잠재력이 풍부한 점이 포착된다. 엔비디아(NVDA)는 혁신적인 GPU 기술을 토대로 AI 반도체 산업을 선도하고 있으며, 어도비(ADBE)는 디지털 크리에이션 소프트웨어 분야에서 독보적인 입지를 보유하고 있고, 기존 소프트웨어에 AI 기술이 접목되면서 AI분야에서도 수혜주로서 각광받고 있다. 또한 넷플릭스(NFLX)는 글로벌 스트리밍 서비스 시장에서 선두 주자이자, 이를 바탕으로 우수한 컨텐츠를 직접 제작하는 주목받는 기업 중 하나이며, 노보노디스크(NVO)는 의료분야에서 혁신적인 제품, 특히 최근에는 비만치료제로 고성장 기대감을 얻으며 유럽내 시가총액 1위 기업으로 등극하기도 했다. 스타벅스(SBUX)는 커피 시장에서 강력한 브랜드로, 중국 시장의 부침은 있었지만 다양한 시장 확장 가능성을 지니고 있다.

ENFP

투자성향 / 위험 / 수익

개인의 성향을 반영한 기업 후보군
애플(AAPL)

개인과 기업의 상호 보완 종목
INFJ: 마이크로소프트(MSFT), 비자(V), 나이키(NKE)
INTJ: 버크셔해서웨이(BRK)

추천 포트폴리오
애플(AAPL), 마이크로소프트(MSFT), 버크셔해서웨이(BRK)

50개 기업의 MBTI 중 ENFP형은 상대적으로 '(고)베타-(고)ESG-(고)PER-(저)이익성장'을 선호하는 것으로 추정한다. 이러한 재무적 특질을 가장 잘 반영하는 단 하나의 종목은 애플(AAPL)이었다. 포트폴리오 구성을 위해 ENFP와 시너지효과가 예상되는 유형으로는 INFJ, INTJ가 있는데, 언급된 애플과 함께 포트폴리오 효과를 감안할 때 최적의 종목은 각각 마이크로소프트(MSFT), 버크셔해서웨이(BRK)를 선정하였다. 미국 증시의 시가총액 1, 2위 기업과 최고의 투자자인 워런버핏 회장의 버크셔해서웨이가 포함되었으니 그 조합은 중위험 중수익의 ENFP 투자성향에는 제격일 것이다.

이 포트폴리오의 장점은 애플(AAPL), 마이크로소프트(MSFT), 버크셔해서웨이(BRK) 모두 다양한 산업에서 강력한 경쟁력과 안정성을 보유한 기업들이라는 것이다. 애플은 혁신적인 기술과 강력한 브랜드로 글로벌 스마트폰 및 기기 시장을 선도하고 있으며, 마이크로소프트는 클라우드, 소프트웨어, 세부적으로는 AI 분야까지 기술 혁신과 안정적인 재무적 성과를 보여주고 있다. 버크셔 해서웨이는 워런 버핏의 투자 철학을 기반으로 그 동안 놀라운 버핏 식 가치투자의 성과와 폭넓은 투자 포트폴리오의 힘을 자랑했다.

다만 애플과 마이크로소프트는 이미 거대기업으로 고속 성장기를 이미 통과하고 어쩌면 성숙기 직전에 위치하고 있을 수도 있다. 버크셔 해서웨이 역시 찰리 멍거 부회장 타계에서 보듯 고령의 워런 버핏 회장의 위상은 이전 같지 않을 수밖에 없으며 세대교체에 따른 투자자들의 우려는 거쳐야 할 과정이기도 하다. 또한 버크셔 해서웨이의 투자포트폴리오에서 애플 비중이 절반가량 차지하고 있어서 애플에 대한 고비중의 문제점은 포트폴리오 측면에서는 숙지해야 할 지점이기도 하다.

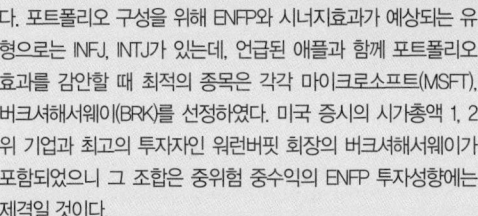

ENTJ

투자성향

위험 / 수익

개인의 성향을 반영한 기업 후보군
어플라이드머티어리얼즈(AMAT), 부킹홀딩스(BKNG), 디즈니(DIS)

개인과 기업의 상호 보완 종목
INFP: 인텔(INTC), 텍사스인스트루먼트(TXN), 노보노디스크(NVO)
INTP: 시스코(CSCO), 일렉트로닉아츠(EA), 머크(MRK), 홈데포(HD), 코카콜라(KO), 오라클(ORCL), 유나이티드헬스케어(UNH)

추천 포트폴리오
어플라이드머티어리얼즈(AMAT), 부킹홀딩스(BKNG), 디즈니(DIS), 노보노디스크(NVO), 유나이티드헬스케어(UNH)

50개 기업의 MBTI 중 ENTJ형은 상대적으로 '(고)베타-(고)ESG-(저)PER-(고)이익성장'을 선호하는 것으로 판단된다. 이러한 재무적 성격을 가장 잘 반영하는 종목은 어플라이드머티어리얼즈(AMAT), 부킹홀딩스(BKNG), 디즈니(DIS)이었다. 포트폴리오 구성을 위해 ENTJ와 찰떡궁합이 기대되는 유형으로는 INFP, INTP가 있는데, 기 언급된 3개 종목과의 포트폴리오 효과를 감안하여 각각 노보노디스크(NVO), 유나이티드헬스케어(UNH)를 선정하였다. 어플라이드머티어리얼즈(AMAT)는 반도체 장비 분야의 선도 기업이며, 부킹홀딩스(BKNG)는 여행 및 숙박 분야의 디지털 플랫폼으로 모두 글로벌 시장에서 강력한 경쟁력을 보유하고 있다. 디즈니(DIS)는 최근 주가부진을 겪었으나 엔터테인먼트 분야에서의 강력한 콘텐츠 경쟁력으로 독보적인 브랜드 가치를 지니고 있다. 노보노디스크(NVO)는 의약품 분야에서의 혁신적인 능력으로 최근 비만치료제 분야에서 높은 경쟁력을 보여주면서 유럽 내 시가총액 1위로 등극하기도 했고, 유나이티드헬스케어(UNH)는 건강 보험 및 관련 서비스 분야에서 안정성을 제공한다.

물론 이러한 다양한 종목들은 각자의 산업에서 선도적인 위치를 가지고 있지만, 해당 산업 및 시장 변화에는 영향이 클 수 밖에 없다. 특히 의약품 및 건강 보험 분야는 각국 정부의 규제와 경쟁 구도의 영향을 받을 수 있다.

ENTP

투자성향

위험 / 수익

개인의 성향을 반영한 기업 후보군
퀄컴(QCOM)

개인과 기업의 상호 보완 종목
INFJ: 마이크로소프트(MSFT), 비자(V), 나이키(NKE)
INTJ: 버크셔해서웨이(BRK)

추천 포트폴리오
퀄컴(QCOM), 마이크로소프트(MSFT), 버크셔해서웨이(BRK)

50개 기업의 MBTI 중 ENTP형은 상대적으로 '(고)베타-(고)ESG-(저)PER-(저)이익성장'을 선호하는 것으로 추정된다. 이러한 특징을 가장 잘 반영하는 단 하나의 종목은 퀄컴(QCOM)이었다. 포트폴리오 구성을 위해 ENTP와 시너지 효과가 기대되는 유형으로는 INFJ, INTJ가 있는데, 각각 마이크로소프트(MSFT), 버크셔해서웨이(BRK)를 선정하였다.

퀄컴(QCOM)은 통신(모바일) 관련 반도체 분야에서의 강력한 성과와 기술력을 지니고 있다. 마이크로소프트(MSFT)는 클라우드 컴퓨팅, 소프트웨어 부문의 지배적인 지위로 인한 안정성, 최근에서 챗GPT를 필두로 AI 분야에서의 성장 가능성이 돋보인다. 버크셔해서웨이(BRK)는 워런 버핏이 이끄는 투자 회사로서 안정적인 운용과 다양한 투자영역에서의 폭넓은 역량을 갖추고 있다. 즉 3종목으로 구성된 포트폴리오는 성장성과 안정성을 포괄하는 것으로 판단된다.

그러나 이러한 기업들은 IT 산업 및 시장 변화에 따라 영향을 받을 수 있고, 특히 최근 생성형 AI관련하여 오픈AI사와 구글의 기술 경쟁에서 보듯 혁신기술의 발전 과정에서 불확실성은 내재될 수밖에 없다.

ESFJ

투자성향
위험 / 수익

개인의 성향을 반영한 기업 후보군
아마존(AMZN), ASML(ASML), 에어비앤비(ABNB), 우버(UBER), 유니티(U)

개인과 기업의 상호 보완 종목
ISFP: 스타벅스(SBUX), 일라이일리(LLY)
ISTP: 펩시코(PEP), 컴캐스트(CMCSA), 존슨앤존슨(JNJ), P&G(PG), 월마트(WMT), 캐터필라(CAT), 3M(MMM)

추천 포트폴리오
아마존(AMZN), 에어비앤비(ABNB), 유니티(U), 스타벅스(SBUX), 캐터필라(CAT)

50개 기업의 MBTI 중 ESFJ형은 상대적으로 '(고)베타-(저)ESG-(고)PER-(고)이익성장'을 선호하는 것으로 추정한다. 이러한 특징을 가장 잘 반영하는 종목으로는 아마존(AMZN), ASML(ASML), 에어비앤비(ABNB), 우버(UBER), 유니티(U)이었다. 이 중 최적의 포트폴리오 구성을 위해 3종목을 추출한 결과는 아마존(AMZN), 에어비앤비(ABNB), 유니티(U)이다. 그리고 포트폴리오 구성을 위해 ESFJ와 상호보완 효과가 기대되는 유형으로는 ISFP, ISTP가 있었는데, 기 선택된 3가지 종목과의 포트폴리오 효과가 기대되는 종목으로 각각 스타벅스(SBUX), 캐터필라(CAT)를 선택하고자 한다.

이 포트폴리오의 장점은 전자상거래, 여행, 게임 개발, 커피 소비, 건설 장비 등 다양한 산업에서 대표 종목으로서 안정성과 성장성을 포괄하고 있다. 아마존(AMZN)은 전자상거래 및 클라우드 컴퓨팅 분야에서의 지속적인 혁신과 재무적 성과를 보여주며, 에어비앤비(ABNB)는 여행 및 숙박 분야에서의 디지털 플랫폼으로 성장하는 중이다. 유니티(U)는 게임 개발 플랫폼으로 디지털 콘텐츠 분야의 성장을 향유할 선두주자이다. 또한, 스타벅스(SBUX)와 캐터필라(CAT)는 각각 커피 소비 및 건설 장비에서 강력한 포지션을 보유하고 있다.

단점으로는 이 포트폴리오가 IT 소프트웨어(아마존, 에어비앤비, 유니티)라는 특정 분야에 집중되어 있어서 시장 변동성에서 자유로울 수 없다는 점이다. 그리고 IT 소프트웨어 및 여행 산업은 외부 요인에 민감하고 산업 내 경쟁도 치열하여 사업 리스크는 클 수 밖에 없다.

ESFP

투자성향
위험 / 수익

개인의 성향을 반영한 기업 후보군
테슬라(TSLA), AMD(AMD), 로블록스(RBLX)

개인과 기업의 상호 보완 종목
ISFJ: 스타벅스(SBUX), 일라이일리(LLY)
ISTJ: 알파벳(GOOGL), 티모바일(TMUS), 엑슨모빌(XOM)

추천 포트폴리오
테슬라(TSLA), AMD(AMD), 로블록스(RBLX), 스타벅스(SBUX), 알파벳(GOOGL)

50개 기업의 MBTI 중 ESFP형은 상대적으로 '(고)베타-(저)ESG-(고)PER-(저)이익성장'의 특징을 지니고 있다. 이러한 성격을 가장 잘 반영하는 종목은 테슬라(TSLA), AMD(AMD), 로블록스(RBLX)로 추정했다. 그리고 포트폴리오 구성을 위해 ESFP와 시너지 효과가 기대되는 유형으로는 ISFJ, ISTJ 가 있었는데, 기 선택된 3가지 종목과의 포트폴리오 효과가 극대화되는 종목으로 각각 스타벅스(SBUX), 알파벳(GOOGL)이 선정되었다.

이 포트폴리오의 장점은 IT 산업의 혁신 기업 중심이긴 하나, 세세히 뜯어보면 산업 내 다른 포지션에 위치했다는 것이다. 테슬라(TSLA)와 AMD(AMD)는 혁신적인 기술력을 보유한 기업으로, 전기차 및 반도체 산업에서의 선도적 위치를 보여준다. 로블록스(RBLX)는 디지털 콘텐츠와 메타버스 산업으로 전통적인 IT 소프트웨어 부문과는 차별화된 시장을 형성하여 성장 중이다. 스타벅스(SBUX)와 알파벳(GOOGL)은 각각 소비재와 AI까지 포괄하는 디지털 기술 분야의 대표 기업으로 안정성과 새로운 시장개척에 따른 고성장 가능성도 제공한다.

그러나 이러한 포트폴리오의 단점은 넓은 의미에서 IT 혁신기술과 이에 따른 디지털 산업에 대한 고비중, 집중 포트폴리오의 성격으로 인해 시장 변동성에 민감할 수 있다는 점이다. 특히 IT 기업은 경쟁이 치열하고, 독과점 등 규제정책에 민감할 수 있는 위험을 내포하고 있다.

ESTJ

투자성향 / 위험 / 수익

개인의 성향을 반영한 기업 후보군
메타(META)

개인과 기업의 상호 보완 종목
INTP: 시스코(CSCO), 일렉트로닉아츠(EA), 머크(MRK), 홈데포(HD), 코카콜라(KO), 오라클(ORCL), 유나이티드헬스케어(UNH)
ISFP: 코스트코(COST)
ISTP: 펩시코(PEP), 컴캐스트(CMCSA), 존슨앤존슨(JNJ), P&G(PG), 월마트(WMT), 캐터필라(CAT), 3M(MMM)

추천 포트폴리오
메타(META), 유나이티드헬스케어(UNH), 코스트코(COST), 3M(MMM)

50개 기업의 MBTI 중 ESTJ형은 상대적으로 '(고)베타-(저)ESG-(저)PER-(고)이익성장'의 특징으로 요약할 수 있다. 이러한 특징을 가장 잘 반영하는 단 하나의 종목은 메타(META)였다. 그리고 포트폴리오 구성을 위해 ESTJ와 찰떡궁합을 나타내는 유형으로는 INTP, ISFP, ISTP가 있었다. 포트폴리오 효과 및 투자성향(고위험 고수익) 등을 감안하여 INTP의 유나이티드헬스케어(UNH), ISFP의 코스트코(COST), ISTP의 존슨앤존슨(JNJ)을 선택하였다.

이 포트폴리오의 장점은 안정성과 성장성을 조화롭게 추구한다는 것이다. 메타(META)는 소셜 네트워크 서비스 분야의 선두주자로서 AI와 메타버스로 확장하는 등 미래 성장 가능성이 크며, 유나이티드헬스케어(UNH)는 헬스케어 분야(건강보험 및 의료시설 운영)의 안정 성과를 향유할 수 있다. 또한 코스트코(COST)는 소매 분야의 강력한 브랜드를 갖추고 있고, 존슨앤존슨(JNJ)의 경우 신약 개발의 성장성과 생활용품 시장의 안정성을 두루 갖추고 있어서 성장성과 안정성을 동반한다는 점이다.

그러나 이러한 포트폴리오의 단점은 헬스케어 산업에 과도하게 집중되어 있고, 산업간 다양성이 부족할 수 있다는 점이다. 특히 헬스케어 산업은 정부정책 변화 등의 외부 규제요인에 민감할 수 있다. 다만 유나이티드헬스케어(UNH)와 존슨앤존슨(JNJ)은 헬스케어 분야이기는 하나 사업영역이 뚜렷하게 차별되어 있어서 종목 간의 연관성은 제한적이라고 판단했다.

ESTP

투자성향 / 위험 / 수익

개인의 성향을 반영한 기업 후보군
크록스(CROX), 제이피모간체이스(JPM)

개인과 기업의 상호 보완 종목
ISFJ: 스타벅스(SBUX), 일라이일리(LLY)

추천 포트폴리오
크록스(CROX), 제이피모간체이스(JPM), 스타벅스(SBUX), 일라이일리(LLY)

50개 기업의 MBTI 중 ESTP형은 상대적으로 '(고)베타-(저)ESG-(저)PER-(저)이익성장'의 특징으로 분석된다. 이러한 특징을 잘 반영하는 종목은 크록스(CROX), 제이피모간체이스(JPM)이었다. 그리고 포트폴리오 구성을 위해 ESTP와 시너지 효과가 기대되는 ISFJ의 스타벅스(SBUX), 일라이일리(LLY)가 함께 고려되었다.

이 포트폴리오의 장점은 다양한 산업을 대표하는 안정적인 기업을 포함하여 리스크를 분산시킬 수 있다는 것이다. 크록스(CROX)는 패션 및 신발 산업에서의 성장을 보여주며, 제이피모간체이스(JPM)는 금융 서비스 분야에서 안정적인 수익을 창출한다. 스타벅스(SBUX)는 글로벌 커피 및 음료 시장에서 강세를 보이고, 일라이일리(LLY)는 건강관리 분야의 선도 기업으로 신약 개발과 안정적인 수익을 나타낸다.

하지만 단점은 이 포트폴리오는 특정 산업의 조건에 따라 해당 대표기업의 성과가 영향을 받을 수 있고, 특히 금융 서비스와 헬스케어 산업은 규제와 같은 외부 요인에 민감할 수 있다.

INFJ

투자성향 위험 / 수익

개인의 성향을 반영한 기업 후보군
마이크로소프트(MSFT), 비자(V), 나이키(NKE)

개인과 기업의 상호 보완 종목
ENFP: 애플(AAPL)
ENTP: 퀄컴(QCOM)

추천 포트폴리오
마이크로소프트(MSFT), 비자(V), 나이키(NKE), 애플(AAPL), 퀄컴(QCOM)

50개 기업의 MBTI 중 INFJ형은 상대적으로 '(저)베타-(고)ESG-(고)PER-(고)이익성장'의 특징으로 요약된다. 이러한 성격을 잘 드러내는 종목은 마이크로소프트(MSFT), 비자(V), 나이키(NKE)이다. 더불어 포트폴리오 구성을 위해 INFJ와 선호도 측면에서 시너지 효과가 기대되는 ENFP의 애플(AAPL), ENTP의 퀄컴(QCOM)이 포착되었다.

이 포트폴리오의 장점은 주요 IT기업과 금융 분야 리더 기업이 조화롭게 구성되어 안정성과 성장성을 함께 추구한다는 것이다. 마이크로소프트(MSFT)와 애플(AAPL)은 미국 증시의 시가총액 1, 2위를 경쟁하는 IT 분야의 초우량기업으로 기술혁신과 재무적 안정성을 제공한다. 또한 비자(V)는 글로벌 결제 시장을 주도하고, 나이키(NKE)는 스포츠 의류 분야의 세계적인 브랜드로 안정적인 수익을 창출한다. 퀄컴(QCOM) 역시 통신기기 반도체 개발 분야의 선도적 기업이다.

그러나 단점은 이 포트폴리오에 IT대형주가 3개 포함되어 IT 부문에 집중된 점이 될 것이다. IT업종은 기술변화에 대한 민감도와 관련 업체간 치열한 경쟁에 노출되었고, 관련한 규제 리스크도 가질 수 있다. 또한 미국 증시 시가총액 1~2위 종목이 포함되어 전체 시장과의 연관성이 높다는 점도 고려해야 할 것이다.

INFP

투자성향 위험 / 수익

개인의 성향을 반영한 기업 후보군
인텔(INTC), 텍사스인스트루먼트(TXN), 노보노디스크(NVO)

개인과 기업의 상호 보완 종목
ENFJ: 엔비디아(NVDA), 브로드컴(AVGO), 어도비(ADBE), 넷플릭스(NFLX), 인튜이티브서지컬(IRSG), 룰루레몬(LULU), 세일즈포스(CRM)
ENTJ: 어플라이드머티어리얼즈(AMAT), 부킹홀딩스(BKNG), 디즈니(DIS)

추천 포트폴리오
인텔(INTC), 텍사스인스트루먼트(TXN), 노보노디스크(NVO), 룰루레몬(LULU), 디즈니(DIS)

50개 기업의 MBTI 중 INFP형은 상대적으로 '(저)베타-(고)ESG-(고)PER-(저)이익성장'의 특징으로 귀결된다. 이러한 성격에 잘 반영하는 종목으로는 인텔(INTC), 텍사스인스트루먼트(TXN), 노보노디스크(NVO)였다. 그리고 포트폴리오 구성을 위해 INFP와 시너지가 기대되는 ENFJ의 세일즈포스(CRM), ENTJ의 디즈니(DIS)를 산업 간 포트폴리오 균형(Balance)을 통한 리스크 분산효과를 고려하여 선택했다.

이 포트폴리오의 장점은 각기 다른 산업에서 안정성과 성장성을 상호 보완한다는 것이다. 인텔(INTC)과 텍사스인스트루먼트(TXN)는 반도체 분야에서 독보적인 지위와 기술혁신에 따른 성장성을, 노보노디스크(NVO)는 헬스케어 분야에서 기존 의약품의 안정판을 기반으로 신약 분야의 고성장 가능성을 반영할 수 있다. 최근 노보노디스크는 비만치료제 개발을 통해 유럽 기업 중 시가총액 1위를 달성하기도 했다. 또한 세일즈포스(CRM)는 고객 관리 소프트웨어의 선도적인 기업이며, 디즈니(DIS)는 엔터테인먼트 분야에서 뛰어난 브랜드 가치를 보유하고 있다.

다만 이러한 다양성은 포트폴리오의 단점으로 작용할 수 있다. 각 기업이 서로 다른 산업에 속해 있어 특정 시장 조건에 영향을 받을 수 있고, 일부 기업의 성과 부진은 전체 포트폴리오에 영향을 미칠 가능성이 있다.

INTJ

투자성향 / 위험 / 수익

개인의 성향을 반영한 기업 후보군
버크셔해서웨이(BRK)

개인과 기업의 상호 보완 종목
ENFP: 애플(AAPL)
ENTP: 퀄컴(QCOM)

추천 포트폴리오
버크셔해서웨이(BRK), 애플(AAPL), 퀄컴(QCOM)

50개 기업의 MBTI 중 INTJ형은 상대적으로 '(저)베타-(고)ESG-(저)PER-(고)이익성장'의 특징으로 요약된다. 이에 해당되는 종목은 현존하는 최고의 투자자, 워런 버핏 회장의 버크셔해서웨이(BRK) 단 하나였다. 그러므로 포트폴리오 구성을 위해 INTJ와 시너지가 기대되는 ENFP의 애플(AAPL), ENTP의 퀄컴(QCOM)을 포함하게 되었다.

흥미로운 점은 버크셔해서웨이의 투자 포트폴리오 중 절반 가량을 차지하는 애플이 MBTI 간 시너지 효과까지 기대되는 종목으로도 겹쳤다는 점이다. 즉 지주사인 버크셔해서웨이에 대한 투자는 절반가량 애플 주가에 연동했다고 여길 만한 집중포트폴리오 라는 점은 감안해야 한다. 그럼에도 애플의 사업포트폴리오는 아이폰 뿐만 아니라 애플뮤직이나 애플TV와 같은 IT서비스 분야에도 잘 분산되어 있고, 버크셔해서웨이 자체가 워런 버핏 포트폴리오의 정수가 반영되어 가치주로 고르게 잘 분포된 점을 고려한다면 장기 투자에는 제격이라고 판단한다. 즉 INTJ 추천 포트폴리오의 장점은 성장과 가치 투자의 조화를 이뤄내고 있다는 것이다. 버크셔해서웨이(BRK)는 다양한 산업에 대한 가치 투자와 투자자 신뢰를 갖춘 기업으로 안정성을 제공할 것이다. 미국 시가총액 1위 기업인 애플(AAPL)은 기술혁신과 강력한 브랜드효과로 성장성과 안정성을 보여주며, 퀄컴(QCOM)은 통신기기 반도체 개발 분야의 선두주자로서 향후 고성장이 기대되는 생성형 AI 모바일칩 관련한 기대감도 커지고 있다.

그러나 단점은 이 포트폴리오는 버크셔해서웨이의 애플 고비중, 즉 애플에 퀄컴까지 포함한 IT 분야에 집중되었다는 것이다. 이는 시장 변동성에 취약할 수 있으며, 특히 IT 업종의 변화나 규제, 경쟁 등의 요소에 따라 리스크를 가질 수 있다. 또한, 버크셔해서웨이는 높은 현금 보유와 투자자 신뢰를 바탕으로 성과를 내지만, 특정 산업에 집중되어 위험분산 효과가 그렇게 크지 않을수도 있다. 또한 찰리멍거 부회장 타계에서 보듯 워런버핏 회장이 고령이란 점에서 세대교체에 따른 굴곡이 있을 수 있다는 점도 고려해야 할 것이다.

INTP

투자성향 / 위험 / 수익

개인의 성향을 반영한 기업 후보군
시스코(CSCO), 일렉트로닉아츠(EA), 머크(MRK), 홈데포(HD), 코카콜라(KO), 오라클(ORCL), 유나이티드헬스케어(UNH)

개인과 기업의 상호 보완 종목
ENTJ: 어플라이드머티어리얼즈(AMAT), 부킹홀딩스(BKNG), 디즈니(DIS)
ESTJ: 메타(META)

추천 포트폴리오
시스코(CSCO), 코카콜라(KO), 유나이티드헬스케어(UNH), 디즈니(DIS), 메타(META)

50개 기업의 MBTI 중 INTP형은 상대적으로 '(저)베타-(고)ESG-(저)PER-(저)이익성장'의 특징을 나타낸다. 후보 종목은 시스코, 일렉트로닉아츠, 머크, 홈데포, 코카콜라, 오라클, 유나이티드헬스케어 등으로 많은 종목 수를 나타냈다. 이 중에서 업종 내 대표성이 높은 종목, 이종 업종을 통한 분산효과 등을 고려하여 시스코, 코카콜라, 유나이티드헬스케어를 선택했다. INTP와 좋은 시너지가 기대되는 ENTJ에서는 디즈니, ESTJ에서는 메타를 고려했다. 디즈니는 기존 INTP 후보 종목군에는 부재한 전세계를 대표하는 레저엔터주라는 상징성, 그리고 메타의 경우 소셜네트워크 1위 업체이자 VR기기와 생성형 AI 분야로의 확장성이 매력적이다. 이러한 INTP 추천 포트폴리오의 장점은 오랜 업력을 통해 다수의 충성 고객을 확보한 강력한 브랜드 파워를 보유했다는 점, 그리고 최대한 업종 분산을 통해 업황과 관련한 투자 리스크를 분산시켰다는 점이다. 오늘날 엔비디아와 비견되는 2000년 전후 IT버블 국면의 주도주였던 시스코는 우수한 보안기술을 바탕으로 통신 네트워크장비 시장에서 여전히 시장 지배력을 과시하고 있다. 워런 버핏이 오랫동안 애착했던 전세계 음료시장의 최강자 코카콜라, 그리고 미국의 종합 헬스케어 서비스기업인 유나이티드헬스케어 등 INTP 종목군은 기업이익과 주가의 변동성은 비교적 안정적인 편이다. 다만 INTP 종목군의 기존 안정성과 더불어 성장성을 불어넣기 위해 업황 변동성은 높지만 주가조정을 통해 가격 매력을 확보한 디즈니, 그리고 성장성이 높은 메타를 추가했다. 이를 통해 안정성과 성장성의 두 마리 토끼를 노리는 포트폴리오가 될 것으로 기대한다.

ISFJ

개인의 성향을 반영한 기업 후보군
스타벅스(SBUX), 일라이일리(LLY)

개인과 기업의 상호 보완 종목
ESFP: 테슬라(TSLA), AMD(AMD), 로블록스(RBLX)
ESTP: 크록스(CROX), 제이피모간체이스(JPM)

추천 포트폴리오
스타벅스(SBUX), 일라이일리(LLY), AMD(AMD), 크록스(CROX), 제이피모간체이스(JPM)

50개 기업의 MBTI 중 ISFJ형은 상대적으로 '(저)베타-(저)ESG-(고)PER-(고)이익성장'의 특징으로 요약된다. 이에 해당되는 종목은 스타벅스(SBUX), 일라이일리(LLY)이다. 그리고 ISFJ와 MBTI 간 시너지 효과가 기대되는 ESFP 종목 중에서는 테슬라(TSLA), AMD(AMD), ESTP의 크록스(CROX), 제이피모간체이스(JPM)을 추가했다.

이 포트폴리오는 다양한 산업의 대표 기업을 포함하여 리스크를 분산시킬 수 있다고 기대된다. 스타벅스(SBUX)와 크록스(CROX)는 모두 소비재 분야이나 식료품(커피류)과 패션(신발류)이라는 각기 다른 시장을 대표하는데 모두 브랜드 가치가 좌우하는 안정적인 소비재라는 측면에서 긍정적이다. 일라이일리(LLY)는 건강관리 분야에서 안정적인 성과를 보여주고, AMD(AMD)와 제이피모간체이스(JPM) 역시 IT 및 금융 분야에서 선두권 기업으로서 안정적인 성장 가능성을 가지고 있다.

하지만 이러한 다양성은 동시에 단점이 될 수 있다. 각 회사가 다른 산업에 속해 있어 특정 시장 조건에 따라 영향을 받거나 특정 시장의 시황에 따라 연관성이 높을 수 있다. 또한, 특정 분야나 지역에 대한 집중으로 인해 해당 부문의 부정적인 영향을 받을 수 있다.

ISFP

개인의 성향을 반영한 기업 후보군
코스트코(COST)

개인과 기업의 상호 보완 종목
ENFJ: 엔비디아(NVDA), 브로드컴(AVGO), 어도비(ADBE), 넷플릭스(NFLX), 인튜이티브서지컬(IRSG), 룰루레몬(LULU), 세일즈포스(CRM)
ESFJ: 아마존(AMZN), ASML(ASML), 에어비앤비(ABNB), 우버(UBER), 유니티(U)
ESTJ: 메타(META)

추천 포트폴리오
코스트코(COST), 엔비디아(NVDA), 아마존(AMZN), 에어비앤비(ABNB), 메타(META)

50개 기업의 MBTI 중 ISFP형은 상대적으로 '(저)베타-(저)ESG-(고)PER-(저)이익성장'의 특징으로 집약된다. 이에 해당되는 종목은 코스트코 단 하나였다. 따라서 포트폴리오 구성을 위해 ISFP와 시너지가 기대되는 ENFJ, ESFJ, ESTJ 주요종목 군 중 사업 포트폴리오 효과를 고려하여 ENFJ에서는 AI반도체 선두기업인 엔비디아, ESFJ에서는 코스트코와의 보완적인 역할이 기대되는 온라인 소매업체이자 클라우드 컴퓨팅의 강자인 아마존, 공유숙박 플랫폼 1위 업체인 에어비앤비로 사업 포트폴리오 관점에서 레저엔터로도 분산시키려는 의도로 선정했다. 마지막으로 메타의 경우 소셜네트웍스 1위 업체이자 VR기기 성장성을 통해 신시장으로의 확장성이 크다는 관점도 고려될 것이다.

이러한 ISFP 추천 포트폴리오의 장점은 주식 간 다양한 산업 및 성장 가능성을 반영하여 리스크를 분산시킨다는 것이다. 코스트코와 아마존은 오프라인과 온라인 소매 업종의 대표주로서 일정 부분 소매업 내 사업 포트폴리오의 분산효과를 나타낼 수 있다. 엔비디아, 에어비앤비, 그리고 메타는 각각 AI반도체와 여행플랫폼, 소셜네트웍스 등을 중심으로 혁신기술 분야에서 선도적 입지를 가지고 있어서 미국의 빅테크 대표주의 고비중 전략을 통한 성장주 중심의 포트폴리오라고 평가할 수 있다.

다만 단점은 코스트코를 제외하면 사실상 기술주(IT) 중심의 집중 포트폴리오로서 시장 전체 상황에 대한 연관성이 높을 수 있다. 만약 IT 업종에 대한 실적 변동성이 커질 경우 이 포트폴리오는 보다 큰 주가변동성에 노출될 수도 있다.

ISTJ

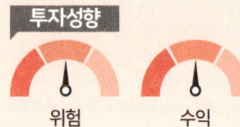

투자성향
위험 / 수익

개인의 성향을 반영한 기업 후보군
알파벳(GOOGL), 티모바일(TMUS), 엑슨모빌(XOM)

개인과 기업의 상호 보완 종목
ESFP: 테슬라(TSLA), AMD(AMD), 로블록스(RBLX)

추천 포트폴리오
알파벳(GOOGL), 티모바일(TMUS), 엑슨모빌(XOM), 테슬라(TSLA), AMD(AMD)

Alphabet

50개 기업의 MBTI 중 ISTJ형은 상대적으로 '(저)베타-(저)ESG-(저)PER-(고)이익성장'의 특징으로 집약된다. 이에 해당되는 종목은 알파벳(GOOGL), 티모바일(TMUS), 엑슨모빌(XOM)이다. 추가적인 포트폴리오 구성 종목 확대를 위해 ISTJ와 시너지 효과가 기대되는 ESFP의 주요 종목군 중 기업의 규모(시가총액)과 재무적 안정성을 고려하여 테슬라와 AMD를 선택하고, 로블록스는 제외했다. 아직 로블록스는 순이익 기준으로 적자 기업으로 중위험 중수익 투자성향에는 적합하지 않은 것으로 판단했다.

ISTJ 추천 포트폴리오의 장점은 각 주식이 서로 다른 산업에 속해 있어 리스크를 분산시킬 수 있는 다양성을 제공한다는 것이다. 알파벳은 AI기술력과 인터넷 서비스 분야에서 강력한 입지를 가졌으며, 티모바일은 통신 분야에서 안정성을 가지고 있다. 또한 엑슨모빌은 에너지 산업의 대표주로서 안정적인 배당을 제공하기도 한다. 테슬라는 전기차 분야의 1위 업체, 그리고 AMD는 제2의 엔비디아를 모색하는 GPU 분야의 2위 기업으로 모두 혁신적 기술과 성장 가능성을 갖추고 있다.

다만 이 포트폴리오 중 알파벳, 테슬라, AMD는 대표적인 빅테크 기업으로서 시장 변동성에 무관할 수 없을 것이다. 에너지 분야의 1위 기업인 엑슨모빌은 국제유가의 가격 변동에 취약하여 대표적인 경기민감도를 가지고 있다.

ISTP

투자성향
위험 / 수익

개인의 성향을 반영한 기업 후보군
펩시코(PEP), 컴캐스트(CMCSA), 존슨앤존슨(JNJ), P&G(PG), 월마트(WMT), 캐터필라(CAT), 3M(MMM)

개인과 기업의 상호 보완 종목
ESFJ: 아마존(AMZN), ASML(ASML), 에어비앤비(ABNB), 우버(UBER), 유니티(U)
ESTJ: 메타(META)

추천 포트폴리오
펩시코(PEP), 존슨앤존슨(JNJ), 월마트(WMT), 아마존(AMZN), 메타(META)

50개 기업의 MBTI 중 ISTP형은 상대적으로 '(저)베타-(저)ESG-(저)PER-(저)이익성장'의 특징으로 집약된다. 이에 해당되는 종목은 펩시코(PEP), 컴캐스트(CMCSA), 존슨앤존슨(JNJ), P&G(PG), 월마트(WMT), 캐터필라(CAT), 3M(MMM)이 있었고, 이중 포트폴리오의 산업 배분과 투자성향 상 중위험 중수익 등을 고려하여 펩시코(PEP), 존슨앤존슨(JNJ), 월마트(WMT)를 선정했다. 추가적인 포트폴리오 보완을 위해 ISTP와 시너지 효과가 기대되는 ESFP 중 기업의 규모(시가총액)과 재무적 안정성을 고려하여 아마존(AMZN)과 메타(META)를 선정했다.

이 포트폴리오의 장점은 다양한 산업 배분으로 안정성과 성장 가능성을 모두 노렸다는 점이다. 건강관리, 소비재, 소매 및 기술 분야에 대한 투자를 통해 리스크를 분산시키고, 혁신기술의 대표 기업인 아마존(AMZN)을 포함하면서 성장 가능성도 보완했다.

다만 단점으로는 특정 산업 또는 지역에 대한 집중으로 발생하는 리스크가 있을 수 있다. 혁신기술 기업인 아마존의 경우 시장 변동성이 커서, 특정 시기에 일시적인 약세를 겪을 수 있다. 또한 경기 변동에 영향을 많이 받는 소매업인 월마트(WMT) 역시 경기 침체 시에는 자유로울 수 없는 면도 있다.

Summary
MBTI 유형별 추천 포트폴리오

ENFJ
엔비디아(NVDA),
어도비(ADBE),
넷플릭스(NFLX),
노보노디스크(NVO),
스타벅스(SBUX)

ENFP
애플(AAPL),
마이크로소프트(MSFT),
버크셔해서웨이(BRK)

ENTJ
어플라이드머티어리얼즈(AMAT), 부킹홀딩스(BKNG),
디즈니(DIS), 노보노디스크(NVO), 유나이티드헬스케어(UNH)

ENTP
퀄컴(QCOM),
마이크로소프트(MSFT),
버크셔해서웨이(BRK)

ESFJ
아마존(AMZN),
에어비앤비(ABNB),
유니티(U), 스타벅스(SBUX),
캐터필라(CAT)

ESFP
테슬라(TSLA),
AMD(AMD),
로블록스(RBLX),
스타벅스(SBUX),
알파벳(GOOGL)

ESTJ
메타(META),
유나이티드헬스케어(UNH),
코스트코(COST),
3M(MMM)

ESTP
크록스(CROX),
제이피모간체이스(JPM),
스타벅스(SBUX),
일라이일리(LLY)

INFJ
마이크로소프트(MSFT),
비자(V), 나이키(NKE),
애플(AAPL), 퀄컴(QCOM)

INFP
인텔(INTC),
텍사스인스트루먼트(TXN),
노보노디스크(NVO),
룰루레몬(LULU),
디즈니(DIS)

INTJ
버크셔해서웨이(BRK),
애플(AAPL), 퀄컴(QCOM)

INTP
시스코(CSCO),
코카콜라(KO),
유나이티드헬스케어(UNH),
디즈니(DIS), 메타(META)

ISFJ
스타벅스(SBUX),
일라이일리(LLY),
AMD(AMD),
크록스(CROX),
제이피모간체이스(JPM)

ISFP
코스트코(COST),
엔비디아(NVDA),
아마존(AMZN),
에어비앤비(ABNB),
메타(META)

ISTJ
알파벳(GOOGL),
티모바일(TMUS),
엑손모빌(XOM),
테슬라(TSLA),
AMD(AMD)

ISTP
펩시코(PEP),
존슨앤존스(JNJ),
월마트(WMT),
아마존(AMZN),
메타(META)

CHAPTER 3

투자하기 전 반드시 알아야 할
투자 종목 정보

포트폴리오 50

Portfolio

지금까지 개인의 MBTI와 기업의 MBTI를 적용하고 유형별 매칭을
통해 최적의 투자 솔루션과 엄선된 포트폴리오를 구성해보았다.
여러분에게 소개한 포트폴리오는 미국 주식 50종목으로,
세계 1위 강국 미국에서 높은 시가총액을 자랑하는 건 물론이고
안정적인 재무상태와 우수한 운영 성과, 그리고 성장 잠재력을
가진 기업들이다.
이제부터는 실전 투자에 앞서 포트폴리오에 소개된 50개 기업
종목 정보에 대해 자세히 알아보도록 하자.

해외기업(50개 종목)은 2023년 말 기준 자료를 바탕으로 작성했습니다. 따라서 투자에 앞서 새로 발표된 실적 리뷰와 가이던스를 반드시 확인 후 투자에 임하시길 바랍니다.
애널리스트 평균 목표가와 의견은 2024년 3월 10일 기준입니다.

나이키 NKE
넷플릭스 NFLX
노보 노디스크 NVO
로블록스 RBLX
룰루레몬 애슬레티카 LULU
마이크로소프트 MSFT
머크 MRK
메타 플랫폼스 META
버크셔 해서웨이 BRK.B
부킹 홀딩스 BKNG
브로드컴 AVGO
비자 V
세일즈포스닷컴 CRM
스타벅스 BUX
시스코 시스템즈 CSCO
아마존닷컴 AMZN
알파벳 GOOGL
애플 AAPL
어도비 ADBE
어드밴스드 마이크로 디바이시스 AMD
어플라이어드 머티리얼즈 AMAT
에어비앤비 ABNB
에이에스엠엘 ASML
엑슨모빌 XOM
엔비디아 NVDA
오라클 ORCL
우버 테크놀로지스 UBER
월마트 WMT
월트디즈니 DIS
유나이티드헬스그룹 UNH
유니티 소프트웨어 U
인텔 INTC
인튜이트 INTU
인튜이티브 서지컬 SRG
일라이 릴리 LLY
일렉트로닉 아츠 EA
제이피모간 체이스 JPM
존슨앤드존슨 JNJ
캐터필러 CAT
컴캐스트 CMCSA
코스트코 홀세일 COST
코카콜라 KO
퀄컴 QCOM
크록스 CROX
테슬라 TSLA
텍사스인스트루먼트 TXN
티모바일 TMUS
펩시코 PEP
프록터앤드갬블 PG
홈 디포 HD

964 한국증시 시가총액 상위 10개사
2,566 한국증시 시가총액 전체
20,870 미국증시 시가총액 상위 10개사

단위(시가총액: 조 원)
2024년 2월 말 기준

01 세계인의 스테디셀러
나이키 NKE Inc

1964년 필 나이트가 설립한 미국의 다국적 스포츠 의류 기업이다. 나이키 풋볼, 골프, 프로, 에어 조단, 스케이트 보딩, 팀 스타터, 헐리 인터내셔널, 컨버스, 바우어 등 다양한 브랜드를 보유하고 있으며 신발, 의류, 스포츠 장비, 악세서리 등을 디자인하고 생산한다.

투자지표 5점 척도

나이키는 대부분의 영역에서 보통 수준의 평가를 받고 있지만 매우 우수한 주주환원 정책을 갖고 있다.

주식 정보 바로보기

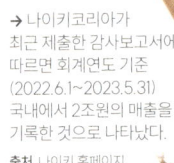

→ 나이키코리아가 최근 제출한 감사보고서에 따르면 회계연도 기준(2022.6.1~2023.5.31) 국내에서 2조원의 매출을 기록한 것으로 나타났다.
출처 나이키 홈페이지

Investment Point
- 당장은 먹구름, 내일은 맑음
- 중국 시장 우려
- 5% 이상의 안정적 성장 전망

업종 제화
티커 심볼 NKE
시장 정보 나스닥(NASDAQ)
시가총액 1592억달러
매출액 511억달러
영업이익 53억달러
순이익 50억달러
제품 나이키 스포츠웨어, 나이키 프로, 나이키 골프, 나이키 러닝, 에어 맥스, 에어 포스, 조던 등

(2023년말 기준, 직전 4개 분기 실적)

▶ 유통 구조 혁신으로 마진 개선

나이키의 비즈니스 모델에서 조금 특이한 점은 기존의 의류 제조업체가 중간 판매상을 통해 최종 고객에게 가는 유통구조에서 전환해 최종 고객에게 바로 판매하는 직판과 온라인 마켓을 활용으로 마진율을 크게 개선한 점이다. 전 세계 운동화 생산 시장점유율을 살펴보면 나이키가 42.4%로 1위를 기록하고 있다. 지역별 매출 비중은 미국이 39.7%, 유럽 중동 아프리카 26.2%, 중국 16%, 그외 아시아 라틴아메리카가 12.9%를 차지하고 있다. 여기서 알 수 있는 중국 매출액이 미국의 약 절반 수준이기 때문에 매우 중요한 시장이다. 따라서 미중 무역분쟁이 격화되면 나이키는 타격을 입을 수 밖에 없다.

이상기온으로 인해 매출 타격

2023년 11월 말 실적을 살펴보면 매출액은 전년동기와 유사한 133억달러를 기록했고 순이익은 15.8억달러로 11.8%의 순이익률을 기록했다. 비록 매출액 성장률은 저조했지만 순이익 성장률은 18.5%의 성장률은 보였다. 이는 시장 컨센서스 대비 21% 높게 나온 결과이다. 특히 평균판매단가(ASP) 상승과 해상운송비의 하락으로 매출총이익률(GPM)이 전년

나이키는 본격적인 금리인하 효과가 거시경제에 반영될 2024년 하반기부터 다시 공격적인 전망치를 제시할 가능성이 높다고 판단된다

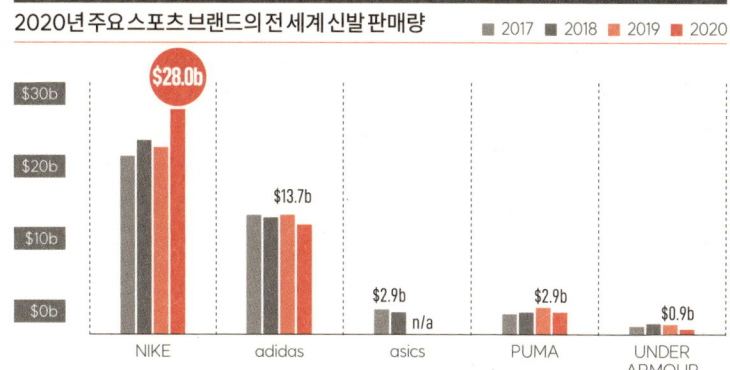

2020년 주요 스포츠 브랜드의 전 세계 신발 판매량

자료 스태티스타(Statista)

동기대비 44.6%로 무려 170bp가 개선됐다. 하지만 2024년 가이던스 매출을 1% 성장으로 하향 조정했다. 이에 최근 애널리스트의 차기 분기 추정치가 빠르게 하향 조정되고 있다. 당장 시장에서 걱정하는 부분은 미국 매출의 절반 수준인 중국 시장이다. 2분기 실적에서는 중국 매출이 동일환율 기준 8%의 성장을 보였지만 2019년 대비 CAGR 성장률이 1분기 기준 6.2%에서 2분기 5%대로 내려오는 추세라는 것이다. 특히 디지털 매출이 전년동기 대비 22% 감소하며 타격을 주고 있다. 이뿐만 아니다. 유럽, 중동 및 아프리카 지역(EMEA) 역시 동일환율 기준 3% 둔화됐는데 특히 의류 부문이 약 10% 둔화됐다. 이는 지난 가을 유럽의 날씨가 이상 기온 영향으로 따뜻했기 때문이다. 긍정적인 부분은 향후 3년간 진행될 20억달러 규모의 비용 절감 계획과 차기 분기에 반영될 구조조정 비용 4억~4억5000만달러 집행으로 향후 전사 마진율이 개선되는 모습이 예상되기 때문이다.

향후 전망 및 애널리스트 의견

2024년 5월 말 결산인 나이키의 2024년 회계기준 매출액은 1.5% 성장한 520억달러에 순이익 55억달러라고 시장은 예상하고 있다. 매출액 성장률은 저조하지만 순이익은 전년대비 9% 성장하는 모습이다. 이에 FCF는 53억달러를 기록할 것으로 보인다. 2분기 공개한 가이던스 하향 조정으로 애널리스트의 예상 실적도 빠르게 하향 조정되고 있다. 차기 분기에는 일회성 구조조정 비용도 반영될 것이기 때문이다. 하지만 2025년 회계연도 및 3년 후의 나이키는 더욱 개선된 비용 구조로 마진율이 개선될 것으로 예상된다. 애널리스트 평균 목표가는 123달러로 Buy:Hold:Sell 비율이 62%:31%:7%로 매수 의견이 지배적이다. 중국 시장의 역풍을 우려하는 애널리스트가 많지만 매수 의견을 유지하는 보고서가 다수다. 이는 나이키의 브랜드 가치와 고객 충성도 등 장기 전망이 밝기 때문이라고 생각한다. 최근 가이던스 하향에도 불구하고 소수의 증권사 몇 곳을 제외하면 대부분 매수 의견을 유지했다. 즉, 단기 실적 하향에 대한 우려보다 장기 전망에 맞춰 목표가를 유지한 것이다. 탑라인 매출은 약하게 마진율은 상향 업그레이드해서 EPS 추정치는 유지하는 그림이다.

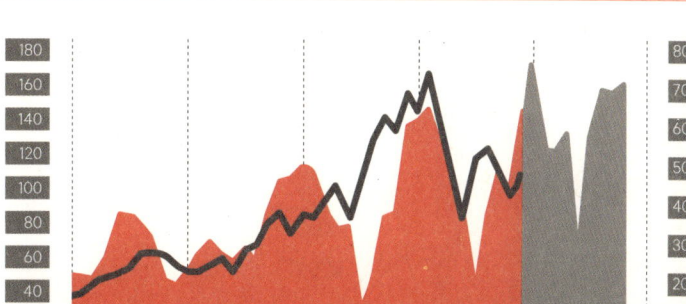

주가와 잉여현금흐름(FCF) 추이

자료 Bloomberg Professional Services

Tr 12M: 직전 12개월

02 넷플릭스 Netflix Inc
스트리밍 콘텐츠 시장 장악한 공룡

넷플릭스(Netflix)는 1997년 설립된 온라인 동영상 스트리밍 서비스 기업으로, 현재 전 세계 190개 국가에서 2억4700만 이상의 가입자를 보유하고 있다. 넷플릭스는 자체 제작 콘텐츠와 외부 콘텐츠를 소싱하여 다양한 장르의 영화와 TV 프로그램을 제공하고 있다.

투자지표 5점 척도

넷플릭스는 ESG 측면에서는 다소 낮은 점수를 받고 있지만 수익성, 수익 안정성, 성장성 측면에서는 높은 수준의 평가를 받고 있다.

Investment Point
- 구독 플랜 변화 = 'P'의 상승 효과
- ID단속 = 'Q'의 증가 효과
- 방송 콘텐츠 플랫폼을 넘어 종합 여가 플랫폼으로

업종	온라인 서비스
티커 심볼	NFLX
시장 정보	나스닥(NASDAQ)
시가총액	2546억달러
매출액	337억달러
영업이익	69억달러
순이익	54억달러
주요 사업	OTT 플랫폼, 모바일 게임 유통

(2023년 말 기준, 직전 4개 분기 실적)

세계인을 홀린 온라인 스트리밍 플랫폼

인기 드라마 등 양질의 콘텐츠에 힘입어 스트리밍 시장에서 유튜브와 치열하게 1~2위를 다투는 위치에 있다. 닐슨의 (TV+스트리밍) 통합 채널별 미디어 점유율 조사에 의하면 유튜브(YouTube)와 넷플릭스가 각각 9%, 7.8%를 차지하며 선두를 달리고 있다. 가입자 수가 10배 수준 차이 나는 것을 감안해서 보면 넷플릭스의 콘텐츠 파워가 얼마나 대단한지 알 수 있다. 2023년 9월 닐슨 시청률 조사에 나온 TOP 10 프로그램 중 8개가 넷플릭스에서 제공하는 작품이었다. 이제 드라마 덕후들은 넷플릭스 없이 살 수 없다.

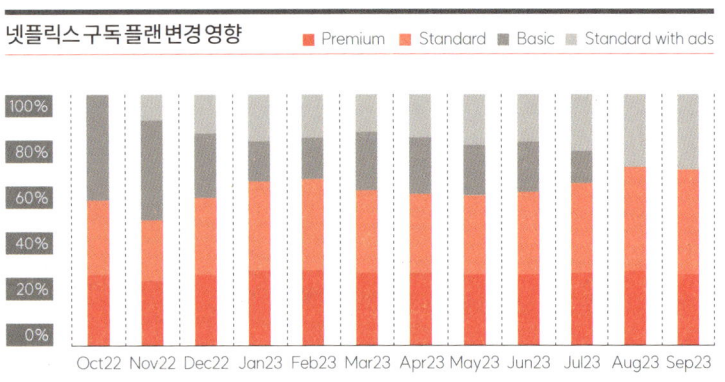

넷플릭스 구독 플랜 변경 영향

자료: Bloomberg, 하이투자증권 리서치본부

2억4700만명 가입
- 스트리밍 콘텐츠 플랫폼 장악

넷플릭스는 2023년 3분기에 매출액 85억달러, 순이익 15억달러를 기록했다. 이는 전년동기대비 각각 7.8%, 34% 증가한 수치다. 가입자 수는 2억 4700만명으로 시장 예상치를 뛰어넘는 증가를 보였다. 깜짝 가입자 수 증가의 원인은 ID공유 제한 및 가격정책 변화에 있다. 4명이 한 개의 ID를 쓰다가 광고가 나오는 저가 요금제로 신규 가입자가 증가했기 때문이라고 추정된다. 물론 콘텐츠 경쟁력으로 오가닉하게 증가한 부분도 있겠지만 말이다.

넷플릭스는 사업부문 별 매출이 따로 없고 지역 별로 구분하여 발표한다. 북미, 유럽/중동/아프리카, 라틴아메리카, 아시아로 구분하여 발표하고 있다. 당연히 북미 시장의 매출이 45% 수준으로 가장 크다. 가입자당 매출도 16달러 수준으로 가장 높다. 그 외 지역은 8.5~11달러 수준이다.

유튜브 가입자수 20억명 이상 vs 넷플릭스 가입자수 2.5억명 8배 차이 하지만 스트리밍 점유율은 비슷한 수준

넷플릭스를 볼 때 한 가지 주의할 점은 잉여현금흐름(FCF)과 순이익 편차에 대한 이해다. 넷플릭스는 2012년부터 자체 제작 즉, 오리지널 콘텐츠를 만들고 있다. 따라서 제작 기간 동안 발생되는 현금 유출이 먼저 손익계산서에서 비용을 잡히게 되고 제작이 완료된 후 감가상각이 시작된다. 넷플릭스는 기본적으로 4년 감가상각을 진행하고 있다. 바로 이러한 점 때문에 2012년 이후 2019년까지 줄곧 FCF가 마이너스였다. 해당 기간동안에는 EBITDA로 실적을 평가하는 것이 바람직해 보인다.

향후 전망 및 애널리스트 의견

우선 2024년에는 14% 증가한 382억달러의 매출과 28% 증가한 94억달러의 EBITDA를 기록할 것으로 시장은 전망하고 있다. 순이익 전망치도 71억달러로 증가하며 전년대비 30% 증가한 16달러의 EPS를 추정하고 있다. 하지만 FCF는 59억달러로 전년대비 감소하는 것으로 전망하고 있다. 즉, 오리지널 콘텐츠 제작비로 지출되는 현금이 더 많은 것으로 판단된다.

애널리스트 평균 목표가는 591달러로 Buy:Hold:Sell 비율이 65%:27%:8%로 매수 의견이 지배적이다.

지금은 드라마, 영화 등 방송 콘텐츠에 집중하며 신규 비즈니스로 광고 및 게임을 추가하는 모습이다. 훗날 실적발표에서는 광고 매출을 따로 발표할 날이 있을 것이라고 생각한다. 그 이유는 스트리밍 점유율이 유튜브와 비슷한 수준이기 때문에 넷플릭스도 적지 않은 수준의 매출이 발생할 것으로 기대된다. 고객들의 여가 생활속에서 아주 작은(A tiny fraction of consumers' time and money) 부분을 차지하고 있지만 그만큼 기회가 크다는 점이 넷플릭스의 미래 먹거리로, 방송 콘텐츠를 넘어 어떤 사업모델로 우리의 여가시간을 장악해 나갈지 지켜보는 것이 흥미롭다.

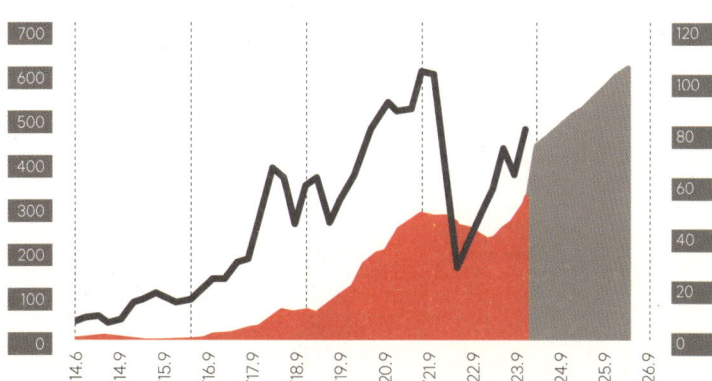

→ 테드 서랜도스 CEO는 K-콘텐츠에 향후 4년간 25억달러 (약 3조3000억원)를 투자할 계획이라고 발표한 바 있다.

주가와 순이익 추이

자료 Bloomberg Professional Services

03 노보 노디스크 Novo Nordisk

폭발적 성장을 불러 일으킨 비만 치료제의 발견

유럽에서 시가총액이 가장 높았던 기업은 명품 브랜드 기업 루이비통 그룹이었지만 지금은 바로 노보 노디스크다.

투자지표 5점 척도

노보 노디스크는 모든 면에서 거의 완벽에 가까운 평가를 받고 있다.

주식정보 바로보기

Investment Point

- 비만 치료제 시장 1년 새 4조에서 11조로
- 1등과 2등의 대결
- 위고비 vs 젭바운드의 한판 승부를 지켜 봐라

업종	제약
티커 심볼	NVO
시장 정보	나스닥, 코펜하겐
시가총액	4176
매출액	337억달러
영업이익	150억달러
순이익	121억달러
제품	삭센다, 위고비, 인슐린 등

(2023년 4월 기준 직전 4개 분기 실적)

비만, 이렇게 강력한 수요가 있을 줄?

1923년 캐나다 과학자가 발견한 인슐린의 생산 담당을 맡으면서 시작한 노보 노디스크(Novo Nordisk)는 덴마크 코펜하겐의 대표 기업으로 성장했다. 아니, 세계 최대 수준의 제약사로 성장했다고 말하는 것이 더 어울린다.

노보 노디스크는 미국 기업이 아니고 덴마크 소재 기업이라 코펜하겐 주식시장에 상장되어 있다. 물론 미국에도 ADR형태로 상장돼 있어 거래는 가능하다.

2014년 12월 24일 크리스마스 이브, 비만으로 고통받는 사람들에게 크리스마스의 기적 같은 일이 벌어졌다. 미국 FDA가 노보 노디스크의 '삭센다'를 비만치료제로 승인해줬기 때문이다. 원래 삭센다는 '리라글루티드' 성분의 '빅토자'라는 당뇨병 치료제에서 시작됐다. 부작용으로 식욕부진과 체중 감소라는 뜻밖의 결과가 나와 비만치료제로 적응증을 확대한 것이다. 어디서 많이 들어본 스토리 아닌가? 발기부전 치료제로 유명한 '비아그라'의 탄생 스토리와 많이 닮아있다. 화이자의 비아그라 역시 협심증 치료제를 임상 개발하던 중 용감하고 솔직한(?) 임상 환자의 고백으로 탄생할 수 있었다. '리라글루티드' 성분의 삭센다는 매일 주사를 맞아야하는 불편이 컸다는

↑ 노보노디스크는 위고비의 수요를 맞추기 위해 2023년 12월 9250만달러를 투자해 아일랜드 제약사 '앨커미스'의 의약품 생산 시설을 매입했다.

← ROESG 평가에서 1위를 기록한 노보 노디스크의 덴마크 본사

단점이 있었다. 이에 '세마글루타이드' 성분의 주 1회 주사제인 '위고비'가 출시되면서 기록적인 성장을 보이고 있다. 2022년 출시된 위고비는 단일 제품으로 매출 1조원 규모를 달성했고 2023년 올해는 7~8조원 수준의 매출이 예상된다. 비만 치료제 시장 그 자체를 두 배 이상 키우고 있는 상황이다.

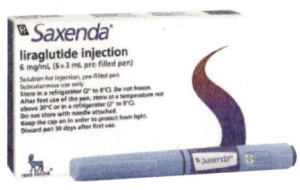

↑ '기적의 다이어트 주사약'으로 유명해진 전문의약품 '삭센다'

주요 사업부로는 크게 당뇨와 비만 사업부와 희귀병 치료제 사업부로 나뉜다. 최근 3분기 누적 성과를 보면 당뇨병 관련 매출이 74%, 비만 관련 매출이 18%로 두 사업부만 92%를 차지한다. 지역별로는 북미 비중이 56%로 가장 높고 유럽이 23%, 중국이 8%, 그외 지역이 13%를 차지한다.

최대 FCF 달성
- 위고비의 폭발적 성장

지난 9월 말에 발표된 최근 실적을 살펴보면 매출은 전년동기대비 31% 증가한 632억 8000크로네, 순이익은 205억크로네로 마진율 32.4%를 달성했다. FCF는 무려 363억크로네를 달성하며 2015년 4분기 이후 최대 FCF를 달성했다. 이는 노보 노디스크의 GLP-1 계열의 제품 점유율이 54%까지 상승하며 이뤄낸 성과다. 특히 북미에서 비만 치료제 열풍이 일어나며 위고비의 처방 매출이 압도적인 성과(244% 성장)를 보였다. 같은 '세마글루타이드' 성분의 당뇨병 치료제인 '오젬픽' 역시 매출이 동반 증가하며 호실적의 주역이 됐다. 이에 북미 매출 성장이 49%, 그외 지역이 17% 성장을 보였다.

향후 전망 및 애널리스트 의견

2024년 예상 매출 컨센서스는 2796억크로네로 22% 성장을 전망하고 있으며, 순이익은 1002억크로네로 마진율 35.8%를 전망하고 있다. FCF는 882억크로네로 우리나라 원화기준 17조원에 육박한다. 애널리스트 평균 목표가는 868크로네로

> FCF는 363억크로네를 달성하며 최대FCF를 달성했다. 이는 노보 노디크의 GLP-1계열의 제품 점유율이 54%까지 상승하며 이뤄낸 성과다

Buy:Hold:Sell 비중이 63%:28%:9%로 매수 의견이 지배적이다. 12월에 나온 보고서 중 가장 높은 목표가는 850 크로네로 JP모간과 HSBC 리서치가 제시했으며 가장 낮은 목표가는 제프리 증권사의 430 크로네이다.

노보 노디스크의 세 마글루타이즈계 Long Acting 치료제 수요가 폭발적인 상황에 반해 공급은 따라가지 못하고 있다. 이에 최근 아일랜드 신규 공장 및 프랑스 증설 계획을 발표했으며 CDMO를 확장하려는 움직임을 보이고 있다. 또 경쟁사 일라이 릴리의 '젭바운드'가 지난 11월 미국에서 승인을 받으면서 본격적인 경쟁에 들어갈 것으로 보인다. 이러한 점에서 보면 점유율을 빼앗길 수 있는 위험이 존재한다. 하지만 시장 파이 자체가 더 커지는 상황이 당분간 지속될 가능성이 높다고 가정한다면 노보 노디스크의 매출 성장 역시 지속될 것으로 보인다.

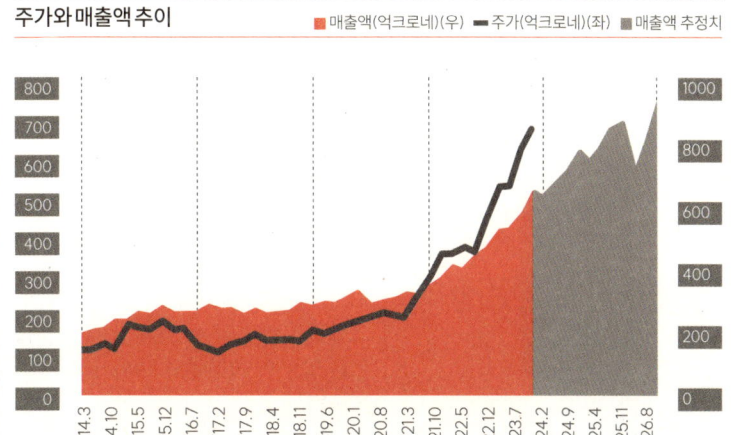

주가와 매출액 추이

자료 Bloomberg Professional Services

04 아직도 난 투자가 필요해
로블록스 Roblox

로블록스는 'GDC 2024' 개막을 앞두고 생성형 AI가 게임 개발과 발굴 등에 혁신을 가져올 것이라고 발표했다. 코드 생성과 디버깅 등 개발 과정에 AI를 활용해 시범 모델인 프로토타입 제작에 걸리는 시간을 대폭 단축하는 방법과 유저에게 적합한 콘텐츠를 매칭하기 위한 방안을 선보일 전망으로 큰 기대를 모으고 있다.

투자지표 5점 척도

로블록스는 메타버스 대표 기업으로 높은 성장성과 수익 안정성을 자랑한다. 주주환원 등 점수는 아직 부족하다.

주식 정보 바로보기

하루 이용자 수

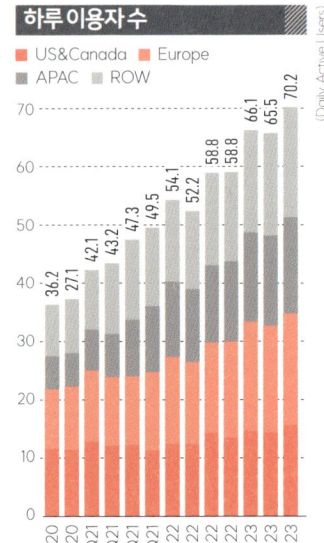

(Daily Active Users)
■ US&Canada ■ Europe
■ APAC ■ ROW

3Q20 36.2 / 4Q20 37.1 / 1Q21 42.1 / 2Q21 43.2 / 3Q21 47.3 / 4Q21 49.5 / 1Q22 54.1 / 2Q22 52.2 / 3Q22 58.8 / 4Q22 58.8 / 1Q23 66.1 / 2Q23 65.5 / 3Q23 70.2

Investment Point
- 포인트 확인 예정
- AMD MI300X vs 엔비디아 H100 & H200
- MI300X의 판매량에 주목

업종 온라인 게임
티커 심볼 RBLX
시장 정보 나스닥(NASDAQ)
시가총액 261억달러
매출액 27억달러
영업이익 -12억달러
순이익 -11억달러
제품 아스널, MeepCity, 카운터블록스, KR아일랜드, 와일드 웨스트 등

(2023년 실적 기준 작성 4월 지표 상황)

하루 7000만명이 다녀간 가상 신세계

10대들 사이에서 이 게임을 모르는 친구를 찾기 힘들 정도로 유명한 게임이고 심지어 10대를 둔 부모나 삼촌 이모들도 잘 아는 게임이다. 롤(LoL), 포트나이트(Fortnite)와 함께 전 세계 젊은 게이머들이 오랜 기간 즐기고 있는 장수 게임 중 하나다. 2020년 코로나 팬데믹으로 전 세계가 멈췄을 때 젊은 친구들은 바로 '메타버스'에서 서로 소통하고 연결되어 있었다. 그 때 가장 히트를 쳤던 게임 중 하나가 바로 '로블록스'다. 기존의 게임과 다른 점은 바로 플랫폼 역할을 한다는 것이다. 플랫폼? 게임 내에서 유저들이 직접 게임을 만들어 판매할 수 있으며, 게임 내에서 다양한 장르의 게임을 즐길 수 있다는 것이다. 이뿐만 아니다. 로블록스 안에서 가상 공연도 열린다. '릴 나스 엑스', '스위티' 등 유명 가수들이 가상 공간에서 아바타의 모습으로 공연을 진행했다. 2020년 팬데믹 기간에 열린 릴 나스 엑스의 공연에서는 무려 3600만명이 접속했다고 한다. 우리는 이런 게임을 '메타버스'라고 표현한다. 4세 이상이면 누구나 플레이할 수 있는 로블록스 게임 이용자의 수는 계속해서 늘고 있다. 18세 이하 유저가 가장 많은 게임중 하나이며 최근 DAU는 7000만명에 달한다.

2023년 3분기 기준 13세 이상 가입자수가 59%를 차지했고 가입자 성장률도 20~30%대로 13세 이하의 10%보다 높다

↑ 전 세계를 무대로 다양한 메타버스 경험을 선사하는 로블록스

하루에 7000만명이 다녀가는 그런 맛집이 세상에 어디 있을까? 참고로 2023년 한해동안 뉴욕시를 방문한 누적 관광객수는 6100만명이다. 그냥 게임이 아니라 '플랫폼' 또는 '생태계', 정말 '로블록스 가상 세계'를 만들어가고 있다.

꾸준히 우상향 중인 혁신 기업

최근 발표한 3분기 실적에서 로블록스는 판매액(Booking) 8.4억달러를 기록하며 20% 성장했다. 이는 코로나가 한창이던 2020년의 실적보다 높은 수준이며 꾸준히 우상향 중이다. DAU는 위에서 언급했듯이 7000만명이며 사용시간도 20% 증가한 160억 시간을 기록했다. 다만 DAU 당 일평균 판매액은 11.96달러로 전년과 비슷한 수준을 보였다. 매출액 7억달러를 달성해 전년동기대비 37.8% 성장했다. 순이익단은 2.7억 손실이었지만 순현금흐름은 1.1억달러를 기록했다.

컨퍼런스 콜에서 주목할 점은 플랫폼 혁신을 이어가고 있으며 모든 연령과 지역에서 고루 성장하며 몰입형 광고, 유저간 커뮤니케이션, 아바타 업그레이드 등 회사의 핵심 가치를 개선시키기 위해 머티리얼 제너레이터(Material Generator)와 같은 인공지능 서비스를 개발하고 제공하고 있으며 몰입형 광고 플랫폼에도 열심히 투자 중이다.

향후 전망 및 애널리스트 의견

2024년 매출액은 39억달러로 14% 성장하리라 시장은 예상하고 있다. 인프라 및 보안 투자 그리고 연구개발비가 여전히 많이 쓰이고 있어 순이익단은 여전히 적자를 예상하지만 순수하게 주주에게 돌아갈 수 있는 잉여현금흐름(FCF)은 4억달러를 예상하고 있다. 로블록스의 수익성은 아직 만족할만한 수준은 아니지만 EBITDA 마진이 꾸준히 개선되고 있는 점은 높은 점수를 줄만하다. 전연령대의 이용자가 꾸준히 늘어나는 추세는 매우 좋은 성장지표라고 생각한다. 최근에는 대화형 AI 어시스턴트 도입으로 메타버스 플랫폼 진화가 가속화되는 모습이다. 이는 게임을 손쉽게 제작할 수 있게 되어 전문가가 아닌 일반 개발자가 많이 늘어나게 할 것이고, 그들이 더 많은 콘텐츠를 만들어 내면, 새로운 가입자가 더 늘어나는 선순환 구조가 되는 것이다. 또 향후 몰입형 광고 및 쇼핑 서비스 기능이 활성화 되면 실적 측면에서 좋은 모습을 기대한다. 애널리스트 평균 목표가는 50.6달러이며 Buy:Hold:Sell 비율은 68%:24%:9%로 매수 의견이 지배적이다.

↑ 로블록스에서는 '입양하세요' 가족게임, 팬텀포스, FPS 등 3대 인기장르로 꼽힌다.

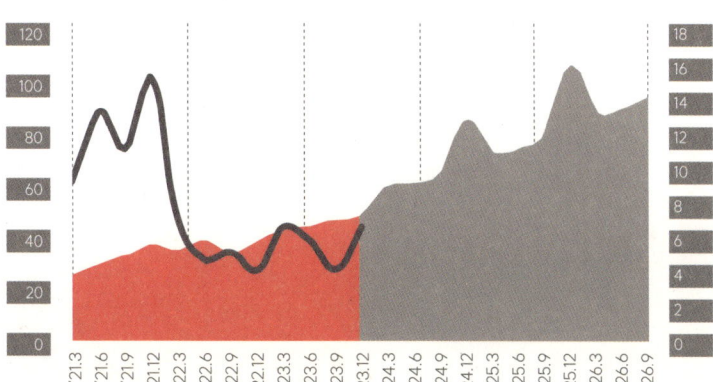

주가와 잉여현금흐름(FCF) 추이

자료 Bloomberg Professional Services   Tr 12M: 직전 12개월

05 레깅스계의 샤넬
룰루레몬 애슬레티카
lululemon

'요가복의 샤넬'로 불리는 룰루레몬. 1998년 캐나다 벤쿠버에서 시작한 이 회사는 세계 요가인들의 사랑을 받으며 2022년 매출 81억달러를 기록했다.

투자지표 5점 척도

룰루레몬은 다른 기업에 비해 역사가 길지 않지만 대부분의 영역에서 높은 점수를 받고 있다.

주식 정보 바로보기

Investment Point
- 브랜드 인지도 10% 미만 - 성장 초기
- 커뮤니티를 중심으로 충성고객을 조금씩 늘리는 전략 - 장기 성장 스토리
- 중국 본토 매장 이제 114개 (전체의 18%)

업종	스포츠의류
티커 심볼	LULU
시장 정보	나스닥(NASDAQ)
시가총액	577억달러
매출액	81억달러
영업이익	17억달러
순이익	8억달러
제품	팬츠, 타이즈 등 조깅, 요가복 스포츠웨어

(2023년9월 기준·직전 4개 분기 실적)

경험을 판매하는 기업

룰루레몬의 역사는 1998년 밴쿠버의 한 편집샵 '웨스트비치'에서 시작된다. 편집샵을 운영하던 창업자 윌슨은 그가 편집샵을 운영하며 사용했던 '3 Rule'에 따라 '요가가 새로운 트렌드의 시작이라는 것을 직감한다. 그는 기존의 요가복이 땀에 젖어 불편한 점을 개선하기 위해 서핑복을 활용한 땀 흡수가 잘 되는 '루온' 소재 요가복을 만들어 대박을 낸다. 이후 편집샵을 매각하고 2000년 밴쿠버에 첫 룰루레몬 매장을 오픈한다. 이후 2003년 미국 LA에 매장을 오픈하고 2007년 나스닥에 상장하게 된다. 2017년 기준 레깅스는 청바지 수입량을 추월했고 연평균 37%라는 놀라운 성장을 보였다. 룰루레몬은 단순히 운동복을 파는 기업이 아닌 '경험'을 파는 철학을 갖고 있다. 첫 매장 때부터 매장에서 요가 등 클래스를 여는 등 커뮤니티 활동을 중시했다. 나이키 등 대기업들의 관심 밖에 있던 요가와 여성 운동복 시장에서 놀라운 성과를 이뤄내 지금은 나이키, 아디다스에 이은 글로벌 3위의 스포츠의류 기업으로 성장했다. 사업부문은 오프라인 직영 매장 부

↑ 룰루레몬 요가매트

↑ 요가와 여성 운동복 시장에서 놀라운 성과를 이뤄낸 룰루레몬
출처 룰루레몬 홈페이지

문 45%와 고객에게 직접 배송하는 온라인 부문 46%로 크게 나뉜다. 나머지 9%는 라이센스를 보유한 도매상들이다. 직영매장의 수는 전 세계 655개가 있고 마케팅은 유명인을 고용하는 방식이 아닌 커뮤니티 활성 등 로컬 기반 프로모션을 주로 한다. 생산 벤더는 45개 보유 중이며 상위 5개 벤더가 전체의 절반 정도를 생산하고 있다. 원단 조달 거래처는 약 60개가 있고 이 역시 상위 5개 거래처가 절반 정도 공급하고 있다. 지역별로는 43%가 대만, 19%가 중국, 16%가 스리랑카에서 조달 중이다.

룰루레몬에서 제품을 구매하면 담아주는 재활용 가능 가방은 밴쿠버의 국민 장바구니일정도로 많이 찾아볼 수 있다

매출총이익률 전년동기대비 220bp 개선

2024년 3분기 실적은 전년동기대비 19% 성장한 22억달러 매출에 3억달러의 순이익을 달성했다. 순이익률은 13.8%로 전년동기와 동일한 수준이다. EPS와 순이익 기준 시장 컨센서스 대비 약 10% 초과 달성했다. 부문 별로 살펴보면 직영매장 매출이 9% 성장하고 디지털 온라인 매출이 고정환율 기준 19% 성장했다. 카테고리 별로 보면 여성의류가 19% 성장, 남성은 15% 성장, 악세사리는 29% 성장했다. 여성용 하의, 남성용 신규 라인업 그리고 가방 등이 잘 팔

린 것으로 보고했다. 지역별로는 북미가 12% 성장, 해외가 49% 성장했는데 특히 중국이 53% 성장했다. 또 회사가 컨콜에서 강조한 것은 소비자의 트래픽 증가다. 직영매장이 25% 증가, 온라인 채널이 20% 증가했다. 매출총이익률(GPM)이 전년동기대비 220bp 개선되었는데 이는 항공운송비의 하락에 기인한다.

향후 전망 및 애널리스트 의견

4분기 가이던스는 매출액 13~14% 성장, 매출총이익률(GPM)은 0.9~1.2% 개선될 것이라고 제시했다. 시장에서 예상하는 2025년 1월 말 결산 기준인 2025년 회계연도 예상 매출액은 109억달러로 13.5% 성장을 예상하고 있다. 그리고 순이익률은 16.4%로 17.8억달러를 예상하고 있다.

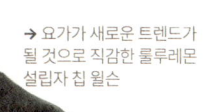
→ 요가가 새로운 트렌드가 될 것으로 직감한 룰루레몬 설립자 칩 윌슨

국내 스포츠웨어 시장 규모
7조 1305억원
- 2022 7조 1305억원
- 2021 6조 4537억원
- 2020 5조 9801억원

자료 한국섬유산업연합회

FCF는 13억달러 수준이다. 애널리스트 목표가 평균은 504달러로 Buy:Hold:Sell 비율이 70%:19%:11%로 매수 의견이 지배적이다. PER은 38배로 다소 높지만 성장률을 감안해서 봐야한다.

룰루레몬이 아주 크게 성공한 것 같지만 아직도 성장 잠재력은 크다고 CEO는 자평하고 있다. 아직도 북미에서의 브랜드 인지도는 13%에 불과하고 해외에서는 10% 미만이라는 것이다. 따라서 아직 회사는 성장 초기 국면에 있기때문에 향후 성장 가능성이 크다는 반증으로 해석한다.

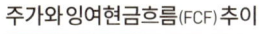

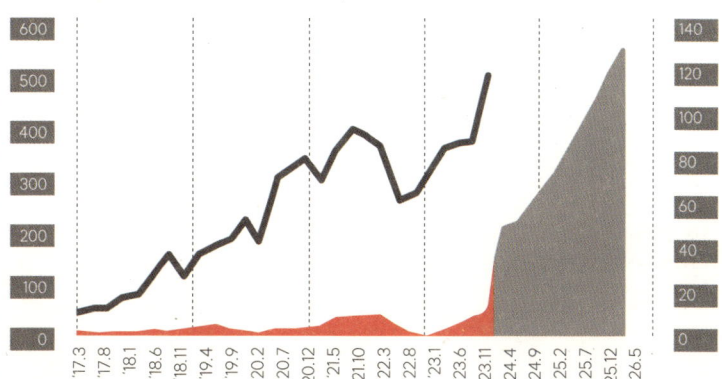

자료 Bloomberg Professional Services

Tr 12M : 직전 12개월

06 마이크로소프트 Microsoft
세계 최대의 컴퓨터 소프트웨어 다국적기업

투자지표 5점 척도

- 수익성
- 수익안정성
- 성장성
- ESG
- 주주환원

MS는 모든 면에서 완벽에 가까운 평가를 받고 있다.

현재 미국 상장기업 중 시총 2조 달러를 웃도는 기업은 마이크로소프트(3조490억달러)와 애플(2조8천180억달러), 엔비디아(2조2000억달러)가 유일하다.

Investment Point
- 年배당금 3달러로 인상
- 매년 자사주 매입도 지속
- 美증시 주주환원율 97%

업종	컴퓨터 소프트웨어
티커 심볼	MSFT
시장 정보	나스닥(NASDAQ)
시가총액	3조490억달러
매출액	2119억달러
영업이익	885억달러
순이익	723억달러
제품	Microsoft Windows, Microsoft Office, Microsoft Bing, Microsoft Surface, Microsoft Xbox 등

(2023년 9월 기준, 자사 4개 분기 합산)

인류 문명을 디지털 사회로 업그레이드 시키다

스티브잡스가 들으면 기분이 나쁠 수 있지만 어쨌든 데스크탑 윈도우 환경을 널리 보급해 1인 1PC 시대를 열어준 기업이다. 지금도 전 세계 데스크탑 컴퓨터의 74%가 동사의 Windows 운영 체제를 사용하고 있다. LinkedIn, Open AI 등 다양한 분야의 기업을 인수하여 포트폴리오를 다각화하고 있고 현재는 1)클라우드 및 인프라스트럭처, 2) 생산성 및 비즈니스 프로세스, 3) 퍼스널 컴퓨팅으로 크게 3가지 사업부로 운영 중이다. 생성형 AI 서비스인 Chat GPT 서비스를 대중화시켜 또한번 세상을 놀래키고 있는 MS는 진정 인류문명을 이롭게 만들고 있다.

사티아 나델라의 신의 한 수

마이크로소프트는 이미 오래전 '윈도우'라는 운영체를 기반으로 세계 최대 소프트웨어 회사로 성장했지만 기업가치(시가총액) 측면에서 가장 큰 성장을 보인 것은 2014년 사티아 나델라(Satya Nadella)가 부임한 이후이다. 그는 클라우드 컴퓨팅 사업의 성장 가능성을 보고 적극적인 사업전환을 통해 MS 역사상 가장 빛나는 성장을 이뤄냈다.

Microsoft Windows를 통해 현재 가정용 컴퓨터 세계최대점유율인 93%를 지배하고 있다

→ MS, 오피스 앱 합쳐 '마이크로소프트 365'로 제품명 변경

그는 애저(Azure), 윈도우 서버, SQL서버 등의 '클라우드 및 인프라스트럭처(C&I) 서비스를 집중 육성하였는데 특히 Azure의 점유율 추이를 살펴보면 2013년 1.5%에서 2023년 현재 23%까지 올라오며 아마존을 빠른속도로 따라잡고 있다. 2020년 10월 190억달러를 투자해 Open AI의 지분 10%를 인수했으며 현재 LLM 인공지능 분야에서 가장 주목받고 있는 회사로 성장하며 Chat GPT 서비스로 세상을 놀라게하고 있다. 이에 힘입어 MS는 2023년 3분기 Azure 매출이 506억달러로 전년동기대비 +46%의 성장을 보이며 가장 높은 분기 매출을 달성하였다.

안정적인 FCF와 만족스런 주주환원 정책

MS는 FY 2023년 기준 전년대비 소폭 감소한 594.7억달러의 FCF를 기록했는데 이는 CAPEX 지출이 시장 예상보다 소폭 증가했기 때문이다. 하지만 5년전인 2018년의 FCF 322억달러와 비교하면 거의 2배 수준에 가깝나. ROE는 38.8%로 최근 5년간 꾸준히 40% 수준을 유지하고 있다.

→ MS 주가 폭발에 사티아 나델라 마이크로소프트 CEO 경영 주목
자료 연합뉴스

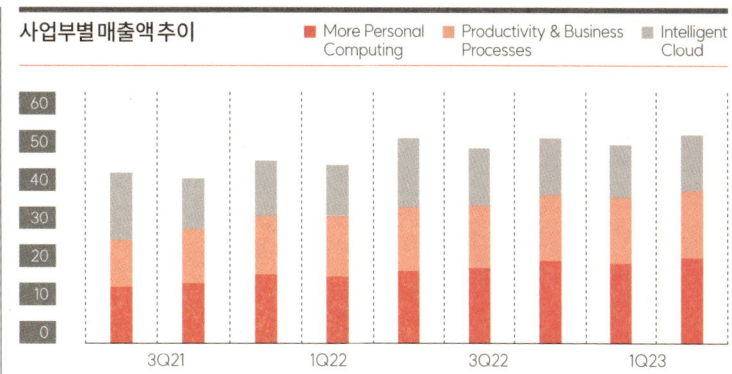

사업부별 매출액 추이
자료 Bloomberg, 하이투자증권 리서치본부

주주환원 정책을 살펴보면 지난 10월 실적발표에서 주당 0.75달러를 매분기 배당하겠다고 발표했다. FY 1Q 2024 EPS가 2.99달러였기 때문에 배당성향은 약 25% 수준이다. 그리고 자사주 매입은 2021년 9월부터 지속되고 있는데 최근 1분기는 36억달러를 사드렸다. FCF의 절반 수준을 주주환원에 활용하고 있는 셈이다.

애널리스트의 목표가와 향후 전망

2023년 12월 현재 애널리스트 평균 목표가는 463달러 수준이며 Buy : Hold : Sell 비중은 93%:8%:0%으로 미래전망이 밝다. Chat GPT에 대한 기대감이 주가에 반영되며 2023년 50% 수준 주가가 상승했고 12Fwd PER 멀티플이 32배 수준까지 올라왔다. MS는 인공지능이라는 엔진을 달고 클라우드 서비스인 Azure 점유율이 아마존의 벽을 넘어 1등을 할 수 있을지 그리고 그동안 뒤쳐졌던 검색 서비스 Bing, 웹브라우저 Edge의 열세에서 반전의 그림을 보여주는지가 관전 포인트가 될 것이다.

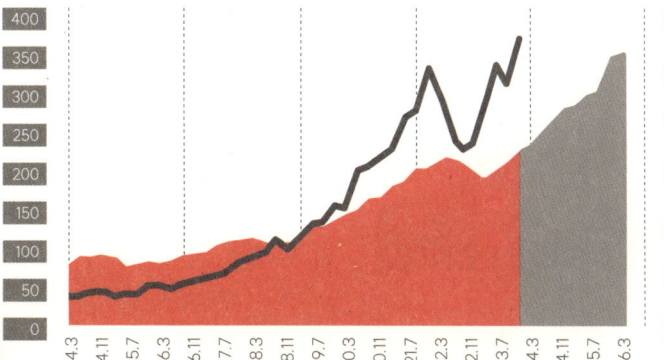

주가와 잉여현금흐름(FCF) 추이
자료 Bloomberg Professional Services
Tr 12M : 직전 12개월

07 머크 Merck & co, MRK
130년의 역사

최근 미국의 대표적 제약주인 머크가 기후변화에 따라 심혈관 질환 치료제를 중심으로 매출을 성장시킬 것이라는 전망을 내놓았다. 인류의 역사에 큰 영향을 미친 머크가 또 하나의 기적을 선사하진 않을까 기대가 되는 대목이다.

투자지표 5점 척도

머크는 성장성이 다소 낮게 평가되지만 수익성, 수익 안정성, 주주환원, ESG 측면에서 높은 점수를 받고 있다.

Investment Point
- 아직도 폭풍 성장 중인 키트루다
- 특허만료가 두렵지 않아
- 신약계의 제왕! 임상 3상 파이프라인 30개

업종	제약
티커 심볼	MRK
시장 정보	나스닥(NASDAQ)
시가총액	3280억달러
매출액	598억달러
영업이익	30억달러
순이익	3억달러
제품	키트루다, 가다실, 자누메트 등

(2023년 12월 4일자 장 마감 기준)

인류를 이롭게 한 위대한 기업

130년 역사, 머크(Merck)가 없었다면 우리는 아마 태어나지 못했을 것이다. 이게 무슨 뜻인가 의아하게 생각할 수 있지만 머크가 걸어온 길을 보면 동의할 수 밖에 없다. 1943년 2차 세계대전 당시 페니실린 항생제를 대량 생산해 수많은 군인들을 감염병으로부터 지켜냈으며 40년대 미국인 사망 원인 1위였던 결핵 환자의 수를 절반으로 줄였다. 1957년에는 어린이 백신, 1987년 고지혈증 치료제, 1996년 HIV 치료제, 2006년 자궁경부암 백신, 2형 당뇨병 치료제, 2014년 세계 최초의 면역항암제(키트루다), 2015년 회선사상충 백신 남미에 제공, 2019년 에볼라 백신, 2021년 코로나 백신 J&J와 공동 생산 등 개발을 통해 인류에 중요한 역할을 해오고 있다. 이에 각 언론사에서 선정하는 인류를 이롭게 한 위대한 기업에 자주 오른다. 역사에서 알 수 있듯 머크는 다양한 분야에서 의약품을 공급하고 있다. 현재 실적에 가장 큰 영향을 미치는 의약품은 2014년 출시한 최초의 면역항암제 키트루다 치료제다. 무려 16개 암종에 승인을 받고 치료제로 사용 중이며 총 30개 암종에 대하여 연구개발 진행 중이다. 정말 역사에 한 획을 그은 항암제를 만들어낸 것이다. 그뿐만 아니다. 난임 치료제 분야에서도 큰 획을 그었다. 1995년 세계 최초로 유전자 재조합 기술을 사용해 개발한 '고날-에프'를 출시해 약 400만명 이상의 아기 탄생에 기여했다. 게다가 최근 국내에서도 많은 관심을 받고 있는 성장호르몬 제제도 생산하고 있다.

2023년 회계연도는 1% 성장한 599억달러 매출과 35억달러 순이익을 예상한다

↑ 최근 로버트 데이비스 머크 최고경영자(CEO)는 PRA023에 대한 마지막 단계의 궤양성 대장염 연구를 시작할 것이라고 밝혔다.

이처럼 많은 신약들이 나올 수 있는 배경에는 매년 130억달러에 달하는 큰 규모의 자금을 연구개발비로 사용하고 있기 때문이다.

최근 실적 및 주목할 포인트 - 새로운 신약 파이프라인 확보의 해

최근 3분기 실적을 살펴보면 전년대비 6.7% 성장한 159.6억달러를 달성했다. 순이익은 49억달러로 30.9%의 마진을 기록했다. 분기 FCF는 68억달러 수준이다. 키트루다는 17% 성장한 63억달러를 기록했다. 자궁경부암백신인 가다실은 16% 성장한 26억달러를 기록했다. 코로나 치료제 라게브리오는 51% 성장해 6.4억달러를 달성했다. 이번 실적 발표에서 주목할 점은 1) 일본 다이찌산쿄와 ADC 공동개발을 진행하기로 계약했고 2) 키트루다 + 케모테라피 임상을 FDA가 승인했다는 것이다.

상반기 프로메테우스 바이오사언스 인수비와 하반기 다이찌산쿄 계약금(Upfront) 지불에 따른 일회성 비용 증가로 2023년 회계연도는 1% 성장한 599억달러 매출과 35억달러 순이익을 예상한다. 이는 전년대비 약 80%가 감소한 숫자다.

향후 전망 및 애널리스트 의견

실적측면에서 2024년 예상 매출 전망치는 634억달러로 전년대비 5.8% 성장을 예상하고 있다. 순이익은 214억달러로 33.8% 마진을 예상하며 이는 2년 전인 2021년 대비 24% 성장하는 것이다. 예상 잉여 현금 흐름(FCF)은 190억달러이다.

애널리스트 평균 목표가는 136달러이며 Buy:Hold:Sell 의견 비율은 83%:13%:4%로 매수 의견이 지배적이다. 최근에 발간된 바클레이즈 증권의 보고서에 따르면 1) 키트루다의 견고한(Solid) 성장과 2) 다이찌산쿄와의 계약에 따른 HER3-DXd, R-DXd, I-DXd 신약 가치 반영, 3) 소타터셉터의 예상 가격(~40만달러)이 기존에 들던 가격보다 2배 수준으로 높다는 점을 들어 향후 전망치를 상향 조정했다. '소타터셉터'는 폐동맥 고혈압 치료제로 지난 9월 Fierce Biotech이 선정한 2028년 가장 유망한 신약 후보 중 1위를 차지한 후보물질이며 현재 임상 3상을 진행 중이다. 머크의 최고 의료 책임자인 엘리아프 바 박사는 소타터셉트의 잠재력을 '키트루다 급'이라고 평가했다.

시장에서 가장 걱정하는 부분이 캐시카우 및 성장엔진 역할을 하는 키트루다의 2028년 특허 만료다. 하지

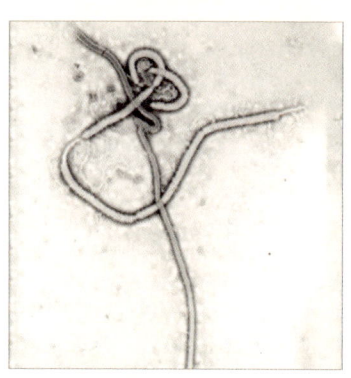

↑ 머크는 미국의 비영리 과학 연구기관인 IAVI 협력을 체결하고 rVSV-ZEBOV 기술 개발에 나섰다.
출처 머크

만 머크도 바보가 아닌 이상 가만히 있을 리가 없다. 병용요법, SC제형(피하주사) 등 다양한 방식으로 임상을 진행하고 있다. 특히 주목되는 임상이 키트루다+히알루로니다제 MK 3475이다. 여기서 중요한 포인트는 히알루로니다제가 새로운 물질로 규정되어 IRA 관련 약가인하 이슈에서 자유롭다는 것이다. 관련 임상 결과는 2024년 하반기에 나올 것으로 보인다.

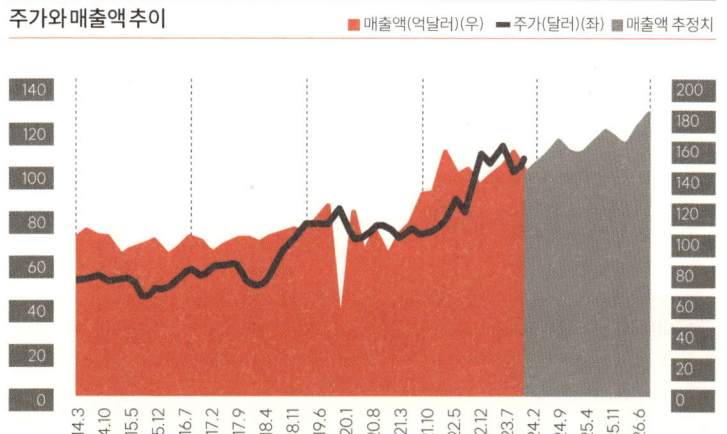

자료 Bloomberg Professional Services

08 메타 플랫폼스
31억명의 놀이터 SNS 공룡기업
Meta Platforms, Inc.

메타는 페이스북, 인스타그램 등 X(트위터)를 제외한 대부분의 SNS 플랫폼을 모두 수유한 SNS 공룡기업이다. 지난 2023년 3분기 실적에서 확인할 수 있듯이 매출의 98.5%가 SNS를 통한 광고 매출이다.

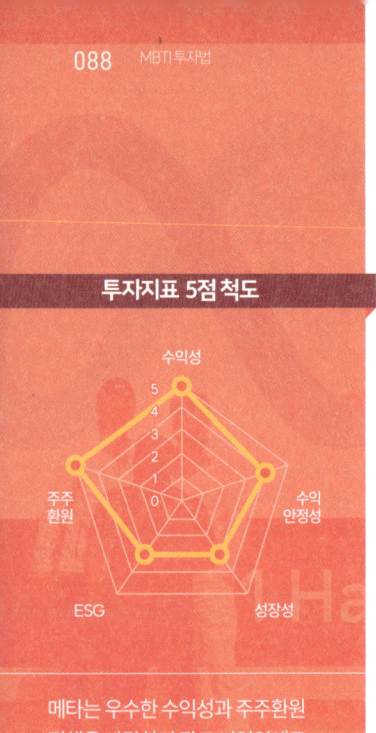

투자지표 5점 척도

메타는 우수한 수익성과 주주환원 정책을 자랑하며 광고 기업임에도 불구하고 높은 수준의 수익 안정성을 자랑한다.

주식 정보 바로보기

Investment Point
- 아직도 성장중인 SNS 공룡 기업
- 광고 실적에 주목하자
- 소송전에 주목하자

업종	IT 기업
티커 심볼	META
시장 정보	나스닥(NASDAQ)
시가총액	1조2339억달러
매출액	1349억달러
영업이익	502억달러
순이익	390억달러
제품	페이스북, 인스타그램, 메신저, WhatsApp, Oculus VR, 스레드 등

(2023년 3분기 연간 환산 기준)

사람들이 모이는 곳엔 '광고'

메타는 페이스북, 인스타그램 등 X(트위터)를 제외한 대부분의 SNS 플랫폼을 모두 수유한 SNS 공룡기업이다. 지난 2023년 3분기 실적에서 확인할 수 있듯이 매출의 98.5%가 SNS를 통한 광고 매출이다. 2004년 필립스엑시트 보딩스쿨의 인명부로 시작한 페이스북의 성공으로 저커버그는 SNS 앱의 왕좌에 오른다. 이를 바탕으로 '왓츠앱', '인스타그램'을 연달아 인수하면서 SNS 시장을 거의 장악한다. 유일한 경쟁 기업이었던 X가 머스크에게 인수되자 2023년 7월 이에 대적할 '스레드' 서비스를 런칭하였고 이에 1시간만에 가입자 100

멀티모달 베타가 적용된 레이밴 인공지능(AI) 글래스를 착용하고 몬타나에서 주말을 보냈다

← 메타는 최근 혼합현실(MR) 헤드셋 퀘스트 시리즈와 스마트글라스 등을 연이어 출시했다.

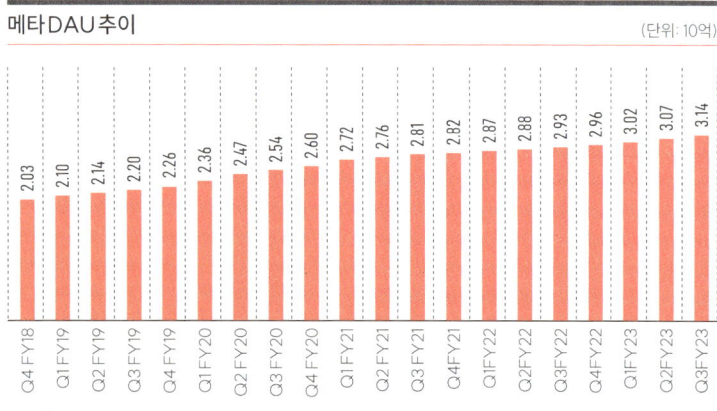

메타 DAU 추이 (단위: 10억)

분기	DAU
Q4 FY18	2.03
Q1 FY19	2.10
Q2 FY19	2.14
Q3 FY19	2.20
Q4 FY19	2.26
Q1 FY20	2.36
Q2 FY20	2.47
Q3 FY20	2.54
Q4 FY20	2.60
Q1 FY21	2.72
Q2 FY21	2.76
Q3 FY21	2.81
Q4 FY21	2.82
Q1 FY22	2.87
Q2 FY22	2.88
Q3 FY22	2.93
Q4 FY22	2.96
Q1 FY23	3.02
Q2 FY23	3.07
Q3 FY23	3.14

자료 메타

만명을 달성하며 세계 신기록을 경신했다. 메타의 SNS 플랫폼 DAU를 살펴보면 31억명에 달한다. 매일 31억명이 메타의 SNS에서 놀고 있다는 얘기다. 광고주들은 여기에 광고를 실을 수 밖에 없다.

실적은 광고 시장에 좌우된다

메타의 광고 지표는 매우 안정적이다. 매분기 발표되는 DAU의 숫자를 보면 꾸준히 증가하고 있다. 2018년 4분기 기준 20억명에서 2023년 3분기 기준 31억명으로 증가 추세를 보이고 있다. 2022년은 코로나 팬데믹으로 수혜를 봤던 2년간의 급성장에서 후퇴하는 모습을 보였다. 또한 미래 성장 산업인 메타버스를 담당하고 있는 '리얼리티 랩' 사업부의 구조조정 영향으로 EPS 기준 -26.5% 감소했다. 4분기만 남았지만 2023년 연간 순이익 추정치와 FCF는 각각 374억달러, 387억달러로 FCF가 전년 대비 2배 수준으로 증가하는 수치이다. 애널리스트의 2024년 예상 FCF는 420억달러로 약 9% 성장을 전망하고 있다. 이는 경기불황이 예상되는 가운데 매우 고무적인 숫자로 보인다.

메타의 애널리스트 전망치와 관전 포인트

12FW 목표가 평균은 518달러이며 Buy:Hold:Sell 비율은 87%:9%:4%으로 사자 의견이 지배적이다. 2023년은 턴어라운드의 해로 주가가 180% 상승했다.

위에서 언급했듯이 광고주의 경영환경이 가장 중요한데 2024년은 경기둔화가 예상되는 만큼 점유율 경쟁이 중요해 보인다. 우선 인스타그램의 DAU 변화, 인스턴트 메신저인 스냅챗과 왓츠앱의 경쟁, X와 스레드의 경쟁 등 메타가 치러야 할 매치가 많다.

그리고 적자 사업부지만 메타의 미래 성장 엔진이 될 '리얼리티 랩'의 오큘러스 퀘스트3의 판매량에 주목해야 한다. 2024년 애플의 비전프로의 출시가 시장 규모를 키워주는 재료가 될지 퀘스트3의 판매량에 타격을 줄지 귀추가 주목된다. 퀘스트3가 가격 경쟁력을 등에 업고 큰 성장을 보일 것으로 기대한다. 하지만 아직은 메타의 실적에 큰 기여를 하기에는 아주 미미한 수준이다.

리스크 요인 점검

첫째, 2024년 경기둔화에 따른 광고 시장 위축 우려와 2022년 FTC가 제기한 반독점 소송의 건이다. 두 요인은 메타의 광고 매출에 타격을 줄 수 있기 때문에 조심스럽게 지켜봐야 한다. 엎친데 덮친격으로 2023년 10월 청소년들이 인스타그램에 중독되도록 알고리즘을 설계했다는 이유로 집단소송을 당했다. 이는 향후 체류 시간 등의 광고지표가 둔화될 수 있어 우려된다.

둘째, 새롭게 출시한 스레드의 초기 기록은 매우 성공적이었지만 노이즈가 많다. X와의 경쟁에서 승리하기 위해 마케팅 비용증가로 이어질 수 있기 때문이다.

셋째, 무리한 신사업 진행이다. 2021년 출시한 메타버스 플랫폼 '호라이즌'은 투자비 대비 매우 실망스런 퍼포먼스를 보여주고 있는 상황인데 2023년 저커버그는 모든 서비스에 AI를 도입하고 주력 사업을 육성하겠다고 천명했다. 이는 또 다시 무리한 AI 투자로 이어질 우려가 있어 시장에서는 걱정스러운 시선을 보내고 있다.

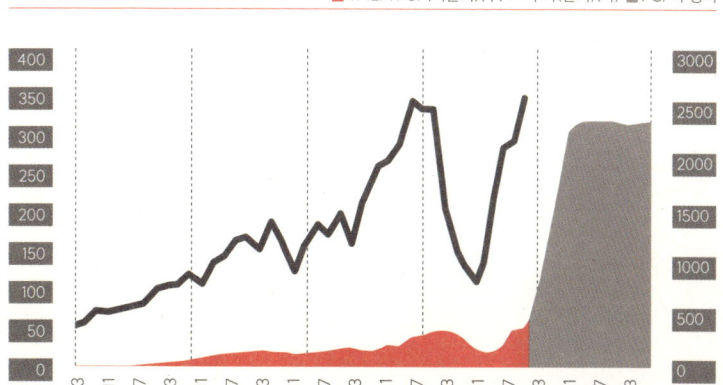

주가와 잉여현금흐름(FCF) 추이

자료 Bloomberg Professional Services   Tr 12M : 직전 12개월

09 미국 산업의 100년 미래
버크셔 해서웨이
Berkshire Hathaway Inc

1939년 뉴잉글랜드 지방의 섬유업체로 설립되어 면방직업으로 운영되었던 회사였다. 워런 버핏은 이 회사의 지분을 계속 사들인 뒤 1962년 경영권을 확보하고 1970년대 지주회사 체제로 전환하며 보험업을 시작했고 지금의 모습에 이른다.

투자지표 5점 척도

버크셔 해서웨이는 지주 기업 특성상 보통 수준의 수익성과 수익 안정성을 보이고 있다.

주식 정보 바로보기

↓ 전기카트를 타고 연례 보고 행사장으로 들어가는 버핏과 멍거

Investment Point
- 워런 버핏과 한 배를 타자
- 연평균 20% 역대 수익률
- 버크셔 해서웨이를 보면 미국 산업이 보인다

업종	소비재 대기업
티커 심볼	BRK.B
시장 정보	나스닥(NASDAQ)
시가총액	3644억달러
매출액	3492억달러
영업이익	481억달러
순이익	962억달러
제품	GEICO, Berkshire Hathaway Primary Group, Berkshire Hathaway Reinsurance Group, McLane Company 등

(2023년 말 기준 직전 4개 분기 실적)

또 다른 기회의 확신

2023년 3분기 보고서에 따르면 보험 및 기타 사업부의 자산은 7625억달러이고 철도, 유틸리티, 에너지 사업부는 2573억달러의 자산으로 구성되어 총 1조 달러 규모의 그룹이다. 시장에서 가장 관심 받고 있는 투자 부문은 보험 및 기타 사업부에 속하며 주식 관련 투자 자산 규모가 3186억달러이다. 이는 원화가치로 환산하면 약 414조원에 달한다. 미국채 등 채권 관련 자산만 1264억달러를 보유하고 있고 현금성 자산은 255억달러를 보유 중이다. 소위 아주 아주 큰 손이기 때문에 그가 어떻게 생각하고 움직일지 예측해서 그 주식을 산다면 큰 수익을 낼 수 있지 않을까? 하는 생각을 하는 것 같다. 그렇기 때문에 주식 시장 참가자들은 워런 버핏의 투자 방향에 대해 관심을 갖고 매년 5월 첫째주 토요일 열리는 주주총회에 참석하려고 한다. 나머지 한 축인 철도, 유틸리티, 에너지 사업부에서는 유형자산 규모가 1734억달러에 달한다. 원화로 225조원 수준이다.

버크셔 해서웨이의 1분기 포트폴리오

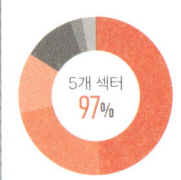

5개 섹터 97%

- 49.3% IT
- 22.3% 금융
- 12.3% 소비재
- 10.7% 에너지
- 2.6% 커뮤니케이션
- 2.8% 기타

자료 삼성증권

2023년 3분기 재무상태표를 살펴보면

현금성 자산 255억달러, 채권 등 단기채권 1264억달러를 보유하고 있다. 그리고 주식 투자 자산을 3186억달러 보유중인데 약 78%를 5종목에 투자하고 있으며 애플 1568억달러, BOA 283억달러, 아메리칸 익스프레스 226억달러, 코카콜라 224억달러, 셰브론 186억달러로 평가되고 있다. 2023년 2분기 재무상태표의 주식 투자 3534억달러에 비하면 주식 가치가 9% 정도 감소한 것으로 보인다. 이는 증시 하락이 그 원인으로 파악된다. 단기채 투자 자산이 작년말 927억달러에서 2분기 973억달러 3분기 1264억달러로 올라 온 거 보면 연초 주총에서 언급했듯이 보수적인 운용을 한 것으로 보인다. 참고로 작년 말 주식 투자 평가액은 3088억달러이다.

버핏과 멍거는 무슨 이야기를 했을까?

철도 회사인 BNSF는 2023년 1분기 전년대비 매출이 감소하며 수요 위축이 시작됐다는 사실을 알려줬다. 버핏 역시 계열사로 부터 작년보다 올해 실적이 안좋을 것 같다는 내용을 주주들에게 전해 줬다. 특히 소비재 물동량이 16.4% 감소했고 산업재 3.7% 감소 등 모든 영역에서 물동량 감소가 보였다.
에너지와 주택 부문을 보유한 BHE 사업부는 천연가스 파이프라인 부문만 이익이 늘었고 부동산 중개부문은 적자로 전환했다. 유틸리티와 에너지 부문도 50% 수준의 둔화를 보였다. 이렇게 자회사들의 실적을 통해 버핏은 실물 경기의 상황을 부정적으로 보고 있었던 이유다.

지난 1분기 기준으로 현금성 자산을 1300억달러 보유하고 있었는데 버핏은 'Cash is not trash'라고 언급했다. AI에 대해서는 사람의 유전자를 대체할 AI는 나오기 어려울 것이라며 부정적 영향에 유의해야 한다고 주의를 줬다. AI가 가치투자를 대체할지 모른다는 질문에 다른 사람이 나쁜 결정을 내릴 때 가치 투자자들에게 기회가 오는데 항상 사람은 명청한 짓을 많이 한다고 비꼬았다. 전기차 대중화에 대한 자동차 산업의 영향에 대한 질문에 대해 애플은 5~10년 후 어디에 있을지 상상이 가

> '현명한투자자' 책의 아마존 순위가 350위로 너무 낮다. 그 책에 나올 수 있는 기업이 되고 싶다
> - 워런 버핏의 인터뷰 중에서

지만 자동차 회사들은 5~10년 뒤 어떻게 될지는 잘 모르겠다며 부정적인 시각을 보였다. 일론 머스크에 대한 질문에는 그와 경쟁하고 싶지 않고 그렇게 실패를 많이 하길 원하지 않는다고 언급했다. 애플의 비중이 지나치게 높은 것 아니냐는 질문에 애플은 버크셔의 핵심 기업이며 사람들은 두번째 차를 사는 걸 포기하고 아이폰을 살 것이라고 언급했다.

향후 전망 및 애널리스트 의견

사실 버크셔 해서웨이를 커버하는 애널리스트는 5명도 되지 않는다. 수많은 계열사를 갖고 있지만 주가 흐름에 영향을 주는 것은 투자 포트폴리오이기 때문이다. 따라서 전망을 하는 것이 불가능한 주식이라고 판단되며 버핏의 투자 포트폴리오와 한 배를 탈지 말지를 정하면 될 것으로 보인다. 즉 13F 보고서 및 Form 10-Q 분기보고서를 통해 투자 포트폴리오와 계열사의 실적 현황을 살펴 가며 결정하면 된다.

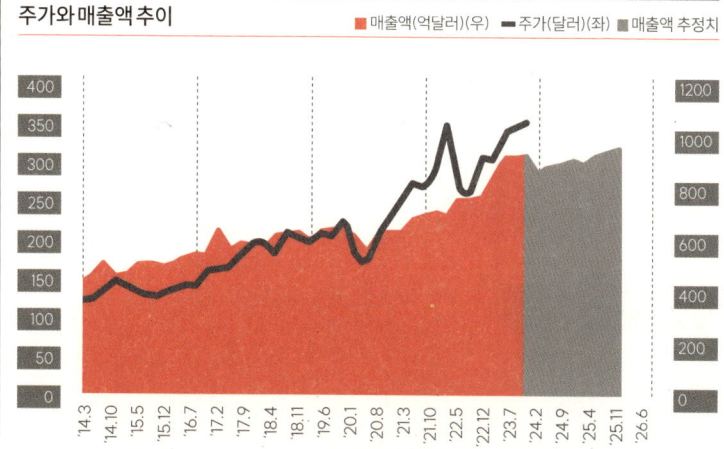

주가와 매출액 추이

자료 Bloomberg Professional Services

10 업계 1위의 강세
부킹 홀딩스 Booking Holdings Inc

여행 경기 회복의 혜택을 가장 많이 누리고 있는 부킹홀딩스의 주가가 2024년에도 고공행진을 이어갈 지 관심이 쏠리는 가운데 UBS는 월가 최고 목표주가인 4000달러를 제시하고 있다. 업계 1위 부킹홀딩스의 지속적인 강세는 여행 예약업계의 밝은 미래에 대한 힌트일 수 있다.

투자지표 5점 척도

부킹 홀딩스는 성장성과 ESG 점수 측면에서 다소 부족해 보이지만 높은 수준의 수익성과 안정성 그리고 주주환원 기업이다.

Investment Point
- 압도적 1위 OTA 기업
- 원스탑 올인원 여행 플랫폼 세계
- 인간은 여행 없이 살 수 없어

업종	소여가 및 오락시설
티커 심볼	BKNG
시장 정보	나스닥(NASDAQ)
시가총액	1188억달러
매출액	213억달러
영업이익	58억달러
순이익	42억달러
제품	아고다, 부킹닷컴 B.V., 프라이스라인닷컴, 카약, 오픈테이블 등

(2023년 말 기준, 직전 4개 분기 실적)

원스탑 여행 왕국, 부킹 홀딩스

1997년 역경매 온라인 예약 사이트인 '프라이스라인'을 출시해 대박을 냈다. 불과 2년 뒤인 1999년 나스닥 시장에 상장했고 2001년 흑자전환에 성공한다. 이후 공격적인 볼트온(Bolt-On) 전략이 시작된다. 2005년 유럽 내 인지도가 높았던 네덜란드 OTA 기업 '부킹닷컴'을 인수한다. 2007년 아시아 OTA 시장 강자 '아고다' 인수, 2010년 자동차 렌탈 1위 사업자 렌탈가즈닷컴을 보유한 '트래블직소' 인수, 2013년 여행 메타검색엔진 '카약'을 인수, 2014년 레스토랑 예약 사이트 '오픈테이블' 인수, 2018년 호텔 메타검색엔진 '호텔스컴바인' 및 현지투어 예약사이트 '페어하버'를 인수했다.

호텔 이름은 2014년 프라이스라인그룹에서 2018년 부킹홀딩스로 변경한다. 주요사업은 예약 대행 에이전시 사업과 결제수수료를 받는 머천트 사업 그리고 자사 플랫폼의 배너 광고를 통한 광고 매출로 나뉜다. 최근 실적 기준으로 보면 머천트 사업부가 54%로 가장 많고 에이전시 매출이 43%로 그 뒤를 따르고 있다. 광고 및 기타 부분은 3,6%의 비중을 보여주고 있다. 부킹홀딩스는 사업 특성상 온라인 광고비를 많이 쓰고 있다. 분기매출의 약 27% 수준을 집행하고 있으며 총 영업비에서 절반 수

세계 최대 온라인 여행 예약 서비스 업체(OTA) 부킹홀딩스의 주가가 지난 12월 15일 주당 3495달러로 치솟아 사상 최고치를 경신했다

↑ 부킹 홀딩스는 부킹닷컴, 아고다, 프라이스라인 등 호텔·항공·렌터카·식당을 예약할 수 있는 다양한 온라인 여행사(OTA) 플랫폼을 운영하고 있다.

↑ 부킹홀딩스 주요 브랜드

코로나 이전으로 회귀, 보복 수요는 언제까지?

지난 3분기 실적을 살펴보면 매출액은 전년동기대비 21% 성장한 73.4억달러 매출, 33억달러의 EBITDA, 순이익은 25.6억달러를 달성해 35%의 순이익률을 기록했다.

이는 컨센서스 매출 72.7억달러 대비 높은 숫자였다. EBITDA 및 EPS도 컨센서스를 각각 2.4%, 6.6% 초과하는 수치였다. 숙박건수는 2.76억건으로 전년동기대비 15% 증가한 수치였고 코로나 이전인 2019년과 비교해도 24% 증가한 숫자이다. 전지역에서 골고루 코로나 팬데믹 이전 수준을 회복했다. 참고로 코로나 이전 수치로 회복한 시점은 2022년 2분기부터다. 사업부문별 실적을 살펴보면 예약 대행 에이전시 매출은 31.3억달러로 전년동기대비 소폭 감소했지만 결제수수료 파트인 머천트 매출은 39.4억달러로 50% 성장했다.

이에 2023년 가이던스를 20% 초반대에서 20% 중반대의 매출 성장률로 수정했다.

향후 전망 및 애널리스트 의견

2023년 10월 회사 가이던스가 하향 조정되었는데 이는 이스라엘과 하마스간 전쟁으로 약 1%의 숙박건수가 영향을 받을 것으로 판단했다. 따라서 차기분기 숙박건수 성장률은 9% 정도로 하향 조정했다. 2024년 연간 가이던스가 아직 발표되지 않았지만 2024년 시장 예상 매출액은 236억달러 매출로 11%의 성장을 전망하고 있으며 순이익 마진은 59억달러를 예상해 25%의 순이익률을 전망하고 있다. FCF는 69.5억달러에 달한다. 애널리스트 평균 목표가는 3947달러이며 Buy:Hold:Sell 비중은 65%:35%:0로 매수 의견이 지배적이다. 2024년 경기둔화 중동발 지정학적 우려에도 불구하고 최근에 발간된 애널리스트의 보고서 대부분은 매수와 강력매수 의견이 다수 보

인다. 그 이유는 압도적인 1위 기업에 대한 프리미엄이라고 생각한다. 에어비앤비와 유사한 빌라, 아파트 등 대체숙소에 대한 대응까지 경영진의 탁월한 전략은 향후 부킹홀딩스 매출을 지속적으로 안정화 시킬 것으로 전망하기 때문이다.

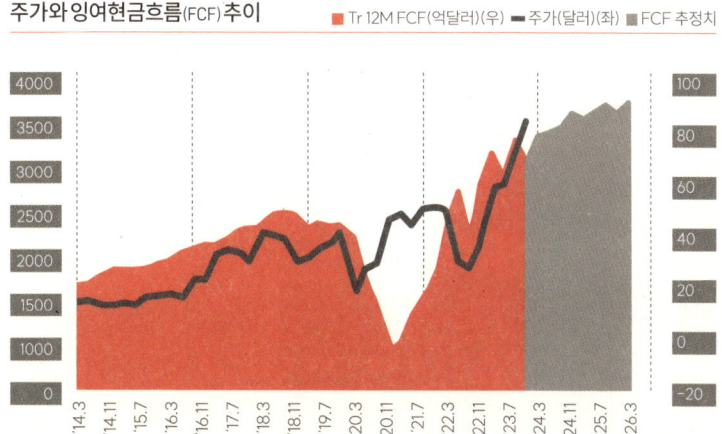

자료 Bloomberg Professional Services

Tr 12M : 직전 12개월

11 브로드컴 Broadcom Inc
합병 이후 상승세 가속화

브로드컴은 최근 클라우드 시장 대응을 위해 690억달러에 VMware를 인수했다. 1998년에 설립된 VMware는 미국의 클라우드 컴퓨팅 및 가상화 소프트웨어 회사로서 멀티 클라우드 환경에서 애플리케이션을 일관되게 관리할 수 있도록 지원한다.

투자지표 5점 척도

브로드컴은 우수한 수익성과 수익 안정성 그리고 주주환원 점수를 자랑한다.

Investment Point
- 안정적인 매출 성장
- 70%대의 GPM
- 9년 배당성장률 CAGR 35%

업종	반도체
티커 심볼	AVGO
시장 정보	나스닥(NASDAQ)
시가총액	6068억달러
매출액	358억달러
영업이익	165억달러
순이익	140억달러
제품	메인프레임 컴퓨터 및 클라우드 관리, 최적화 및 보안 소프트웨어

(2023년 4분기 잠정 실적)

합병 후 VMware의 예상 매출 120억달러

통신용 반도체 및 소프트웨어 개발 업체로 휴대폰 디바이스, 셋톱박스, 와이파이 공유기, 블루투스, IoT 등 하이퍼스케일러 및 IT 제조업체를 위해 OEM 방식으로 IC를 설계하고 생산해서 공급하는 기업이다. 생산은 TSMC와 같은 파운드리 업체에 위탁생산하기 때문에 GPM이 70%대를 유지하고 있으며 최근 하이퍼스케일러의 AI 투자 확대로 관련 통신칩의 수요가 빠르게 늘어나고 있다. 클라우드 시장 대응을 위해 최근 690억달러에 VMware를 인수했으며 2023년 11월 합병승인이 나와 2024년 회계연도에는 실적이 크게 증가하는 모습을 보여줄 것이다.

이렇게 안정적인 매출 성장기업 있으면 나와!

2023년 4분기(10월 결산 기업) 실적을 살펴보면 93억달러로 전년동기대비 4.1% 개선하며 가이던스를 충족했다. 반도체 솔루션 사업부는 전년동기대비 3% 증가한 73억달러 매출, 소프트웨어 사업부는 7% 성장하며 20억달러를 기록했다. 전반적으로 보면 소프트웨어 사업부가 견조한 가운데 반도체 사업부의 업황 둔화가 지속되는 가운데 하이퍼스케일러의 강한 수요를 보여주고 있다. 생성형 AI 매출은 이더넷 솔루션과 커스텀화된 AI 엑셀레이터 수요에 의해 크게 성장해 15억달러를 달성해 반도체 부문의 20%를 차지했다. 2023년 연간 실적기준으로 살펴보

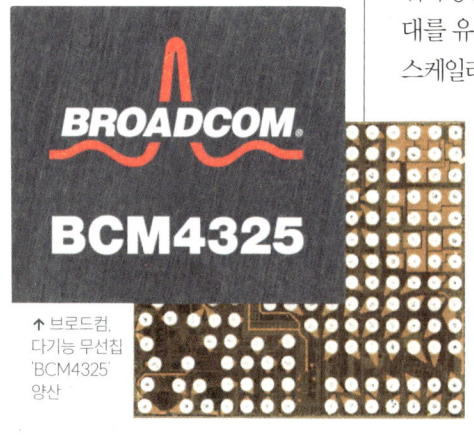

↑ 브로드컴, 다기능 무선칩 'BCM4325' 양산

면 358억달러로 사상 최고치를 달성했으며 전년대비 8% 성장했다. 지난 3년간 반도체 부문은 M&A 영향을 제외한 오가닉한 성장으로 CAGR 18% 달성했다. 영업이익은 9% 성장한 167억달러를 달성했다. FCF는 8% 성장해 176억달러를 기록했다. 135억달러를 배당과 자사주 매입소각을 통한 주주환원으로 사용했다. 이번 실적 발표 컨콜에서 우리가 주목할 점은 첫째, VMware의 합병승

브로드컴은 사용자가 어떤 기기에서든 데스크톱 및 애플리케이션에 액세스할수있는 비즈니스를 KKR에게 38억달러에 매각하는 거래를 마무리 단계에 있다

인으로 2024년 클라우드 시장에서의 VMware의 활약으로 2024년에 500억달러의 매출 가이던스를 제시했으며 이중 120억달러를 VMware가 기여할 것으로 전망했다. 소프트웨어 사업부 전체 매출은 200억달러인데 40%까지 비중이 늘어나게 될 전망이다. 따라서 반도체 : 소프트웨어 비중이 8 대 2에서 6 대 4로 변하게 된다.

둘째, 반도체 사업부에서 절반을 차지하는 네트워크 사업

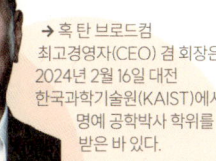

→ 혹 탄 브로드컴 최고경영자(CEO) 겸 회장은 2024년 2월 16일 대전 한국과학기술원(KAIST)에서 명예 공학박사 학위를 받은 바 있다.

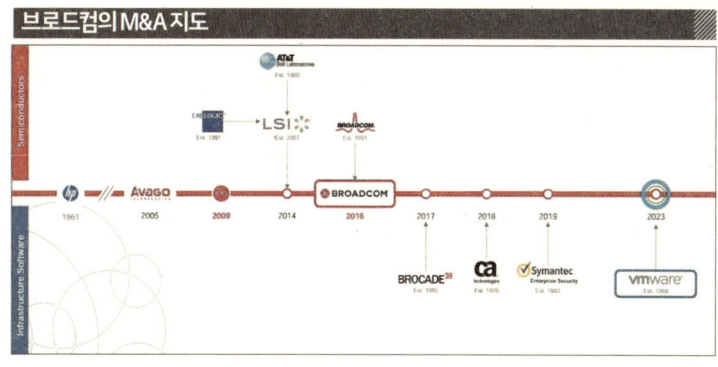

브로드컴의 M&A 지도

자료 브로드컴

부는 30% 성장해 140억달러를 전망하고 있다. 이는 하이퍼스케일러의 AI 엑셀러레이터 확장에 따른 통신칩 및 기타 솔루션의 증가 때문이다. 머리가 커지면 몸집도 함께 커져야 하듯 컴퓨팅 칩이 성장할 수록 주변 부품도 비슷한 수준으로 성장을 해줘야 한다.

2024년 애널리스트 추정치

애널리스트 역시 2024년 매출액을 500억달러로 전망하고 약 40% 성장을 내다보고 있다. 순이익 컨센서스는 224억달러, FCF는 233억달러

이다.

애널리스트의 12개월 평균 목표가는 1506달러로 Buy:Hold:Sell 비중을 살펴보면 77%:20%:3%로 매수 의견이 지배적이다. 2023년 현재 100% 넘게 주가가 올랐음에도 12 Forward PER은 24배 수준이다. 내년 VMware 인수 효과로 실적이 크게 올라오는 것이 반영되어 있기 때문이며 안정적인 매출 성장기업이라 멀티플이 높게 평가되는 경향이 있다.

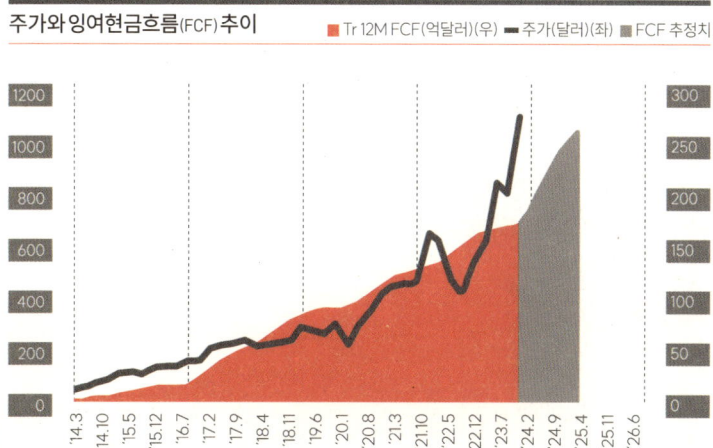

주가와 잉여현금흐름(FCF) 추이

자료 Bloomberg Professional Services

Tr 12M : 직전 12개월

12 비접촉 전자결제 시장으로의 변화
비자 Visa Inc

비자는 1958년 미국 최초의 신용카드 서비스를 시작했다. 처음에는 '뱅크아메리카드'라는 이름으로 시작했으나 1974년 시작된 국제 서비스를 하면서 발음하기 쉬운 '비자'(VISA)로 변경했다.

투자지표 5점 척도

비자는 ESG를 제외한 대부분의 영역에서 우수한 점수를 받고 있다.

Investment Point
- 카드사라고 우습게 보지마라
- 아직도 매년 10%씩 성장중인 1등 기업
- 금융계의 애플 같은 주식

업종	온라인 서비스
티커 심볼	V
시장 정보	나스닥(NASDAQ)
시가총액	5697억달러
매출액	333억달러
영업이익	225억달러
순이익	177억달러
제품	신용카드, 비자 일렉트론, 체크카드, 국제 ATM 네트워크(PLUS), Visa tap to pay 등

(2023년말 기준 작년 4분기 실적)

혹시, VISA 광고를 보셨나요?

비자의 광고를 보면 비자가 지향하는 모습이 어떤 모습인지 잘 나와있다. 실제 그 어떤 크레딧 카드보다 전 세계에서 제한 받지 않고 편하게 결제할 수 있는, 가장 많은 가맹점을 보유한 기업이다. 2008년 주식 시장에 상장했는데 당시 기준으로는 역사상 가장 큰 IPO였다. 비자는 세상에서 가장 안전하고 혁신적인 지불 결제 네트워크 및 서비스를 제공하는 것이 사업의 주된 목표이다. 여기서 이해관계자인 물건과 서비스를 파는 자와 은행 등의 카드 발행사 그리고 카드 소유자에게 편리함을 제공하는 것이 핵심 사업가치이다. 매출 구성을 살펴보면 ①금융기관에 대한 '서비스 매출'과 ②결제 정보에 대한 '데이터 프로세싱' 매출, ③인터내셔널 트랜잭션 즉, 국제 거래 과정에서 발생하는 매출, 그리고 끝으로 기타매출로는 브랜드 사용료 및 라이센스 등을 들 수 있다. 비자의 거래액 10.9조달러 수준으로 압도적인 1위를 차지하고 있다. 그리고 플랫폼 서비스 기업답게 60% 이상의 높은 마진율을 보이고 있다.

최근 실적 및 주목할 점

9월 말 결산법인으로 2023년 4분기 실적을 살펴보면 ①서비스 매출 전체

비자는 2만 1000여개의 금융기관들이 합작하여 만든 글로벌 벤처기업으로, 마스터카드보다 앞서 창업되었다.

↑ 2024년 3월 11일, 비자(Visa)는 요르단에 본사를 둔 핀테크 기업 누마(Numa)와 파트너십을 맺고 사우디아라비아 진출에 나섰다.

가 12% 성장한 38억달러를 기록했고, ②데이터 처리 수익이 13% 증가한 42.5억달러 ③국제거래 수수료가 31.7억달러를 기록했다. ④기타 수익 역시 35%의 성장을 보였다. 끝으로 ⑤고객 인센티브는 20% 증가한 34억달러를 기록했다. 고객 인센티브를 제외한 순매출은 11% 성장한 86억달러를 기록했다. 이에 순이익은 19% 증가한 47억달러를 기록했다.

4분기 기준 거래액을 조금 더 살펴보면 미국 전체적으로 1.6조달러, 해외가 1.6조달러로 전체 3.2조달러를 기록했다. 신용카드는 미국과 해외가 각각 7670억달러, 8300억달러로 총 1.6조 달러를 기록했으며, 직불카드는 각각 8억달러를 기록해 전체 직불 규모가 16달러를 기록했다. 2023년 4분기까지도 보복수요에 의한 카드 사용액이 크게 증가하는 모습을 보인 것으로 판단된다. 연간으로는 순매출 326억달러로 전년대비 11.4% 성장했으며, 순이익은 181억달러로 55.6%의 순이익률을 기록했다. 잉여현금흐름 FCF는 197억달러에 달한다.

향후 전망 및 애널리스트 의견

2024년 9월 말 결산 기준 예상 순매출은 359억달러로 10% 성장을 전망하고 있다. 순이익은 200억달러로 마진율 56% 수준을 전망하고 있다. FCF 전망치는 202억달러다. ROE는 50%를 돌파할 것으로 기대하고 있다.

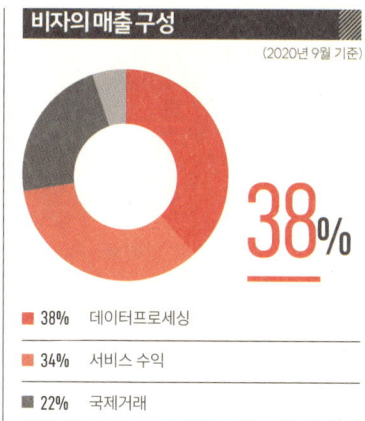

애널리스트의 평균 목표가는 303달러이며 Buy:Hold:Sell 의견 비율은 85%:15%:0%로 매수 의견이 지배적

이다. 최근에 발간된 보고서를 살펴보면 해외 및 미국 결제액 성장률을 각각 1%p씩 하향하여 8%와 6%로 하향 조정했으나 비자의 순매출 성장률은 10%로 유지하며 컨센서스 수준을 유지했다. 이는 글로벌 결제 시장이 카드 및 비접촉 전자결제 시장으로 변화하는 과정 속에서 과점 사업자인 비자가 수혜를 볼 것으로 판단하고 있기 때문이다.

두 자리수의 탑라인 성장률과 70% 중반대의 높은 영업이익률, 그리고 낮은 CAPEX 부담으로 200억달러에 달하는 FCF는 주주들에게 아주 훌륭한 실적을 가져다 주는 우수한 기업으로 판단된다.

↑ 전 세계 국제 신용 결제의 60% 가량을 점유하고 있는 세계 최대 규모의 EFT(전산이체) 네트워크 기업이다.

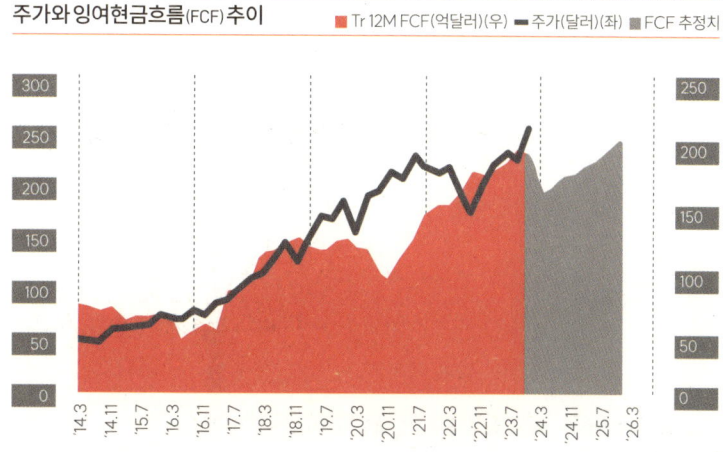

13 시장 점유 1위 기업
세일즈포스닷컴
Salesforce.com, Inc

세일즈포스는 스페인 바르셀로나에서 열리는 '모바일월드콩그레스(MWC) 2024'에서 AI 기반의 통신 서비스 경험 향상을 위한 커뮤니케이션 클라우드의 신기능, '청구 조회 관리자'를 공개했다고 지난 2월 28일 밝혔다.

투자지표 5점 척도

세일즈포스닷컴은 놀라운 성장성과 우수한 수익 안정성을 확보한 기업이다. 주주환원 정책과 ESG는 아직 부족하다.

주식정보 바로보기

Investment Point
- CRM 클라우드 서비스 1위
- 오라클을 이긴 기업
- 시장 점유율 60%

업종	클라우드 컴퓨팅 및 컨설팅
티커 심볼	CRM
시장 정보	나스닥(NASDAQ)
시가총액	2899억달러
매출액	348억달러
영업이익	59억달러
순이익	41억달러
제품	Sales Cloud, Service Cloud, Platform, Commerce Cloud, Community Cloud

(2023년 기준 4분기 기준)

▶ 시장 점유율 60%, 1위 기업

회사의 티커에서 알 수 있듯이 이 회사는 기업의 CRM 관리를 위한 소프트웨어를 제공하는 기업이다. 1999년 오라클 출신 마크 베니오프가 오라클 창업자 래리 엘리슨의 투자를 받아 설립한 미국의 SaaS 기업으로 CRM 소프트웨어를 클라우드 형식으로 제공하고 있다. 주요 경쟁사로는 오라클과 마이크로소프트 등이 있으며 CRM 분야에서는 2023년 1분기 기준 시장 점유율 60%로 1위를 차지하고 있다. 회사 내부적으로도 매출액 기준 세계 3위 기업 소프트웨어 회사로, 1위 AI CRM, 1위 기업 앱 개발 회사로 자평하고 있다.

매출액 구성을 살펴보면 93%의 구독 및 서포트 부문과 7%의 전문서비스 부문으로 나뉜다. 구독 및 서포트 부문을 세부적으로 살펴보면 세일즈 클라우드 22%, 서비스 클라우드 24%, 마케팅 & 커머스 클라우드 14%, 플랫폼 및 기타 19%, 데이터 클라우드 14%로 나뉜다.

'디지털 전환' 올라탄 세일즈포스닷컴 시장 수익 초과

1월 결산법인으로 최근 10월 말 발표한 실적은 회계연도 2024년 3분기 실적이었으며 매출액 87억달러로 전년동기대비 11% 증가, 매출총이익률

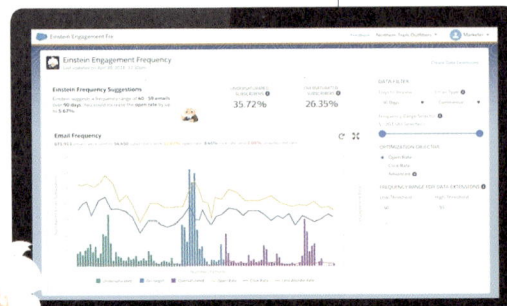
↑ 세일즈포스 아인슈타인

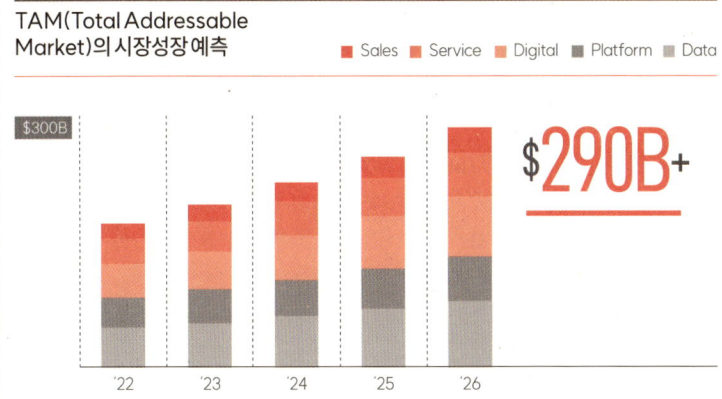

TAM(Total Addressable Market)의 시장성장 예측
■ Sales ■ Service ■ Digital ■ Platform ■ Data
자료 세일즈포스

(GPM)은 75%, 순이익은 13억달러로 15% 마진을 달성했다. 잉여현금흐름(FCF)은 13.6억달러를 기록했다. 사업부 별로 살펴보면 구독 및 서포트 사업부가 13% 증가한 81.4억달러를 기록했고 그 외 사업부가 4% 감소한 5.8억달러를 기록했다. RPO는 483억 달러로 21% 증가했으며 12개월 내 매출로 인식되는 cPRO는 239억 달러로 14% 증가했다.

마크 베니오프 CEO는 이번 컨퍼런스콜에서 크게 3가지 내용을 전달하고자 했다. 첫째 '각테일'이라고 부르는 모든 클라우드를 하나로 결합할 수 있는 서비스의 고객요청이 많아지며 작년에 축소되었던 큰 규모의 수주가 다시 늘고있다는 점이다. 둘째 새롭게 출시한 '데이터 클라우드' 서비스를 채택하는 기업이 1000개를 돌파했다는 점이다. 셋째 새롭게 출시한 Einstein GPT 코파일럿이 주당 1조건의

→ 마크 베니오프
세일즈포스

거래를 처리하며 포춘 100 기업 중 17%가 이미 사용 중이라는 것이다.

향후 전망 및 애널리스트 의견

차기 분기 실적 발표는 3월에 있을 예정이며 시장에서는 10% 증가한 92억달러를 4분기 매출로 전망하고 있다. 순이익은 22억달러로 24%의 마진을 기록할 것으로 보고 있다. 연간으로는 348억 달러 매출로 11% 증가, 순이익 80억달러로 마진 23%를 예상하고 있다. 잉여현금흐름은 95억달러 수준이 될 것으로 보고 있다.

2024년 2월 시작되는 2025년 회계 분기에는 11% 성장한 386억달러의 매출과 93억 4000만달러의 순이익을 달성하며 마진이 24%까지 개선될 것으로 보고 있으며, FCF는 105억달러를 내다보고 있다.

기업들의 AI 서비스 도입이 빨라지는 가운데 CRM 마켓에서 과점 지위를 계속해서 가져갈 것으로 전망한다. 2026년 기준 매출 목표 500억달러를 달성할 수 있는지 지켜보자.

애널리스트 평균 목표가는 331달러이며, Buy:Hold:Sell 비중은 76%:22%:2% 수준으로 매수 의견이 지배적이다. 12개월 포워드 PER은 29배로 높아보이지만 2024년 성장률 56%를 감안해보면 그렇지 않다. 성장주를 볼 때는 PEGR로 보자.

> 세일즈포스의 '청구조회관리자'는 생성형 AI를 결합한 것으로 서비스상담원이 고객데이터에 기반해 선제적으로 개인화된 고객경험을 제공한다

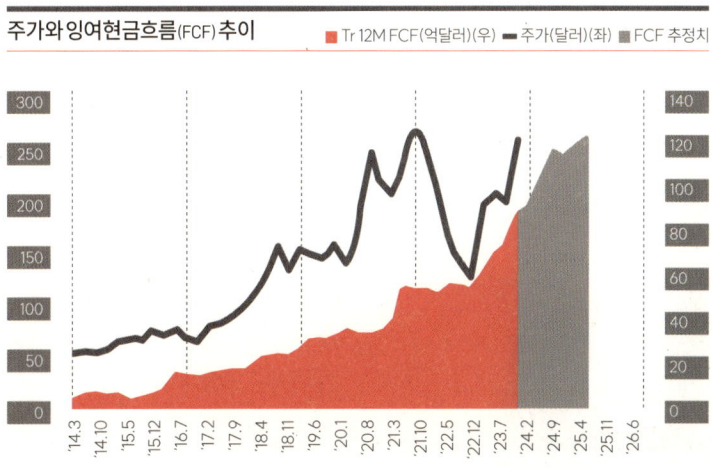

주가와 잉여현금흐름(FCF) 추이
■ Tr 12M FCF(억달러)(우) ─ 주가(달러)(좌) ■ FCF 추정치

자료 Bloomberg Professional Services   Tr 12M : 직전 12개월

14 글로벌 1위 커피 브랜드
스타벅스 Starbucks Corporation

1971년, 부산의 자갈치 시장 같은 시애틀의 '파이크 플레이스 마켓'(Pike Place Market) 어시장 앞에서 조그만 원두 가게로 시작한 스타벅스는 현재 전 세계 3만 8038개의 커피 매장을 운영하고 있는 글로벌 1위 커피 회사로 성장했다.

투자지표 5점 척도

스타벅스는 산업 특성상 보통 수준의 수익성과 수익 안정성을 보이고 있지만 성장성을 갖춘 식음료 기업이다.

주식 정보 바로보기

Investment Point
- 글로벌 1위 커피 브랜드
- 중국 시장의 성장성 or 위험
- 안정적인 배당 성장주

업종	음식료업
티커 심볼	SBUX
시장 정보	나스닥(NASDAQ)
시가총액	1082억달러
매출액	359억달러
영업이익	53억달러
순이익	41억달러
제품	스타벅스, 시애틀즈 베스트 커피, 프라푸치노, 타조 티, 파스콰 커피, 히어 뮤직 등

(2023년 12월 기준, 직전 4개 분기 실적)

2030년까지 전 세계 매장 수 5만 5000개 목표

스타벅스 CEO 락스만 나라시만(Laxman Narasimhan)은 최근 모건스탠리 컨퍼런스 콜에서 스타벅스의 철학인 사람과 사람 사이의 친밀감 같은 휴먼 커넥션(Human Connection)을 강조했다. 스타벅스 창립자 하워드 슐츠의 경영철학을 계승하고 있는 것이다. 스타벅스 매장이 가장 많은 나라는 단연 미국이다. 1만 6352개의 매장이 있고 중국에 6806개의 매장이 있다. 이 두 국가의 매장을 합하면 전체 매장의 61%에 해당된다. 스타벅스 실적에 가장 중요한 시장이 바로 미국과 중국이라는 얘기다. 최근 중국의 경기가 부진하고 지난 코로나 팬데믹 때 스타벅스는 매우 큰 타격을 입었다. 세계 곳곳에서 시행된 거리두기 운동은 스타벅스의 경영철학에 반대되는 상황이었던 것이다. 지금은 대부분 모든 나라에서 예전의 모습을 찾았기 때문에 실적이 정상으로 돌아왔다.

최근 중국 시장의 회복에 주목하는 스타벅스

최근 발표된 2023년 실적을 살펴보면 북미 매출이 266억달러로 전년대비 13.7% 성장했으며 영업이익은 22.5% 성장한 55억달러를 달성했다. 해외 매출은 75억달러로 전년대비 7.9% 성장했으며 영업이익은 48% 성장한 12억달러를 달성했다. 채널 디벨럽먼트 사업부는 타사와의 제휴를 통한 RTD(Ready To Drink) 제품의 판매 호조 영향으로 전년대비

2023년 중국 매출은 환율 요인을 제거하면 약 11% 성장한 30억달러를 달성했다

← 하워드 슐츠 회장이 지난해 인수한 차 전문점 티바나의 홍차를 마시고 있다

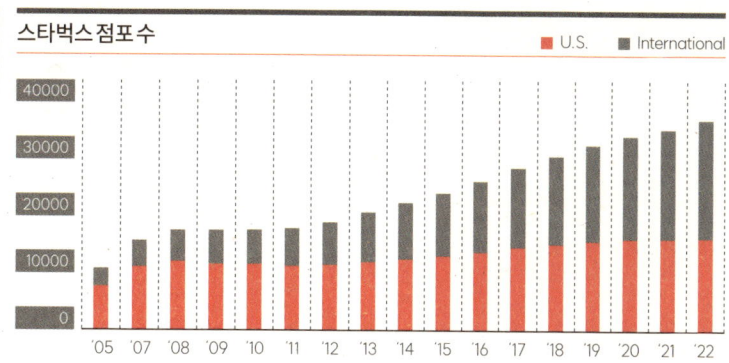

스타벅스 점포 수
자료 스타벅스 IR

2.7% 증가한 18.9억달러의 매출을 기록했으며, 영업이익은 18.4% 성장한 9억7000만달러를 기록했다. 이를 바탕으로 전사 매출은 전년대비 11.6% 증가한 359억달러를 기록하고 순이익은 40억달러로 11%의 마진을 달성했다. 잉여현금흐름인 FCF는 37억달러를 기록해 10억달러의 자사주 매입 소각 및 배당을 발표했다. 이로써 스타벅스는 54개 분기 연속 배당을 지속하며 CAGR 20%를 달성했다.

이번 실적 발표에서 주목할 점은 새로운 성장 동력인 중국 시장이다. 올해 중국 매출은 환율 요인을 제거하면 약 11% 성장한 30억달러를 달성했다. 하반기가 상반기 대비 20% 성장하며 모멘텀이 살아났다. 전년대비 20% 증가한 2100만명의 충성고객이 탄생했으며 대부분 젊은 고객들이다. 올해 326개의 신규 매장을 오픈했고 2025년까지 9천개의 매장을 오픈하기 위해 연평균 1000개의 매장을 오픈할 예정이다. 이번 실적 발표에서 락스만 나라시만 CEO는 1999년 중국에 첫 사업을 시작한 이후 24년이 지난 지금 중국인 인당 커피 소비량은 12잔에 불과하다며 미국인 380잔, 일본인 200잔에 비해 매우 낮기 때문에 향후 성장 가능성 또한 엄청 크다는 사실을 강조했다.

향후 실적 전망 및 애널리스트 의견

시장에서는 2024년 매출이 전년대비 10% 성장한 395억달러로 추정하고 있으며 순이익은 47억달러로 12% 수준의 마진을 예상하고 있다. 잉여현금흐름(FCF)은 37억달러를 기대하고 있다.

애널리스트 평균 목표가는 106달러로 Buy:Hold:Sell 비중은 42%:55%:3%로 보유(중립) 의견이 지배적이다. 11월 2일 실적 발표 후 나온 보고서 중에서 매수 의견을 낸 곳은 14개, 매도 의견을 낸 증권사는 20개로 매도 의견이 주로 나왔다. 이는 크게 두 가지 요인으로 판단된다. 첫째 이스라엘 하마스의 충돌로 반이스라엘 정서가 중동 시장에서 커지고 있고 스타벅스가 친이스라엘 기업으로 분류되면서 불매운동이 시작됐기 때문이다. 둘째 미중 무역 관계 악화로 중국 매출 성장률 또한 약해질 것이라는 우려가 반영된 것으로 보인다.

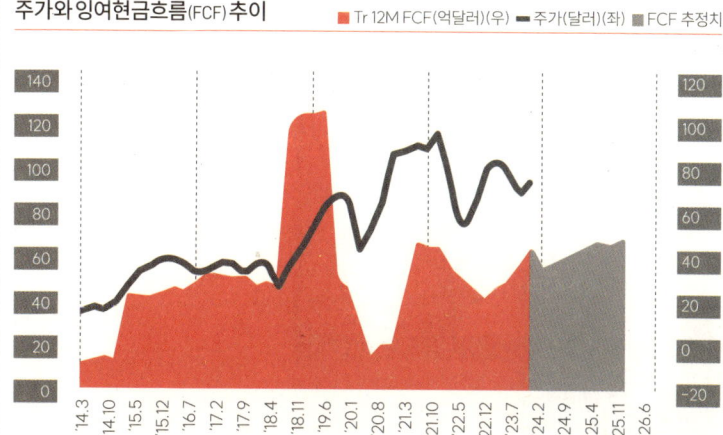

주가와 잉여현금흐름(FCF) 추이
자료 Bloomberg Professional Services
Tr 12M: 직전 12개월

15 시스코 시스템즈 Cisco systems, inc
M&A 통한 인오가닉 성장 추구

IT 레거시 기업인 시스코 시스템즈가 컨센서스에 부합하는 수준의 실적을 내놨다. 외형 및 수익성을 기준으로 보면 1분기 기준 사상 최대의 실적이다. 특히 소프트웨어 매출이 13% 성장해 전사 외형 성장률인 8%를 앞질렀다.

투자지표 5점 척도

시스코 시스템즈는 성장성과 ESG 점수가 보통 수준의 평가를 받고 있지만 수익성과 수익 안정성은 매우 우수하다.

주식 정보 바로보기

Investment Point
- M&A로 성장의 기회를 찾다
- 나도 소프트웨어 기업이 될거야 24%
- 구독형 매출 비중 소프트웨어 매출의 85%

업종	IT
티커 심볼	CSCO
시장 정보	나스닥(NASDAQ)
시가총액	1956억달러
매출액	572억달러
영업이익	160억달러
순이익	134억달러
제품	웹엑스, 시스코 머라키, ThousandEyes, 앱다이나믹스 등

(2023년 9월 기준, 직전 4개 분기 실적)

▶ 우수한 보안 기술 바탕

1984년 스탠포드 대학의 컴퓨터공학 연구원이었던 렌 보삭(Len Bosack)과 샌디 러너(Sandy Lerner) 부부에 의해 설립되어 2000년 IT 버블의 중심에 있었으며 지금도 전 세계 백본망(통신 네크워크의 중추망) 시장의 40% 이상을 차지하고 있다. 중국의 화웨이가 통신 네트워크 장비 시장을 빠른 속도로 따라오고 있지만 우수한 보안 기술을 바탕으로 높은 점유율을 유지하고 있다. 2006년 무렵 소프트웨어 회사로 변모하겠다는 선언 이후 현재 매출액의 24%가 SaaS 등 서비스 사업부에서 창출되고 있다. 여전히 가장 큰 매출을 차지하는 제품 매출 구성을 상세히 살펴보면 네트워크 장비 사업부가 51%, 인터넷 사업부 9%, 협업 부문이 7%, 보안 사업부가 7%, 애플리케이션 최적화 사업부가 1%를 차지하고 있다. 네트워크 장비 매출이 주된 사업임에도 63% 수준의 높은 매출총이익률(GPM)을 보여주고 있으며 영업이익률은 26% 내외로 유지하고 있다. 시스코 역시 우수한 실적을 바탕으로 높은 수준의 주주환원 정책을 추구하고 있다. 보유 현금의 약 49%를 배당했고, 약 33%를 자사주 매입 소각에 활용했다.

시스코는 우수한 실적을 바탕으로 높은 수준의 주주환원정책을 추구하고 있다

↑ 회의 참석자의 동선을 추적하는 영상회의

리뷰 및 주목할 점
- 사상 최대 실적 달성

2023년 시스코는 전년대비 11% 증가한 570억달러의 매출을 달성했으며 순이익은 134억달러, EPS는 약 16% 증가한 3.26달러를 기록했다. 영업활동현금흐름(CFO)은 199억달러로 전년대비 약 40% 증가했다. 사업부문별 매출을 살펴보면 전체 제품 매출이 13% 늘어난 431억달러를 달성했고 서비스 매출은 2% 증가한 139억달러를 기록했다. 최근 1분기 매출에서는 13% 증가한 분기 44억달러를 기록했다. 구독형 매출은 소프트웨어 매출의 85%를 차지하고, 전체 매출의 44%까지 올라온 상태다. 제품 매출을 보다 상세히 뜯어보면 네트워크 장비가 전년대비 22% 증가한 291억달러, 인터넷 사업부는 1% 증가한 53억달러, 협업 사업부는 9% 감소한 40억달러, 보안 사업부는 4% 증가한 38억달러, 어플리케이션 최적화 사업부는 11% 증가한 8.1억달러를 기록했다. 향후 매출로 인식될 잔여계약가치(RPO)는 349억달러로 전년대비 12% 증가했으며 연간반복매출(ARR) 역시 5% 증가하며 245억달러를 기록했다.

7월 결산 기업인 시스코는 지난 8월 실적 컨퍼런스를 통해 가이던스 및 M&A 관련 중요한 포인트 몇 가지를 제시했다. 첫째 2024년 가이던스로 매출 570억~582억달러와 EPS 3.19달러를 목표로 제시했다. 이는 올해 숫자와 비교해볼 때 다소 보수적인 숫자로 판단된다. 둘째 시스코 성장의 핵심 축인 기업인수합병(M&A) 관련한 것이다. 클라우드 보안 소프트 회사 라이트스핀(Lightspin Technologies), 웹사이트 및 모바일에서 사용자의 행동을 실시간으로 모니터링 가능한 디지털 분석 솔루션을 제공하는 스마트룩(Smartlook), 사이버 보안 분야에서 대규모 언어모델(LLM)과 자연어 처리 활용에 주력하는 아모블록스(Armorblox) 총 3개의 기업을 지난 4분기 인수했다. 연간으로 보면 데이터 분석 소프트웨어 업체 스플렁크(Splunk) 및 발틱스, 엑시디언, 샘노스, 오르트 등 공격적인 M&A를 지속하고 있다.

주요 지역별 매출 구성

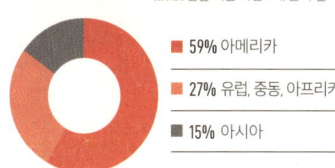

(2023년말 기준 직전 4개 분기 실적)

- 59% 아메리카
- 27% 유럽, 중동, 아프리카
- 15% 아시아

자료 시스코 시스템즈

시장 전망과 애널리스트 의견

2024년 매출 전망은 전년대비 4.5% 감소한 544억달러이며, 순이익은 158억 수준으로 약 29%의 순이익률 마진을 예상하고 있다. EPS는 19% 증가한 3.88달러이다. FCF는 다소 감소한 150억달러를 시장에서는 예측하고 있다. 애널리스트의 평균 목표가는 52달러이며 Buy:Hold:Sell 비중은 26%:70%:4% 수준으로 보유 의견이 지배적이다. 애널리스트 의견이 다소 보수적인 이유는 2024년 전방 고객사의 투자 지연으로 매출 성장 전망이 그리 밝지 못하기 때문으로 해석된다. 오가닉(Organic)한 성장보다는 M&A를 통한 인오가닉(Inorganic) 성장을 추구하고 있기 때문에 FCF가 안정적으로 성장하는 그림이 아닌 변동성을 보일 것으로 예상된다.

→ 지투 파텔 시스코시스템즈 보안부문 총괄 부회장

주가와 순이익 추이

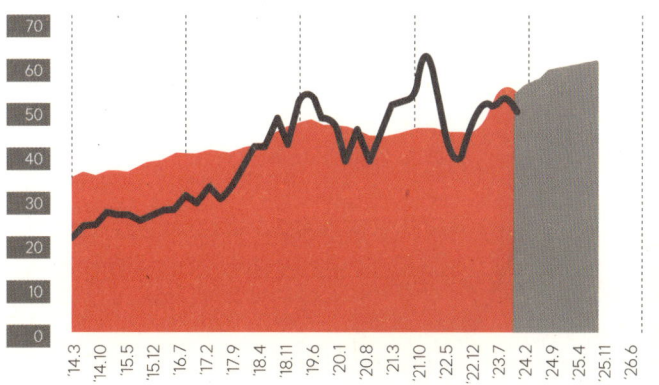

자료 Bloomberg Professional Services

16 아마존닷컴 Amazon Inc.
이커머스 1등기업이 클라우드 1등 기업으로

아마존닷컴이 고마진 광고 사업의 성장세와 수익성 개선 으로 긍정적인 이익 모멘텀을 지속 중이다. 또한 아마존 세이지메이커(SageMaker)와 베드록(Bedrock) 서비스를 활용해 AI 애플리케이션과 서비스 개발 수요가 높아지고 있는 만큼 점진적인 AWS 모멘텀 회복도 기대되고 있다.

투자지표 5점 척도

아마존닷컴은 성장성과 수익 안정성 측면에서 우수한 점수를 받고 있지만 주주환원 등 다른 측면에서는 다소 부진하다.

Investment Point
- 전 세계 클라우드 시장 1위
- AI도 역시 AWS
- 경영효율화로 실적 개선 지속

업종	클라우드 컴퓨팅, 전자상거래, 미디어, 유통
티커 심볼	AMZN
시장 정보	나스닥(NASDAQ)
시가총액	1조8176억달러
매출액	5747억달러
영업이익	376억달러
순이익	304억달러
제품	킨들, 파이어 태블릿, 에코와 알렉사, 파이어 TV

(2023년 8월 기준, 직전 4개 분기 기준)

우수한 보안 기술 바탕

아마존은 1995년 시애틀의 가정집 창고에서 온라인 서점으로 시작해 2년 만에 나스닥에 상장하고 현재 시가총액 1.6조달러에 달하는 미국 최대 이커머스 기업으로 성장했다. 2022년 기준 아마존의 미국 내 이커머스 점유율은 37.8%로 압도적인 차이로 1위를 기록 중이다. 이뿐만이 아니라 2000년 초 시작한 AWS(Amazon Web Services)라는 클라우드 서비스는 현재 클라우드 컴퓨팅 시장 점유율 30%대로 전 세계 1등을 차지하고 있다. 플랫폼 서비스인 IaaS 부분만 따로 집계하면 점유율 50%에 육박한다. 매출액 구성을 살펴보면 리테일 사업부가 84%(북미 61% + 해외 23%)로 가장 큰 부분을 차지하고 AWS 사업부는 16%로 낮게 나온다. 하지만 영업이익 기준으로 보면 AWS 사업부가 63%로 가장 큰 부분을 차지한다. 리테일 사업부의 마진율이 개선되기 전에는 70%를 초과하기도 했다.

최근 실적 점검 및 애널리스트 전망

2023년 3분기 전체 매출 1431억달러로 외환 영향 제외시 전년동기대비 11% 성장하고 가이던스를 27억달러 초과했다. 특히 북미 부문 매출은 879억달러로 11%증가했고 영업이익은 43억달러로 전년동기대비 47억달러 증가하며 흑자전환을 달성했다. 영업마진은 4.9%로 100bp 개선했는데 이는 2022년 1분기 바닥을 치고 6개 분기 연속 개선이 이루어지며 누적 700bp를 개선한 것이다. 이는 간

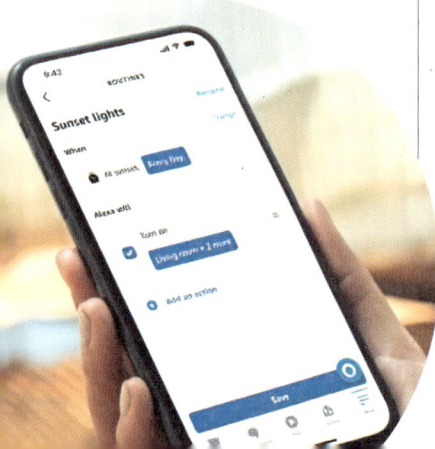
← 미국최대 전자상거래업체인 아마존이 2014년 내놓은 음성인식 인공지능(AI)비서 '알렉사'

클라우드 공급 시장 점유율 추이

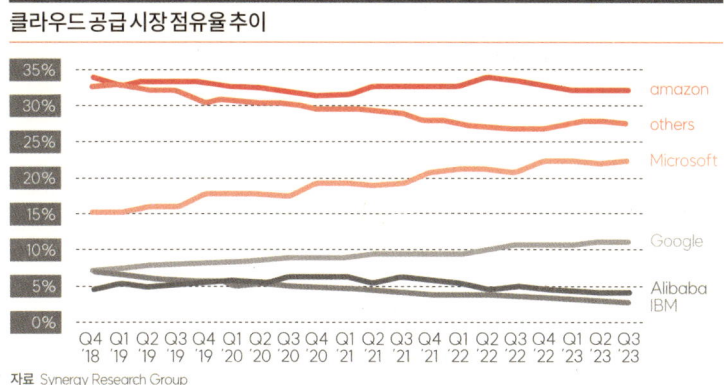

자료 Synergy Research Group

선 물류의 수를 줄이고 볼륨을 확대하는 지역화(Regionalization) 전략의 결과다.

이익 기여도가 가장 큰 AWS 매출은 전년동기대비 12% 증가한 231억 달러를 달성했고 영업이익은 전년동기대비 +30% 증가한 70억달러, 영업이익률은 30.3%를 달성했다. AWS 사업부 역시 인당 생산성을 향상시킨 결과라고 한다.

12개월 누적기준(금융리스 비용 조정)FCF는 202억달러로 전년대비 417억달러 개선되었다. 이는 모든 사업부의 영업이익 증가가 가장 큰 원인이었고 비용 절감, 광고 성장, 고정비 대비 레버리지 효과 때문이다.

다음분기 실적 가이던스는 1600억 달러에서 1670억 달러 수준으로 전년동기대비 7~12% 성장을 기대한다. 영업이익은 70억달러에서 110억 달러 수준으로 전년동기 27억달러 대비 약 59~300% 증가하는 수준이다. 2024년 애널리스트 실적 전망치 평균을 살펴보면 매출액은 11.6% 증가한 6368억 달러, 순이익은 28% 증가

한 477억달러를 추정하고 있다. FCF는 63% 증가한 603억달러 수준이다. 애널리스트 평균 목표가는 208달러이며 Buy:Hold:Sell 비율은 97:3:0으로 매수 의견이 지배적이다.

Alexa로 세상을 놀라게 했던 아마존의 현주소는?

우리는 약 9년 전 출시된 알렉사를 보고 놀라운 경험을 했다. 우리의 명령대로 음악을 틀어주고 날씨를 말해주는 알렉사는 인공지능 기기와 친숙해질 수 있는 좋은 경험을 선사했다. 올해 생성형 AI, LLM(초거대 언어모델)을 활용한 대화형 인공지능에 대한 관심이 매우 뜨거워지자 아마존에서도 생성형 AI 기능을 탑재한 알렉사를 9월에 런칭했다.

사실 아마존에게 있어 가장 중요한 것은 AWS 서비스에서 AI 관련 기능이 어떻게 개선되고 있는지가 더 중요하다. 생성형 AI 개발사인 Anthropic과의 전략적 협업, 일반 가용성으로 개방한 AWS의 Bedrock, 메타의 Llama2 모델을 추가한 AWS의 CodeWhisper서비스 개시는 기존 B2B 고객과 앞으로 신규 고객을 확보하는 데 큰 도움이 될 것으로 보인다. 아마존의 AWS 서비스 안에서 생성형 AI 앱을 개발하고 있는 고객사는 아디다스, Booking.com, Bridgewater, Clarion, GoDaddy, LexisNexis, Merck, Royal Philips, United Airlines 등 다양한 우량 기업들과 스타트업 기업들이 포진해있다.

주가와 잉여현금흐름(FCF) 추이

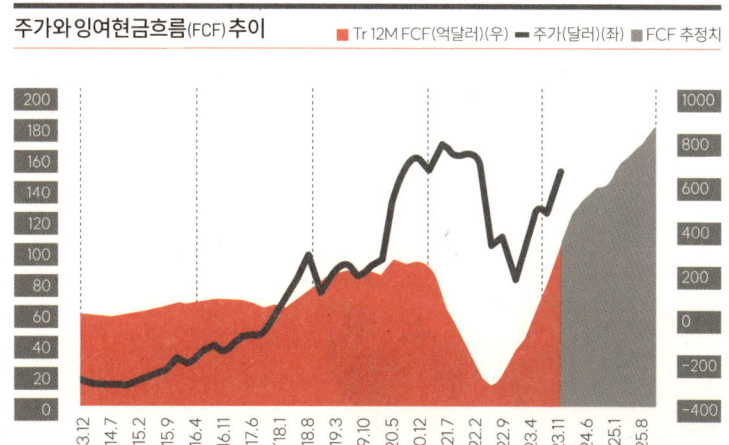

자료 Bloomberg Professional Services

Tr 12M : 직전 12개월

17. 알파벳 Alphabet Inc
한판 붙자 MS!

1995년 스탠포드대학에서 래리 페이지와 세르게이 브린은 박사과정 논문의 주제로 검색에 관한 '백럽'이라는 프로젝트를 시작했고, 1996년 학내에서 '구글'이라는 검색엔진 서비스를 시작했다.

투자지표 5점 척도

알파벳은 ESG 측면에서 다소 낮은 점수를 받고 있지만 수익성과 주주환원 측면에서 우수한 평가를 받고 있다.

주식 정보 바로보기

Investment Point
- 성장의 기회를 찾다
- 소프트웨어 기업이 될 거야
- 매출 비중 소프트웨어

업종	정보통신
티커 심볼	GOOGL
시장 정보	나스닥(NASDAQ)
시가총액	1조7898억달러
매출액	3071억달러
영업이익	861억달러
순이익	737억달러
제품	칼리코, 구글, 캐피탈G, 구글 파이버, GV, 딥마인드, 사이드워크 랩스, 직소, 룬, 웨이모, Wing

(2023년말 직전 4개 분기 실적)

구글의 성공요인

영국의 작가 아더C. 클라크는 "충분히 진보된 기술은 마술과 구별할 수 없다"고 했다. 구글이 세계적으로 성공할 수 있었던 이유는 바로 검색이 잘 된다는 단 한 가지 이유 때문이다. 구글의 검색 속도가 매우 빠르고 안정적인 이유는 바로 창업스토리에 있다. 당시 학생이었던 그들은 자본 여력이 부족해 학내 남아도는 PC를 병렬로 연결해 '분산 컴퓨팅' 기술을 활용한 것이다. 이는 훗날 자체 서버의 고유 운용시스템과 설계, 냉각, 적재에 관한 특허로 발전하게 되고 2004년 상장 시 좋은 평가를 받는 자산이 된다.

2004년 8월 19일 주당 85달러에 상장한 구글은 단번에 108달러로 상승했고 2005년엔 300달러까지 상승한다. 2006년 10월 구글이 유튜브를 인수한 이후 2018년도 기준 광고 매출은 미국의 대형 방송국을 넘어섰고 스트리밍 시장에서 최고의 점유율을 보여주고 있다.

지금은 오피스 전쟁 시대

지난 10월 발표된 FY2023년 3분기 실적을 살펴보면 순이익 196.9억달러로 시장컨세서스를 약 +7% 상회했다. 구글 검색 매출이 전년동기대비 11% 증가했고, 유튜브 매출도 12% 증가했다. 아마존, MS와 열심히 경쟁하고 있는 클라우드 서비스 매출은 22% 증가하면서 현재 시장 점유율 10%달성하며 3위를 기록하고 있

↓ CES 2024가 열린 미국 라스베이거스 컨벤션센터 내 구글 부스
자료 연합뉴스

다. 클라우드 서비스는 향후 알파벳 성장의 중심이 될 전망이다. 플레이스토어 매출도 21% 성장하며 좋은 흐름을 보이고는 있지만 반독점 소송이 어떤 영향을 줄지 관심있게 살펴봐야한다.

FY 2023년 기준 컨센서스는 순이익 767억달러, EPS 5.85달러, FCF 734.6억달러 수준이다. 이는 EPS 기준 전년대비 20% 성장하는 그림이고 FCF는 전년대비 22% 성장, 5년 전인 2018년 대비로는 무려 3배나 성장하는 수준이다.

앞으로 우리가 주목해야할 부분은

> 1998년 9월 7일 스탠포드대학 인근 멘로파크의 가정집차고에서 '구글' 시작됐다

인공지능과 자율주행 서비스다. 우선 최근 공개한 제미나이(Gemini)가 Chat GPT, Bard 등과의 경쟁에서 어떤 지위를 차지하는지 지켜볼 필요가 있다. 과거 알파고에서 보여줬던 놀라운 혁신이 이번 제미나이에서도 관찰되었지만 마케팅 측면에서는 MS의 GPT가 앞서가는 느낌이다. 그리고 자율주행 서비스인 웨이모(Waymo)가 몇 개 주에서 시범운영 중인데 계획대로 상업화가 될 수 있는지 모니터링이 필요하다. 향후 알파벳의 성장은 바로 이 두 분야의 성공 여부에 달려있다.

애널리스트 평균 목표가는 165달러이며 Buy : Hold : Sell 비율은 86% : 14% : 0%로 사자는 의견이 지배적이다.

리스크 요인 점검

첫째, 경기침체에 따른 광고시장 위축이다. 연준의 긴축 정책으로 2024년은 실물경기가 위축될 것이라는 전망이 우세하다. 따라서 기업들의 광고비는 감소될 가능성이 매우 높다. 구글의 최근 매출액을 살펴보면 약 78%인 596억달러를 검색광고 부문에서 벌어 들이고 있다. 즉, 고객사인 기업들의 경영환경이 주가에 큰 영향을 미치는 사업이라고 할 수 있다.

둘째, SNS 중독과 관련한 집단소송 문제다. 최근 미국 42개주 등으로부터 집단소송이 진행중인데 구글 등 주요 SNS 기업이 어린 학생들이 소셜미디어에 중독되도록 의도를 갖고 설계했다는 의견이 제기되었다. 따라서 MAU와 같은 지표들이 떨어지고

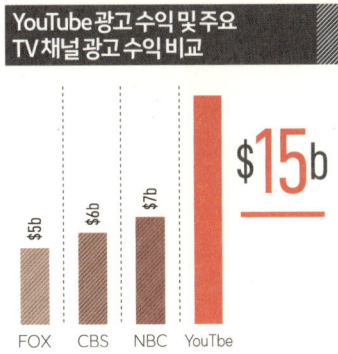

광고매출에도 영향을 줄 수 있다.

셋째, 최근 구글은 Epic Games와의 Play Store 관련 반독점 소송에서 패소했다. 독과점 지위를 남용하여 개발자들에게 불리한 사업을 진행해왔다는 의견에 법원이 손을 들어준 것이라 향후 앱스토어의 점유율 하락과 마진 축소가 일어날 수 있다.

← 최근 프랑스 파리에 AI 연구 허브 개관한 구글 사진은 순다르 피차이 구글 CEO
자료 연합뉴스

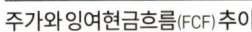

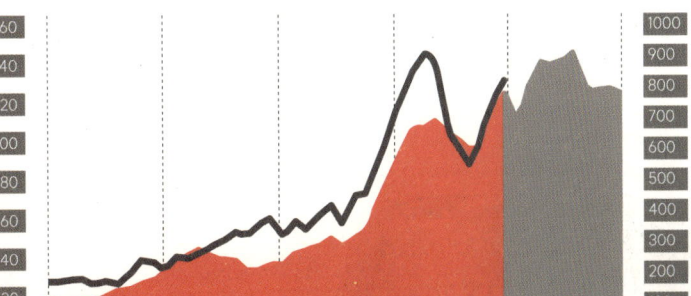

Tr 12M : 직전 12개월

자료 Bloomberg Professional Services

18 워런 버핏의 열렬한 사랑
애플 Apple Inc

애플은 전 세계에서 손에 꼽히는 기업으로, 주식시장을 대표하는 종목 중 하나다. 삼성전자와 매출액 차이는 2배가 채 안 되는데 기업가치는 어떻게 8배 이상 차이가 나는 것일까? 투자의 귀재 워런 버핏은 재원의 절반인 50%를 왜 애플에 투자했을까? 그 해답이 여기에 있다.

투자지표 5점 척도

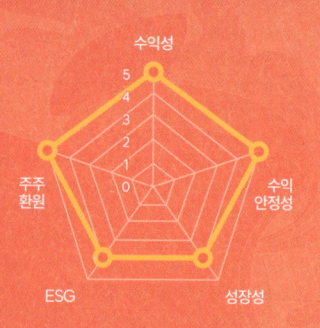

애플은 버핏과 멍거의 최애 종목 답게 거의 모든 영역에서 우수한 점수를 받고 있다.

주식 정보 바로보기

Investment Point
- 높은 ROE
- 안정적인 매출 성장
- 환상적인 주주환원 정책

업종 전화 및 소형 장치
티커 심볼 AAPL
시장 정보 나스닥(NASDAQ)
시가총액 2조6675
매출액 3857억달러
영업이익 1186억달러
순이익 1009억달러
제품 아이폰, 아이패드, 맥북, 맥 미니, 아이맥, 맥 스튜디오, 맥 프로, 애플 워치, 에어팟, 비전 프로, 애플 TV, 홈팟, 에어태그, 액세서리 등

(2023년 기준. 직전 4개 분기 실적)

워런 버핏의 최선호주

'투자의 귀재'로 불리는 워런 버핏이 회장 겸 최고경영자(CEO)로 있는 버크셔 해서웨이의 투자 포트폴리오는 2023년 역시 탄탄한 실적을 기록했다. 그 핵심에는 역시 애플이 있었다. 워런 버핏은 애플의 지속적인 기술 혁신과 견고한 브랜드 충성도를 높게 평가해 높은 투자 비중을 유지 중이다. 버핏은 크게 네 가지 측면에서 애플을 높게 평가하고 있는데, 우선 브랜드 인지도와 고객 충성도가 애플의 핵심 자산이라고 보고 있다. 또한 애플의 혁신성과 제품에 대한 지속적인 업데이트에 높은 점수를 부여하고 있다. 이와 더불어 버핏은 상장 기업 중 최대 규모의 배당금 지급과 함께 자본 환원 프로그램도 긍정적으로 평가하고 있다.

애플은 버핏의 호평처럼 우수한 재무 건전성과 세계 최고 수준의 주주환원 정책을 보여주고 있다. 2023년에 기록한 매출은 3833억달러, 영업이익은 1143억달러로, 30% 수준의 높은 영업이익률을 기록하고 있다.

애플 생태계의 주요 매출

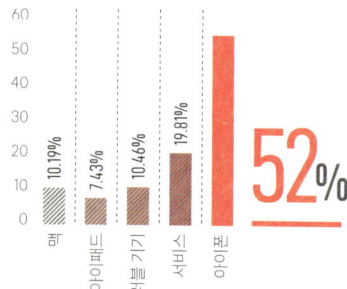

자료 애플 IR

↓ 지난 2월 2일 애플이 6년 만에 신제품 비전프로(Vision Pro)를 시장에 출시했다.
자료 Apple Inc

딜레마에 빠진 혁신기업?

아니다. 애플의 혁신은 여전히 현재 진행형이다. 팀쿡은 비밀리에 '타이탄 프로젝트'라는 이름으로 자동차 분야의 개발을 이미 시작했다. 2015년 애플이 A123시스템스에 고소당하는 사건이 벌어지면서 세상에 알려졌다. 인원을 1000명까지 영입해도 된다는 허가가 내려진 후 유명 자동차 회사의 디자이너, 엔지니어들이 몰려들었는데, 그중 테슬라 출신도 상당수를 차지해 당시 머스크는 '테슬라의 폐기장'이라며 비난까지 했다. 이후 애플은 실리콘밸리에서 렉서스 SUV를 활용해 자율주행 테스트를 시작했으며, 애플 임직원 셔틀버스인 PAIL에도 자율주행 기술을 적용했다.

AI 시대에 발맞춘 애플

최근 핫이슈로 떠오른 AI 분야에서 애플은 어떻게 준비하고 있을까? Open Ai, NVIDIA, 구글, AMD가 뉴스를 쏟아내며 앞서 나가고 있는 것 같지만 애플은 이미 1987년 AI 알고리즘을 활용한 지식 내비게이터 개념을 연구했고 1991년 AI기반 음성인식 작업을 시작했다. 그리고 지금까지 29개의 AI기업을 인수했으며 다른 어떤 빅테크 기업보다 그 규모가 크다.

애플은 이미 다양한 제품과 서비스에 AI를 적용하고 있고 2024년

→ 팀 쿡 애플 CEO는 최근 올해 더 많은 생성AI 기능이 출시될 것이라고 밝혔다.

워런 버핏 PICK!

애플 소비자들의 브랜드 충성도는 강력하며, 그들은 아무리 많은 돈을 주더라도 아이폰을 포기하지 않을 겁니다

에는 생성형 AI를 강화한 Siri 서비스를 출시할 예정이다. 오는 6월에 열릴 WWDC에서 어떤 놀라운 AI 기술을 보여줄지 귀추가 주목된다.

애플의 미래는 여전히 맑음

최근 3조 달러(약 3927조원)를 넘어선 애플 시가총액이 2024년 말에는 4조달러(약 5238조원)까지 상승할 잠재력을 갖추고 있다는 증권사 전망이 나왔다. 2024년 컨센서스 실적은 매출액 3843억달러, 영업이익 1211억 달러, 순이익 1010억 달러, FCF 1063억달러로 약 7% 성장을 전망하고 있다.

2024년 실적에서 우리가 주목할 부분은 '비전 프로'의 시장 반응이다. 우선 1세대 모델이라 3499억달러의 높은 가격대와 생산량의 한계로 연간 50만대 수준의 판매량을 전망하고 있는데, 2024년 회계기준 예상 매출액은 8억 7500만달러 수준이다 (25만대 판매 기준).

애플이 가진 리스크는 우선 지난 10년간의 MDD(Maximum Draw Down)를 살펴보면 2020년 3월 코로나 팬데믹 당시 -81.8% 하락한 때를 제외하면 -20~30% 수준의 하락을 보였다. 최근 1년간의 변동성 대비 주가 수익률 성과를 나타내는 샤프 Ratio를 보면 1.83으로 S&P 1.25 대비 높다. 즉 주식의 변동성 대비 높은 주가 수익률 성과를 보였다는 얘기다. 1.8은 매우 높은 수준인데 올해 주가가 많이 올라 신고가 수준에 있기 때문이다. 투자자의 성향에 따라 여기서 파는 자와 보유하는 자 그리고 더 사는 자로 나뉠 것이다.

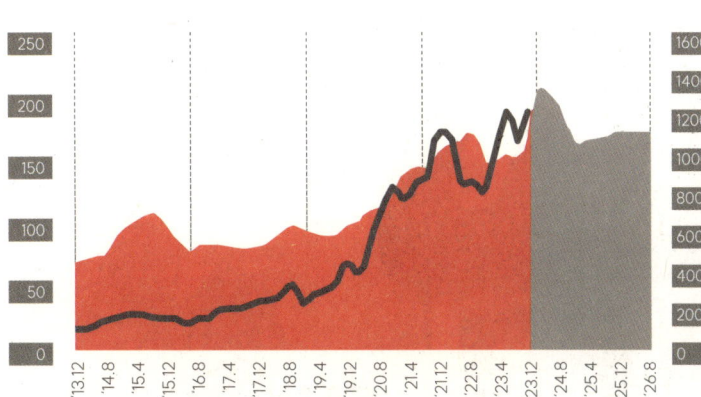

주가와 잉여현금흐름(FCF) 추이

자료 Bloomberg Professional Services

Tr 12M : 직전 12개월

19 어도비 Adobe

M&A 통한 인오가닉 성장 추구

투자지표 5점 척도

어도비는 모든 면에서 우수한 모습을 보여주고 있다.

어도비는 1982년 존 워녹과 척 게쉬케가 설립했으며 캘리포니아에 본사를 두고 있다. 어도비는 '디지털 미디어', '디지털 익스피리언스', '퍼블리싱 및 광고', 크게 세가지 사업 부문으로 나뉜다.

Investment Point

- 디자인계의 MS
- 디자인 AI 혁명의 시작
- Firefly에 주목하라

업종 소프트웨어
티커 심볼 ADBE
시장 정보 나스닥(NASDAQ)
시가총액 2501억달러
매출액 193억달러
영업이익 66억달러
순이익 54억달러
제품 포토샵, 일러스트레이터, 이펙트, 프리미어 프로, 라이트룸, 브리지, PDF 등

(2023년말 기준, 직전 4개 분기 합산)

창작자 세계의 마이크로소프트

어도비는 크리에이터계의 마이크로소프트 같은 회사다. 크리에이터계에서 사용하는 대부분의 소프트웨어와 솔루션을 제공하고 있기 때문에 PC의 윈도우 처럼 어도비가 없다면 전 세계 창작 업무는 멈출 것이다.

어도비의 소프트웨어는 학생부터 그래픽 디자이너, 비디오 편집자, 콘텐츠 제작자, 게임 개발자, 광고주, 퍼블리셔, 마케터 등 전문가까지 거의 모든 창작활동에서 사용되고 있다. 우리가 잘 아는 PDF 아크로벳리더, 포토샵, 일러스트레이터, 유튜브 동영상 편집기 프리미어 등 수많은 서비스 역시 이곳에서 제공하고 있다. '디지털 미디어', '디지털 익스피리언스', '퍼블리싱 및 광고' 사업부의 2023년 기준 매출액 비중은 각각 73%, 25%, 2% 수준이다. 디자인 시장을 거의 독점하고 있기에 최근 각국 정부의 반독점 규제로 피그마(Figma) 인수를 접을 수 밖에 없었다.

↓ 2023년 어도비는 이미지 생성 AI '파이어플라이' 신모델을 공개했다.
자료 연합뉴스

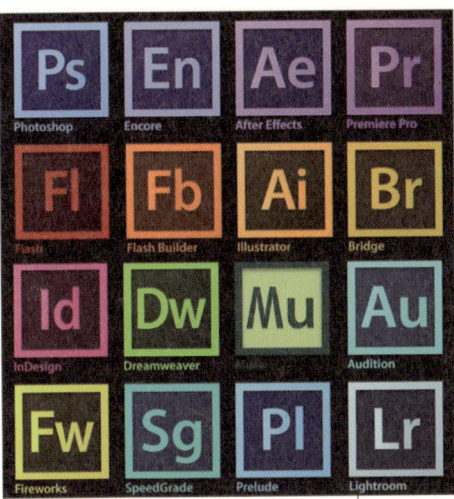

↑ 어도비의 Creative Cloud(소프트웨어 서비스)

최근 실적 현황 및 주목할 점
- 소프트웨어 강자의 모습이란

2023년 회계연도 기준 매출액은 전년대비 13%(환율 영향 제외) 증가한 194억달러, 매추총이익률(GPM)은 소프트웨어 기업 특징대로 매우 높은 89.7%를 기록, 순이익은 54억달러, ROE는 35%, FCF 69억달러의 놀라운 실적을 보여주며 1150만주 약 46.3억달러의 자사주 매입소각을 실시했다.

> Sensei, Firefly 등 새롭게 론칭한 AI 서비스가 최근 높아진 멀티플을 설명할 날이 올 것으로 예상

사업부문 별로 살펴보면 디지털 미디어 사업부는 전년대비 14% 증가한 142억달러 매출을 기록했으며 연간 반복매출(ARR)은 19.1억달러를 기록했다. 이는 최근 AI 기능을 출시하면 서비스 이용자가 늘어 났기 때문으로 보인다. 디지털 익스피리언스 사업부는 12% 증가한 40억달러를 기록했는데 AEP 서비스와 Gen Studio 서비스의 호조로 구독 매출이 13% 늘어난 영향으로 보인다. 끝으로 퍼블리싱 및 광고 사업부는 3억달러를 달성했다. 매 분기 실적 발표 때 디지털 미디어 사업부의 ARR 숫자와 잔여계약가치(RPO) 숫자의 흐름을 잘 모니터링 하자. 2023년 말 기준 RPO는 전년대비 13% 늘어난 172억달러를 기록했다.

2024년 예상 실적과 애널리스트 전망

회사는 2024년 가이던스로 213억~215억달러 매출, 디지털 미디어 사업부 158억~159억달러 매출, 디지털 익스피리언스 사업부 53억~54억달러 매출 및 13.5달러~13.9달러 EPS를 제시했다. 시장 컨센서스 역시 214.8억달러 매출을 전망하고 있으며 87억달러의 FCF를 전망하고 있다.

애널리스트 평균 목표가는 651달러이며 Buy:Hold:Sell 비중은 74%:21%:5% 수준으로 매수 의견이 지배적이다. 비록 피그마 스타트업 인수에 실패했지만 26조원 규모의 희석효과는 사라지고 센세이(Sensei), 파이어플라이(Firefly) 등 새롭게 런칭한 AI 서비스가 최근 높아진 멀티플을 설명할 날이 올 것으로 예상한다.

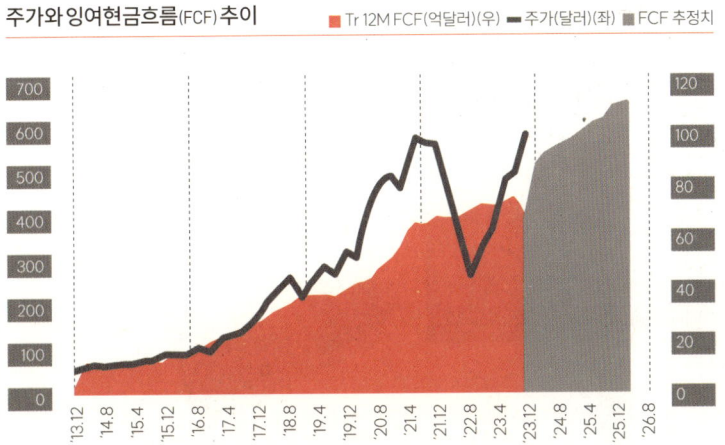

자료 Bloomberg Professional Services

Tr 12M : 직전 12개월

20 어드밴스드 마이크로 디바이시스 Advanced Micro Devices, Inc
고성능 컴퓨팅 시장의 반전

AMD는 고성능 컴퓨팅과 그래픽 처리 장치(GPU)를 개발 및 판매하는 반도체 회사로 엔비디아와 인텔과 경쟁하고 있다. 이 회사의 제품은 게임, 데이터센터, 인공지능(AI) 등 다양한 애플리케이션에 사용되고 있으며 2022년 자일링스 인수 이후 고성능 & 적응형 컴퓨팅 분야의 선두주자로 성장했다.

투자지표 5점 척도

AMD는 산업 특성과 2등 기업이라는 지위 때문에 대부분 영역에서 보통 이하의 점수를 받고 있다. 다만 ESG 점수는 높게 평가 받고 있다.

Investment Point
- 무섭게 성장하는 2등
- AMD MI300X vs 엔비디아 H100&H200
- MI300X의 판매량에 주목

업종	기술, 반도체
티커 심볼	AMD
시장 정보	나스닥
시가총액	2938억달러
매출액	226억달러
영업이익	6억달러
순이익	8억달러
제품	x86 마이크로프로세서, 그래픽 처리 장치(GPU), 가속 처리 장치(APU)

(2023년말 기준, 작년 4주기 실적)

인텔을 넘어선 차세대 괴물칩

AMD는 2017년 Ryzen(라이즌) 시리즈의 출시 전후로 나눠서 봐야 한다. 라이즌을 출시하기 전 AMD는 약 37년을 어렵게 보냈다. 하지만 2017년 2월에 출시한 라이즌은 경쟁사 제품에 비해 월등히 좋은 테스트 결과를 보여줬다. 2018년에는 인텔의 CPU 게이트가 발생하자 신제품 출시 및 기존 제품의 가격 인하 전략으로 시장 점유율을 더욱 끌어올리는 공격적인 마케팅 전략을 펼쳤다. 전체 CPU 시장에서는 인텔과 AMD의 점유율 비중이 6:4 수준이지만 HPC 고성능 컴퓨팅 시장만 놓고 보면 이미 인텔의 점유율을 넘어섰다.

엔비디아 추격에 나선 AMD

2023년 3분기 실적을 살펴보면 매출은 전년동기 대비 4% 증가한 58억달러, GPM은 5%p 개선한 47%, 순이익은 2.99억달러를 기록했다. 이는 라이즌7000 시리즈와 서버 프로세서의 수요 증가가 주된 이유다. 데이터 센터 사업 매출은 16억달러로 전년동기와 유사하지만 4세대 EPYC CPU의 수요 증가가 적응형 SoC 제품의 감소를 방어해 줬다.

→ 12월부터 국내 공급 중인 마이크로프로세서 Am5x86 칩

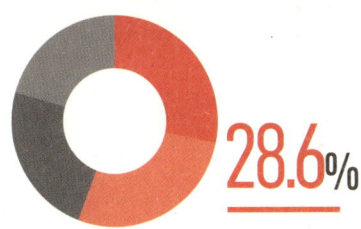

- 28.6% Data Center
- 27.4% Gaming
- 23.5% Embedded
- 20.5% Client

자료 AMD IR

특히 Instinct MI300A와 MI300X GPU 생산량이 HPC, 클라우드, AI 고객의 수요를 충족시키고 있다는 점이 주목할 만하다.

이번 실적발표 컨퍼런스에서 주목할 부분은 첫째, EPYC 프로세서의 클라우드 채택이 크게 증가하고 있다는 것이다. AMD는 클라우드, 엣지 및 엔드포인트 디바이스 전반에 걸쳐 널리 사용되는 AI를 지원하는 데 큰 진전을 보였다는 것이다. 둘째, 오픈소스 AI 소프트웨어 전문업체인 Nod.ai 인수를 완료하여 AI 솔루션의 배포를 가속화하는 업계 최고 수준의 소프트웨어 기술을 개발했다는 점이다.

끝으로 이번 실적발표에서 리사 수 대표는 AI 스타트업 Lamini가 AMD의 GPU를 높게 평가했다는 것을 강조했다. Lamini사는 지난 1년 동안 AMD Instinct MI250 GPU를 활용해 LLMs을 구현했는데 AMD의 ROCm 소프트웨어와 엔비디아의 CUDA 시스템이 동등한 수준이라고 평가했다.

> AMD는 올 하반기 새로운 아키텍처 '젠5'(Zen5) 기반 데스크톱PC·노트북용 프로세서를 출시할 예정이다.

향후 전망 및 애널리스트 의견

당장 4분기 가이던스는 58억~64억 달러 수준의 매출을 전망한다고 발표했으며 2023년 시장 예상 매출은 226억달러로 전년대비 4.1% 감소, 순이익은 43억달러로 전년대비 52% 증가한 수치이다. 시장에서 예상하는 2024년 매출은 265억달러로 17% 증가를 예상하고 있고 순이익은 61억 달러로 전망하고 있다. FCF는 52억 달러 수준으로 2023년 30억달러 대비 73% 수준 증가하는 수치다.

애널리스트의 투자의견을 살펴보면 12개월 평균 목표가 197달러로 현재 주가 수준과 비슷하며 Buy:Hold:Sell 비율은 76%:20%:4%로 매수 의견이 지배적이다. 12개월 Forward PER이 42배 수준으로 매우 높은 편인데 이는 반도체 업종의 특성상 실적 턴어라운드 직전 수개월 전(6개월 ~1년 사이) 주가가 선행해서 움직이는 경향 때문으로 판단된다. 이익 가시성이 높다고 생각하면 "고PER에 사서 저PER 파는 전략도 유효할 것이다. 2023년 PER 75배, 2024년 PER 55배, 2025년 PER 36배이다. 2024년의 최대 관심 포인트는 AI 칩 대결이다. 엔비디아의 H100 칩이 독주하고 있는 가운데 AMD MI300X 출시는 하이퍼스케일러에겐 또다른 선택지가 되고 있다. 내년 새롭게 출시되는 엔비디아 H200의 성능이 MI300X 대비 우수하지만 판매 물량 기준으로는 어떤 결과가 나올지 지켜볼 필요가 있다.

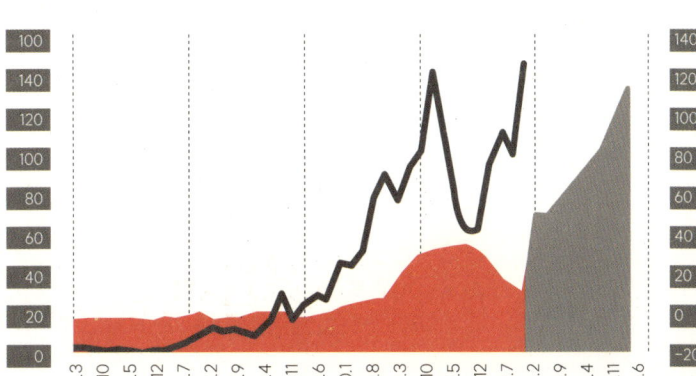

자료 Bloomberg Professional Services

Tr 12M: 직전 12개월

21 태풍이 와도 순항 중
어플라이드 머티어리얼즈
Applied Materials, Inc

투자지표 5점 척도

AMAT는 성장성이 낮은편이지만 수익성과 수익 안정성 그리고 ESG와 주주환원에서 높은 평가를 받고 있다.

주식 정보 바로보기

어플라이드 머티어리얼즈는 미국 굴지의 반도체 제조 장비 및 서비스, 소프트웨어 전문 대기업이다. 반도체 장비를 취급하는 전 세계의 기업 가운데 매출액 1위를 기록하고 있다.

Investment Point
- GAA 선단 공정 수혜
- HBM 설비 확대 수혜
- 주주환원율 91%

업종 반도체 및 제조용 설비 제조업
티커 심볼 AMAT
시장 정보 나스닥(NASDAQ)
시가총액 1687억달러
매출액 264억달러
영업이익 76억달러
순이익 71억달러
제품 ALD, CMP, CVD, ECD, EPITAXY, ETCH, ION IMPLANT, METROLOGY AND INSPECTION

(2023년 1분기 기준, 직전 4분기 합치)

보안 기술과 수익 안정성 우수

1967년 화학 공급 회사로 시작해 현재 전 세계 모든 반도체 칩과 디스플레이 제품 생산에 사용되는 재료공학 솔루션 분야 선도 기업이다. 연간 매출액 265억달러, 연간 31억달러의 연구비를 사용하며 1만 7300개 이상의 특허를 보유하고 있으며 원자 단위를 비롯해 산업 전반을 아우르는 재료공학 분야 전문성으로 고객의 가능성을 현실로 구현하고 새로운 기술로 미래를 여는 혁신 기업이다. IT의 중심지인 실리콘밸리에 본사를 두고 있다. 미국 텍사스 및 싱가포르에 대량 제조 시설을 두고 있으며, 독일, 이스라엘, 이탈리아, 한국, 대만과 미국에도 제조시설을 두고 있다.

태풍이 와도 대형 크루즈선은 정상 출항

매출은 전년대비 3% 증가한 265억달러를 기록했고, OPM은 29.1% EPS는 4.5% 증가한 8.05달러를 달성했다. 반도체 업황이 매우 어려운 가운데 발표한 놀라운 성과를 달성했다. 더욱 놀라운 것은 이런 환경 속에서 사상 최대 CFO(영업활동현금흐름)과 FCF를 기록했다는 것이다. CFO는 87억달러, FCF는 무려 65% 증가한 76억달러를 기록했다. 사업 부문별로 살펴보면 가장 큰 비중을

↓ 반도체 장비회사 어플라이드 머티어리얼즈가 5조를 들여 미국에 연구시설을 설립했다.
자료 연합뉴스

차지하는 반도체 시스템 사업은 업황 부진속에서 5%의 성장을 보이며 사상 최대 매출을 기록했다. Sym3 에칭(식각)장비를 1만개 인도하며 WFE(웨이퍼 Fab 장비)는 시장보다 초과 성장했고 파운드리 팹의 최첨단 선단 공정인 GAA 및 HBM 관련 장비와 ICAPS(IoT, Communications, Automotive, Power and Sensors: IoT, 통신, 자동차, 전력 및 센서)향 식각 장비의 호조에 힘입어 달성할 수 있었다.

AGS(Applied Global Services) 매출은 지난 1년간의 반도체 팹 불황속에서도 3% 성장했다. 2023년에는 AI 기능을 탑재한 서비스를 제공했다. 디스플레이 사업부는 22% 증가한 2.9억달러 매출을 달성했다. 2024년에는 디스플레이 사이클이 정상화되고 2025년에는 OLED 기술이 랩탑(노트북)과 태블릿으로 확대될 것으로 기대한다.

연간 매출액 265억달러, 연간 31억달러의 연구비를 사용하며 1만 7300개 이상의 특허 보유

향후 전망 및 애널리스트 의견

회사가 제시한 2024년 1분기 가이던스는 647억달러 매출, 반도체 시스템 사업부 47억달러, AGS 사업부 14.6억달러, 디스플레이 사업부 2.4억달러를 제시하였다.
애널리스트 평균 목표가는 216달러

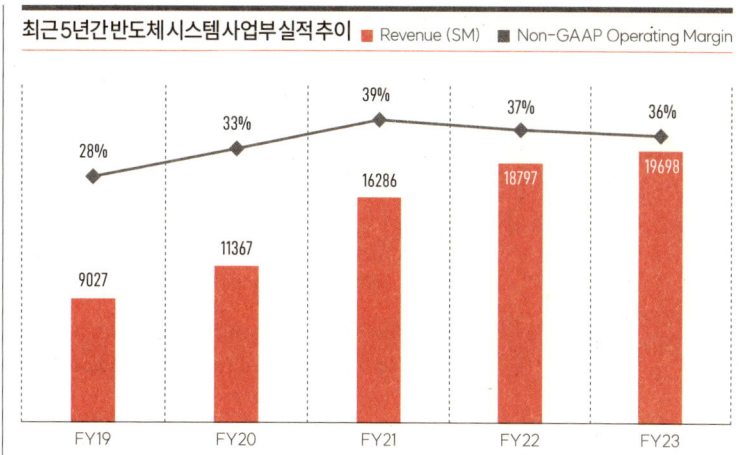

자료 어플라이드 머티리얼즈

이며 Buy:Hold:Sell 비중은 69%:26%:5%로 매수 의견이 지배적이다.

그림과 같이 지난 10년간의 주주환원 추이를 보면 정말 칭찬할만한 회사이다. 주당 배당금의 CAGR이 12% 수준이었고 발행주식 수의 30%를 매입소각했다. FCF의 91%를 주주에게 환원했다. 이런 소식을 한국 자본시장에서도 듣는 날이 오길 소망해본다.

2023년 연간 매출의 27%가 중국향 매출이었으며 반도체 사업부의 20% AGS와 디스플레이 사업부의 7%가 중국 매출이다. 그럼에도 불구하고 경영진들은 그 영향이 제한적이라고 말한다. 그 이유는 중국내 장비 캐파가 전 세계에서 차지하는 비중이 아직은 낮고 반도체 기술이 열위에 있기 때문에 고가의 최첨단 공정 장비가 나가는 것이 아니기 때문이다.

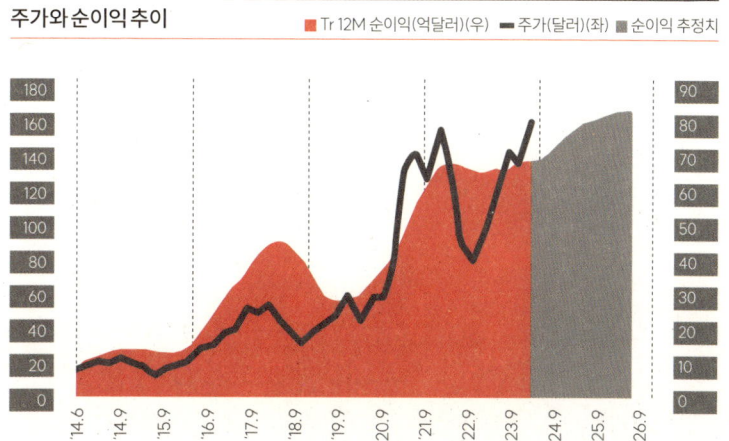

자료 Bloomberg Professional Services 주 10월말 결산 법인 (10월말 실적을 9월말에 표기)

22 숙박업 시장 평정
에어비앤비 Airbnb Inc

2008년 대학생 룸메이트 둘은 샌프란시스코에서 열리는 산업디자인 관련 국제 컨퍼런스 행사로 호텔이 만실이 될 것으로 예상해 거실을 숙소로 빌려주기로 했다. 광고 사이트를 찾아 올리는데 불편했던 이들은 Air Bed & Breakfast라는 앱을 만들어 사업화를 시작하기에 이른다.

투자지표 5점 척도

Airbnb는 높은 성장성과 수익성을 보이고 있다. 하지만 아직은 주주환원과 ESG 평가는 미흡한 상황이다.

주식 정보 바로보기

↓ 서울디자인재단 X 에어비앤비 글로벌 캠페인 론칭 기념 행사

Investment Point
- 숙박 예약 분기 1억 건 초과
- P의 상승 지속
- 전쟁과 경기 둔화 복병

업종 숙박
티커 심볼 ABNB
시장 정보 나스닥(NASDAQ)
시가총액 974억달러
매출액 99억달러
영업이익 15억달러
순이익 47억달러
제품 Tilt.com, Accomable, Aibiying, Trooly, Deco Software, Trip4real Experiences, Lapka, Airbnb UK Limited, HotelTonigh

(2023년 기준, 환율 1천3백원 기준)

신뢰와 심플한 결제 시스템 도입

처음에는 룸메이트를 연결시켜 주는 서비스로 시작했으나 향후 여행자에게 집을 단기로 임대해주는 지금과 유사한 사업 모델로 커 갔다. 필자도 처음 이 서비스가 과연 실현 가능한지 의문을 품었다. 왜냐면 사용자와 제공자 사이에 신뢰라는 것이 없이는 불가능한 일이었기 때문이다. 에어비앤비는 이 둘 사이에서 서로 믿고 빌려주고 빌릴 수 있는 신뢰를 만들어 줬다. 본인 인증과 매우 솔직한 리뷰, 그리고 심플한 결제 시스템을 도입한 것이다. 그렇게 시작한 에어비앤비는 2022년 한해 3억건의 예약과 무려 632억달러에 달하는 예약금액을 달성했다. 최근 3분기에는 분기

에어비앤비는 2022년 한해 동안 3억건의 예약과 632억달러에 달하는 예약금액을 달성했다. 덧붙이자면 세계 최대 호텔체인 메리어트의 2022년 매출액은 200억달러였다

당 1억건의 예약건수로 세계 최대 호텔 체인인 메리어트호텔의 분기당 룸 캐파 55.7만개와는 비교할 수 없는 숫자로 성장했다.

최근 실적 및 주목할 포인트

2023년 3분기 실적에서는 컨센서스를 크게 상회한 놀라운 실적을 보여줬다. 34억달러 매출로 전분기 대비 18% 증가했고 일회성 세금 환입을 제외한 순이익은 16억달러로 전년동기대비 32% 증가했다. 일회성 세제 혜택 포함시 순이익은 43.7억달러다.

Q에 해당되는 예약 건수는 1.13억 건으로 전년동기대비 13.5% 성장했다. P에 해당하는 ADR(Average Daily Rate, 평균 예약금액)은 161달러로 컨센서스 158달러를 상회했으며 전년동기대비 3.3% 성장했다. 이에 따라 분기 GBV는 183억달러를 달성해 컨센서스 179억달러를 초과했으며 전년동기대비 무려 17.3% 성장했다. 팬데믹 종료로 중국 등 아시아 시장의 회복이 두드러졌다. 특히 중국은 전년동기대비 100% 이상 증가했고 동남아지역은 30% 이상 성장했다.

향후 전망 및 애널리스트 의견

4분기 가이던스는 21.3억~21.7억달러로 시장 예상치 대비 다소 보수적으로 제시했다. 이는 보복수요(Pent-up Demand)는 마무리되고 내년 경기둔화에 따른 여행수요 둔화를 전망하고 있기 때문이다. 2024년 연간 매출액 전망치는 109억달러로 전분기 대비 11% 성장을 내다보고 있다. 순이익 전망치는 31억달러로 28%의 순이익률을 달성할 것으로 예상하고 있다. 사업구조 특성상 CAPEX가 거의 없어 FCF 역시 43억달러로 예상되고 있다. 애널리스트 평균 목표가는 143달러로 Buy:Hold:Sell 비율이 28%:55%:17%로 보유 의견이 지배적이다.

이는 최근 가이던스 하향, 지정학적 우려 지속, 글로벌 경기둔화에 따른 여행수요 둔화를 예상하고 있기 때문이다. 따라서 단기적으로는 Q가 감소할 수 있지만 여러 옵션을 추가한 서비스의 런칭으로 ADR을 계속 올릴 수 있다면 장기 성장률은 유지될 수 있을 것으로 판단된다. 다른 호텔 체인 기업과 비교해볼 때 에어비앤비의 확장성이 매우 크기 때문에 높은 시가총액으로 인정받고 있다.

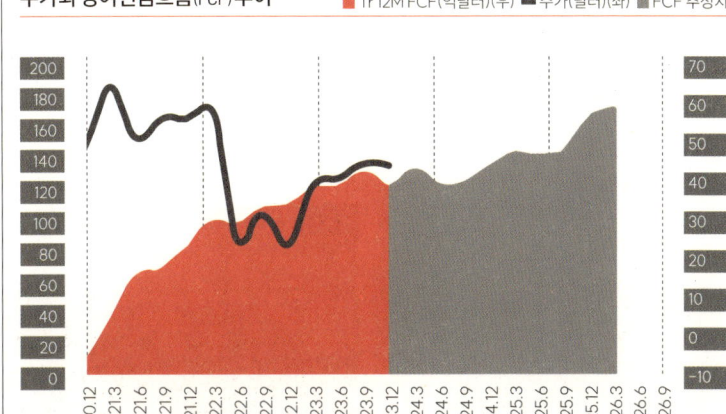

에어비앤비 연간 예약 건수

자료 에어비앤비

주가와 잉여현금흐름(FCF) 추이

자료 Bloomberg Professional Services

Tr 12M: 직전 12개월

23 반도체 제조 기술의 최전선
에이에스엠엘 ASML Holding N.V.

ASML은 전 세계에서 가장 정교한 반도체를 제조하는 데 필요한 장비를 생산하는 유일한 회사다. 2023년 삼성전자, 인텔, TSMC 등 주요 기술 고객들로부터 최첨단 극자외선 리소그래피(EUV) 기계에 대한 기록적인 주문을 받았으며, 반도체 산업 발전에 결정적 기여를 하고 있는 기업이다.

투자지표 5점 척도

(수익성, 수익 안정성, 성장성, ESG, 주주환원)

ASML은 기술우위를 바탕으로 산업 특성에도 불구하고 거의 모든 영역에서 완벽에 가까운 점수를 받고 있다.

주식 정보 바로보기

Investment Point
- 2024년 실적 먹구름 그러나 주가는 상승세
- 2025년 high-NA EUV 출하 본격화 전망
- 2025년 90대 꾸준히 증가폭 예상

업종 반도체
티커 심볼 ASML
시장 정보 나스닥, 유로넥스트
시가총액 3704억달러
매출액 297억달러
영업이익 97억달러
순이익 84억달러
제품 극자외선(EUV) 리소그래피 시스템, 심자외선(DUV) 리소그래피 시스템, 나노임프린트 리소그래피(NIL) 시스템, 계측 및 프로세스 제어 장비

(2023년말 기준, 직전 4개 분기 실적)

반도체 제조의 핵심 장비인 노광장비를 생산하는 기업

ASML은 반도체 제조의 핵심 장비인 노광장비를 생산하는 기업이다. 또한 극자외선(EUV) 노광 장비를 독점 생산하는 기업으로 이 장비는 선단 공정의 미세화에 반드시 필요하다. 최근 공정 미세화가 3나노 2나노 레벨로 넘어가면서 미세화에 큰 어려움을 겪고 있는 상황인데 EUV 노광 장비는 기존 Arf 노광장비로 힘들었던 미세 패턴을 보다 빠르고 정확하게 구현할 수 있어 생산성 향상에 큰 도움을 주고 있다.

ASML은 1984년 당시 필립스와 반도체-장비 회사인 ASMI가 협력해 설립했다. 1997년 들어 EUV를 이용한 방식을 연구하기 시작했다. 1990년대 말부터 투자한 금액만 80억달러. 글로벌 협력이 주효했다. 독일과 미국의 기계기술과 일본의 화학기술이 합쳐져 시행착오 끝에 2014년에야 양산이 시작됐다. 2016년 6대, 2017년엔 11대를 출하했다.

EUV 장비 출하량 계획

연도	수량
2018	18
2019	26
2020	31
2021	42
2022	40
2023E	52
2025E	90

자료: 하이투자증권 리서치본부

→ 네덜란드 ASML이 최첨단 반도체 시장의 '게임체인저'로 불리는 하이 NA EUV (극자외선) 노광장비'의 출하를 시작했다.

오랜 연구 끝에 개발한 기술인 만큼 ASML이 관련 시장을 독점하고 있다. 기술 유출을 막고자 해당 장비 운용에도 ASML 직원들이 관여할 정도다.

로저다센 ASML CFO는 "올해 실적은 2023년과 비슷한 수준으로, '전환'을 이루는 해로 보고 있으며, 다가오는 2025년은 강력한 성장의 해가 될 것" 이라고 전망했다.

전년동기대비 70% 감소, 불황의 먹구름

최근 3분기 실적은 67억유로로 가이던스 수준을 달성했다. 매출총이익률(GPM)은 52%를 달성했고 순이익은 19억유로로 순이익률 28.5%를 기록했다. CAPEX 규모가 전분기와 유사한 수준인 5억유로 수준을 유지한 가운데 FCF는 6억유로로 전분기 대비 개선되는 흐름을 보여줬다. 사업부 별로 살펴보면 시스템 매출은 53억(79% 비중) 유로를 달성했으며 로직이 차지하는 비중은 76%이며, 메모리가 차지하는 비중은 24%를 기록했다. 10대의 EUV 장비를 인도하고 매출인식은 11대인 19억유로를 반영했다. 이로써 EUV 장비의 비중은 35% 수준에 해당된다. 반도체 업황이 부진한 가운데 매우 안정적인 실적을 보여 줬지만 금번 실적 발표에서 우리가 주목할 부분은 신규 주문이 26억유로로 전분기 대비 42% 감소, 전년동기대비로는 70% 감소했다

는 점이다. 수주잔고는 350억유로로 여전히 높은 레벨을 유지하고 있지만 메모리 불황 먹구름의 그림자가 ASML에게도 드리우고 있는 것으로 보인다.

실적 전망 및 애널리스트 의견

시장에서 보는 2024년 매출 전망은 274억유로로 정체되는 흐름으로 보고 있다. GPM 52%, NPM 28%로 유지하며 EPS 성장률도 전년과 비슷한 19.6유로를 전망하고 있다. 이는 글로벌 반도체 업체들의 2024년 CAPEX 지출이 2023년 대비 하락할 것으로 전망하고 있기 때문이다. 12개월 평균 목표가는 878유로이며 Buy:Hold:Sell 비중은 71%:24%:5%로 매수 의견이 지배적이다.

그림에서 보다시피 2025년에는 신규 EUV 장비인 high-NA EUV 장비가 본격적으로 인도되며 고객사들의 CAPEX가 늘어날 것으로 전망한다. 공정 미세화에 독이 올라있는 인텔은 이미 2023년 12월 차세대 EUV 장비를 최초로 인도받았다. 이는 경쟁사들의 CAPEX 계획에 자극을 줄 것으로 보인다.

중국 수출 규제 영향 생각보다 실적에 미치는 영향 적어

미국의 대중국에 대한 반도체 규제가 심해지며 중국향 매출에 악영향을 줄 수 있다.

당장 2000i와 후속 모델 장비 2050i 2100i가 영향을 받을 수 있으나 이전 모델인 1980Di 모델이 대체제 역할을 해주고 있기 때문이다. 따라서 당장의 실적 영향은 제한적이라고 판단한다. 왜냐하면 속도 등 성능은 떨어지지만 생산 가능한 선폭의 넓이는 같은 수준이기 때문에 기존 모델인 1980Di로의 수요가 집중되고 있기 때문이다.

→ 피터 베닝크 CEO는 2023년 전략적 성공 이유에 대해 공급망 탄력성 강화와 고객 신뢰 관계 구축을 꼽았다.

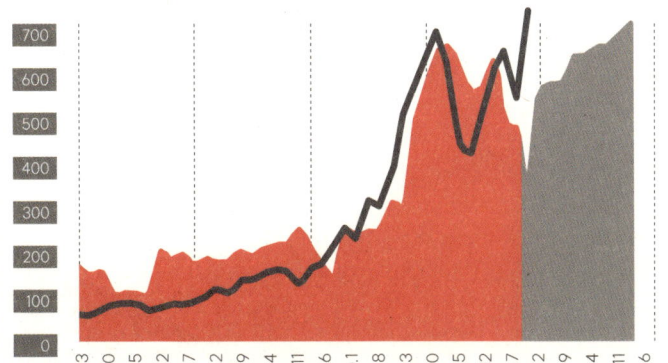

주가와 잉여현금흐름(FCF) 추이

자료: Bloomberg Professional Services

Tr 12M: 직전 12개월

24 엑슨모빌 Exxon Mobil Corporation
세계 정유업계 슈퍼메이저

엑슨모빌은 미국의 록펠러 재벌 가문의 스탠더드 오일이라는 기업에 뿌리를 두고 있다. 1911년 미국의 반독점법에 의해 스탠더드 오일이 34개 기업으로 강제 분할을 당했고 1999년 뉴저지의 엑슨과 뉴욕주의 모빌이 합병하면서 지금의 엑슨모빌이 탄생한다.

투자지표 5점 척도

엑슨모빌은 산업 특성상 낮은 성장성과 수익 안정성을 보이지만 높은 수준의 주주환원 정책으로 좋은 평가를 받고 있다.

주식 정보 바로보기

Investment Point
- 배당귀족? 미래의 불확실성 고려해야
- 넷제로 달성이라는 큰 숙제가 남았다
- 'Mobil Lithium' 엑슨모빌의 제2의 석유가 될까?

업종 오일, 가스 정제
티커 심볼 XOM
시장 정보 나스닥(NASDAQ)
시가총액 4157억달러
매출액 3337억달러
영업이익 433억달러
순이익 360억달러
제품 모빌, Denbury, Imperial Oil, XTO 에너지

(2023년말 기준 직전 4개분기 실적)

160년의 역사를 가진 우량한 배당주

산업혁명 이후 160년이라는 긴 시간 동안 인류 발전에 크게 기여한 엑슨모빌은 기후변화라는 사회적 인식 변화로 손가락질 받는 기업으로 전락하고 있다. 같은 뿌리였던 영국의 BP도 이러한 이미지에서 탈피하고자 엄청난 돈을 쏟아붓고 있다. 토니 세바가 말하는 '에너지 혁명 2030'처럼 휘발유가 없는 세상이 된다면 엑슨모빌 같은 에너지 기업은 사라질 것이다. 그럼에도 불구하고 이들 기업에게도 변할 수 있는 시간이 주어졌다. 그 기간 동안 넷제로를 위해 어떻게 노력하는지에 따라 이들의 미래가 달려있다. 엑슨모빌은 미국의 록펠러 재벌 가문의 스탠더드 오일이라는 기업에 뿌리를 두고 있다.

1911년 미국의 반독점법에 의해 스탠더드 오일이 34개 기업으로 강제 분할을 당했고 1999년 뉴저지의 엑슨과 뉴욕주의 모빌이 합병하면서 지금의 엑슨모빌이 탄생한다. 셰브론 역시 스탠더드 오일의 캘리포니아와 켄터키 지역 사업자였고 영국의 BP 또한 스탠더드 인디아나와 오하이오 지역 사업자가 BP에 인수되어 만들어졌다. 현재의 엑슨모빌은 석유의 유전개발부터 석유화학 제품의 생산까지 모든 공정을 담당하고 있다. 사업보고서를 살펴보면 석유를 뽑아내는 업스트림, 각각의 에너지 및 화학 제품을 생산하는 다운스트림 영역까지 모든 사업 영역을 두고 있다.

2022년 엑슨모빌 사업부별 주요 매출 비중

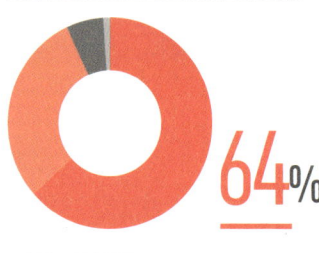

- 64% 업스트림
- 30% 에너지
- 6% 화학
- 1% 기타

자료 엑슨모빌

→ 미국의 엑슨모빌 지난 3분기(7~9월) 유가 상승의 수혜를 톡톡히 봤다.

높은 마진 개선으로 전분기 대비 34% 증가

2023년 3분기 실적을 살펴 보면 전년동기대비 16% 증가한 91억달러의 순이익을 기록했다. 이는 90억달러 규모의 구조적 비용 절감 효과가 있었고 가이던스 수준의 생산량을 달성했기 때문이다. 영업현금흐름은 약 160억달러를 기록했고 117억달러 규모의 잉여현금흐름(FCF)를 달성해 주당 0.91 달러의 배당을 지급해 약 81억달러를 주주환원했다. 이어서 회사는 차기분기 주당 배당금으로 0.95달러로 발표했고 2023년 기준 175억달러의 자사주 매입은 예정대로 진행 중에 있다.

사업부 별로 더 자세히 살펴보면 업스트림의 경우 원유 수요증가와 낮은 재고 영향으로 가격 상승효과에 힘입어 전분기대비 34% 증가한 61억달러를 기록했다. 에너지 제품인 정제사업부 역시 낮은 재고와 강한 수요에 힘입어 높은 마진 개선으로 24.7달러를 기록했다. 화학 제품군은 힘든 시장 환경속에서도 2.5억달러 흑자를 달성했다. 스페셜티 제품군은 높은 재고 부담과 비용 문제에도 불구하고 마진 개선으로 6억달러를 달성했다. 차기 분기에 대한 가이던스를 보면 업스트림의 실적이 전분기 대비 위아래 편차를 보일 것으로 봤으며 나머지 화학 제품군은 소폭 우상향되는 그림으로 전망했다.

향후 전망 및 애널리스트 의견

2024년 기준 시장의 순이익 전망치

> BNEF가 발표한 '경제 전환 시나리오'에 따르면 2030년에는 전기차가 전세계 승용차 판매량의 44%, 2040년에는 75%를 차지할 것으로 예상했다

는 전년대비 2% 증가한 379억달러이며 순이익률은 10.9%로 전년도와 거의 유사한 수치로 보고 있다. FCF는 349억달러로 전년도 대비 약 11억달러 늘어난 수치이다. 애널리스트 평균 목표가는 124달러로 Buy:Hold:Sell 의견 비율이 57%:43%:0%로 매수 의견이 지배적이다.

엑슨모빌은 단기적으로 보면 경기 상황에 따라 유가 변동과 화학 제품의 마진율에 따라 실적의 변동성이 큰 기업이다. 하지만 지난 10년간의 배당지급액을 살펴보면 2013년 109억달러에서 꾸준히 늘어나 최근에는 149억달러에 달한다. 즉 돈을 못 벌더라도 주주에게 배당은 지급했다는 얘기이다. 자사주 매입은 2010년대 일시적으로 감소하긴했지만 2023년과 2024년 350억달러의 자사주 매입을 발표해 175억달러씩 매수할 것으로 기대한다. 따라서 2030년 이후의 미래 불확실성만 크지 않다면 배당주로서 매력은 충분한 회사로 판단한다. 엑슨모빌은 2027년까지 장기 전망을 최근 IR 홈페이지를 통해 공개했다. 그동안의 구조적 비용 개선 노력으로 브렌트유 60달러 수준에서도 100억달러 규모의 FCF 개선효과를 보였고 2027년이 되면 140억달러를 더 벌 수 있는 구조로 만들 수 있다고 전망했다. 그리고 아칸소 남서부에서 제2의 석유라고 불리는 리튬 생산 공장을 2027년 가동해 2030년까지 연간 100만대의 전기차 수요를 담당할 것이라고 다짐했다. 최근 탄소포집(CCUS) 기업 덴버리(Denbury)를 49억달러에 인수해 넷제로 목표 시한을 앞당기려고 노력 중이다. 과연 엑슨모빌이 시장에서 기대하는 넷제로를 조기에 달성해 향후 안정적인 수익구조를 계속 유지할 수 있을지 지켜보자.

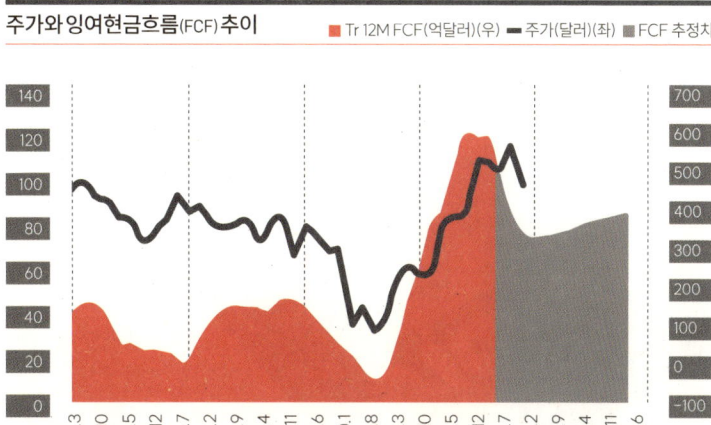

주가와 잉여현금흐름(FCF) 추이 — Tr 12M FCF(억달러)(우) ■ 주가(달러)(좌) ■ FCF 추정치

자료 Bloomberg Professional Services   Tr 12M : 직전 12개월

25 엔비디아 Nvidia Corporation
GPU 1등 기업

엔비디아의 시가총액은 지난 2월, 2조1000억달러(약 2800조원)를 보이며 장중 2조달러를 돌파했다. 시총이 2조 달러를 넘어선 건 미국 상장기업 중 애플과 마이크로소프트에 이어 3번째다.

투자지표 5점 척도

엔비디아는 산업 특성상 수익 안정성이 흔들릴 수 있지만 모든 면에서 우수한 평가를 받고 있다.

주식정보 바로보기

↓ 세계 최대 AI 컨퍼런스인 '엔비디아 GTC(GPU Technology Conference)'에서 엔비디아가 새 AI 칩을 선보일 예정이다.

← 칩이미지

Investment Point
- 시장 예상치를 뛰어넘은 호실적
- AI칩 시장 반독점
- 주가 급등 및 전망 또한 낙관적

업종	반도체
티커 심볼	NVDA
시장 정보	나스닥(NASDAQ)
시가총액	1조9467억달러
매출액	609억달러
영업이익	329억달러
순이익	297억달러
제품	엔비디아 지포스 그래픽카드, H100, A100 데이터센터 GPU, Grace 데이터센터 CPU 등

(2023년말 기준, 작전 4개 분기 실적)

어닝서프라이즈 기록 갓비디아

게이밍 GPU 시장을 지배하던 기업이 AI칩 시장 또한 접수해 버린 놀라운 기업이다. 처음엔 하드코어 게임을 즐기는 일부 게이머들에게 꼭 필요한 그래픽 카드(가격 100만원 내외)를 주로 생산했었지만 젠슨황은 미래에 AI칩 시장이 올 것을 미리 예측하고 AI칩 개발로 선회하였다. AI칩(가격 1,000만원 이상)과 GPU는 CPU와 달리 병렬연산을 하는 구조라 엔비디아에게 유리한 출발선이기도 했다. 2006년 프로그래머를 위한 CUDA 프로그래밍 모델을 만들어 현재 AI 시장을 장악하는 큰 무기가 된다. 글로벌 시장조사업체 옴디아에 따르면 AI용 GPU(그래픽처리장치)

전 세계 시장 점유율은 엔비디아 약 80%, AMD 20% 수준으로 사실상 엔비디아가 독식하고 있다.

시총은 전년동기대비 3.4배 급증, 2025년과 그 이후 지속적인 성장을 위한 조건이 훌륭해 전망 또한 낙관적

연일 사상 최고치를 경신

Open Ai가 생성형 GPT 서비스를 빠른 속도로 업그레이드하면서 2023년은 Chat GPT의 한 해가 되었다. 이에 AI 시장이 급속도로 커지면서 AI 전용 칩 수요가 폭발적으로 늘어나며 지난 3분기 실적이 시장 기대치를

엔비디아 분기별 실적 추이

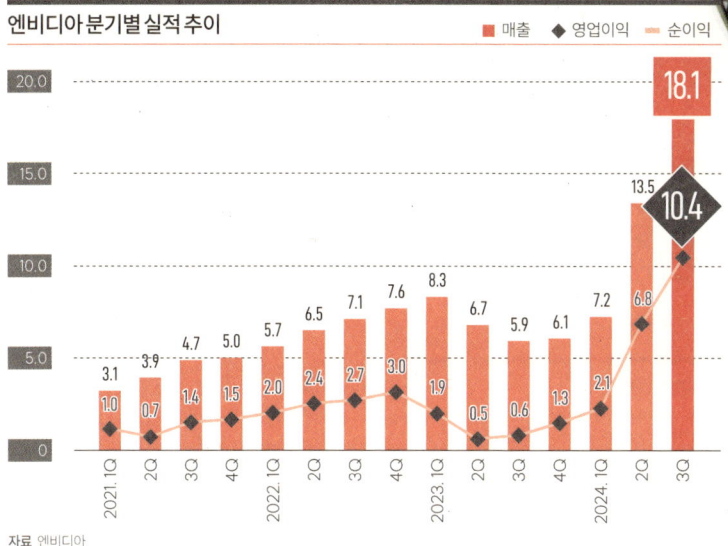

자료: 엔비디아

↑ 폭스콘·엔비디아
'자율주행 전기차 위한 AI 공장 설립'
자료: 연합뉴스

상회했다. 매출액은 206% YoY 증가했고 영업이익은 전년동기대비 무려 1600%가 증가했다. 이는 데이터센터향 매출이 급격하게 늘어났기 때문이다. 4분기 가이던스 매출은 달러 200억달러 전후이고 GPM은 74.5%를 제시했다.

3월 현재 애널리스트 평균 목표가는 906달러이며 현재가 481달러 대비 +35%의 업사이드 여력이 남아있다. Buy : Hold : Sell 비율이 91 : 9 : 0 수준으로 매수 의견이 지배적이다.

2024년(FY2025) 및 중장기 전망

내년 매출액 및 영업이익 컨센서스는 각각 924억달러, 574억달러로 50~60% 수준의 YoY 성장이 예상되며

← 젠슨 황
엔비디아 CEO

특히 데이터센터향 매출액은 60% 수준 증가할 것으로 예상하고 있다. 올해 신규 출시한 H100 매출이 큰 폭 성장했듯이 내년 상반기에는 후속 모델인 H200 출시를 앞두고 있어 또한번의 놀라운 성과가 예상된다. 나아가 테그라 칩을 활용한 모바일 '엣지 AI' 시장 역시 엔비디아가 선점할 가능성이 매우 높아보인다.

최근 경쟁사들이 발빠르게 새로운 AI칩을 출시하고 있지만 엔비디아의 후속 모델인 H200보다 나은 성능의 제품을 출시한 곳은 아직 없다. 경쟁사의 모델 특히 AMD의 MI30X 신제품이 나오더라도 일부 서버업체들이 이원화 차원에서 사용하겠지만 직업 시장에는 이미 엔비디아의 CUDA 프로그래밍을 전문으로 하는 프로그래머가 자리를 잡았기 때문에 판을 뒤집기에는 부족해 보인다.

수많은 개발 인프라, 개발자 집단, 하드웨어 성능을 한번에 따라잡을 수 있는 회사가 나오기는 힘들 것이다. 따라서 당분간은 독과점에 가까운 지위가 지속될 것으로 전망한다.

주가와 잉여현금흐름(FCF) 추이

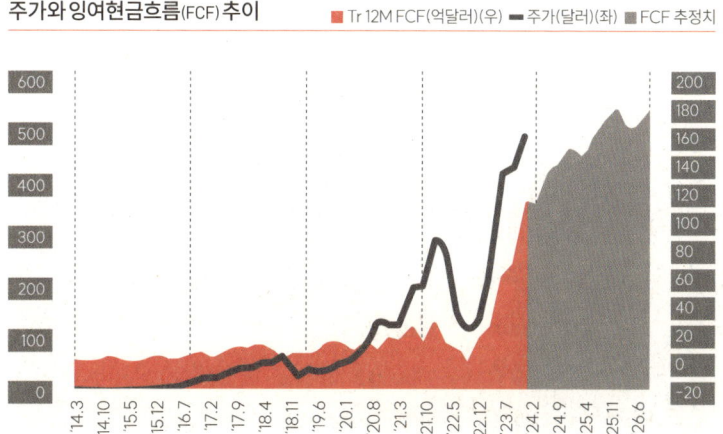

자료: Bloomberg Professional Services

Tr 12M : 직전 12개월

26 오라클 Oracle Corporation
세계 2위의 소프트웨어 회사

오라클은 미국 텍사스에 본사를 둔 매출 규모 세계 2위의 소프트웨어 회사이다. 이 회사의 대표적인 제품인 데이터베이스 제품, 오라클 RDBMS는 세계 최고의 점유율을 차지하고 있다. 2014년 오라클은 마이크로소프트에 이어 소득 기준으로 2번째로 큰 소프트웨어 제조사이기도 했다.

투자지표 5점 척도

오라클은 우수한 수익성과 수익 안정성을 자랑하지만 ESG 측면에서는 다소 부족한 평가를 받고 있다.

Investment Point
- 기업형 클라우드 전체 매출 74% 차지
- RPO 650억달러 확보
- 선점 가능 시장 1850억달러 기대

업종	소프트웨어
티커 심볼	ORCL
시장 정보	나스닥(NASDAQ)
시가총액	525억달러
매출액	516억달러
영업이익	155억달러
순이익	106억달러
제품	오라클 DBMS, Oracle eBusiness Suite, Oracle Application Server

(2023년 말 기준, 직전 4개 분기 실적)

기업형 클라우드의 주인공

1977년 래리 엘리슨과 밥 마이너, 에드 오츠는 소프트웨어 개발 연구소(Software Development Lab)를 설립했다. 1979년 유닉스용 RDBMS 소프트웨어 오라클 2.0을 발표하고 1982년 회사명을 지금의 오라클로 변경한다. 오라클은 기업용 DBMS 시장을 절반 정도 차지하는 독과점 기업으로 데이터베이스, 서버, 애플리케이션 개발, ERP 시스템 등 B2B 사업을 영위하고 있다. 사업은 크게 4개 부문으로 나뉘며, 클라우드 서비스 및 라이센스, 클라우드 및 프리미엄 라이센스, 하드웨어, 서비스로 나뉜다.

기업형 클라우드 시장은 나의 독무대

2분기 매출은 129억달러로 환율 영향을 제외하면 전년동기대비 4% 증가한 수치이다. RPO는 650억달러로 분기 매출의 5배 수준이다. 클라우드 서비스 및 라이센스 사업부의 매출은 전년동기대비 11% 증가한 96억달러로 전체 매출의 74%를

↑ 2024년 3월 12일 클라우드 강세에 힘입어 오라클 주가가 12% 폭등했다.

오라클의 변화로 선점 가능한 시장

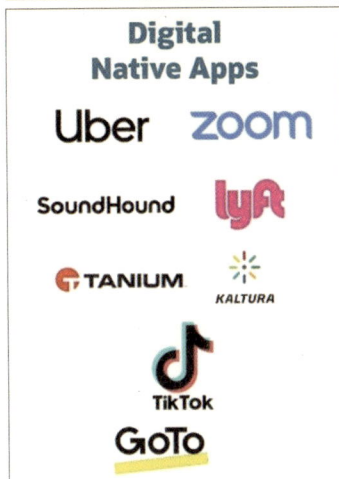

모바일 어플리케이션 분야 / AI 분야

> 클라우드 매출 호조로 170억달러의 영업현금흐름을 창출했고 101억달러의 FCF를 기록했다

기여했다. 세부적으로는 클라우드 인프라스트럭처 IaaS 사업부의 매출이 50% 증가하며 16억달러를 기록했고 클라우드 SaaS 사업부는 14% 증가하며 32억달러를 기록했다. 클라우드 서비스만 놓고보면 24% 증가한 48억달러를 달성한 것이다. 그 외 퓨전 클라우드 ERP, Netsuite ERP SaaS 각각 8억달러를 달성하며 20% 성장했다. 이런 클라우드 매출 호조로 170억달러의 영업현금흐름을 창출했고 101억달러의 FCF를 기록했다.

지난 12월 2024년 2분기 실적 발표에서 새프라 CEO는 74%에 해당되는 클라우드 사업부가 매년 10%씩 성장하고 있기에 회사 전체 매출 성장은 매년 가속화될 것이라고 자평했다. 특히 OCI(Oracle Cloud Infrastructure) AI 기능을 기본 옵션으로 제공하는 점과 45년 동안 기업형 소프트웨어를 개발하고 서비스한 경험치 그리고 헌신적인 클라우드 고객 서비스(Dedicated Cloud Customer) 등의 강점이 있다고 말했다.

클라우드 전환 수치 주목

5월 결산 법인이라 벌써 반기가 지났지만 2024년 예상 매출은 7% 성장한 534억달러, 매출총이익률(GPM)은 73%, 순이익은 156억달러로 순이익률 29%를 전망하고 있다. EPS는 70% 성장한 5.55달러, 잉여현금흐름(FCF)는 107억달러를 예상하고 있다. 애널리스트 평균 목표가는 124달러로 Buy:Hold:Sell 비중은 50%:47%:3% 수준으로 매수 의견이 지배적이다. 클라우드 시장에서 아마존, 마이크로소프트, 구글 등에 비해 열위에 있기 때문에 높은 밸류에이션 멀티플을 받지 못하는 것으로 판단된다. 회사가 언급한 것처럼 기업 고객 시장에서 예상을 뛰어넘는 성과를 만들어내는지 살펴봐야 할 것이다. 그리고 2021년 인수한 서너(Cerner)가 인수가 이상의 가치를 시연하는지 눈여겨보자.

주가와 잉여현금흐름(FCF) 추이

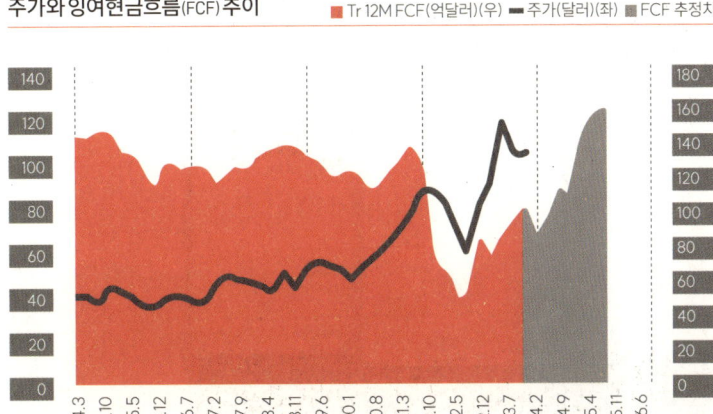

자료 Bloomberg Professional Services 주 5월말 결산 법인 (5월말 실적을 6월말에 표기) Tr 12M : 직전 12개월

27 우버 테크놀로지스

누구나 쉽게, 운송의 혁신 추구

Uber Technologies Inc.

2008년 스타트업으로 시작해 현재 운송 플랫폼 1위 기업으로 성장했다. UCLA 컴퓨터공학과 출신 스타트업 투자 전문가 트래비스 칼락이 '우버캡'을 발굴하고 동업을 시작해 2017년까지 무려 23조원을 투자받다.

투자지표 5점 척도

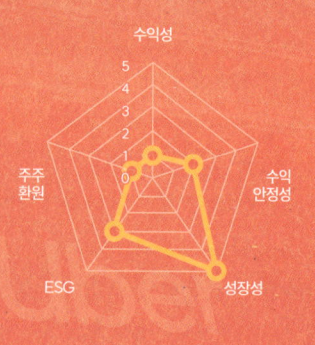

우버는 아직 여러 측면에서 점수가 낮지만 높은 성장성으로 미래 잠재력이 우수한 기업으로 평가받고 있다.

주식 정보 바로보기

↓ 우버는 완전 자율주행 택시를 사용하기 전에는 적자에서 벗어나지 못할 가능성이 크다는 전망이 지배적이긴 하다.

Investment Point

- 턴어라운드 본격화
- 연간 15% 이상 성장
- 드디어 FCF 플러스 전환

업종	공유 서비스
티커 심볼	UBER
시장 정보	나스닥(NASDAQ)
시가총액	1623억달러
매출액	372억달러
영업이익	13억달러
순이익	18억달러
제품	Car Next Door, Careem, Cornershop, Drizly, Postmates

(2023년말 기준, 직전 4개 분기 실적)

성공한 플랫폼 비즈니스의 표본

실질적인 우버 서비스의 시작은 2010년부터다. 공유된 차량의 운전기사와 승객을 모바일 앱을 통해 중개하는 서비스를 제공한다. 최초에는 링컨 타운카, 캐딜락 에스컬레이드, BMW 7시리즈 메르세데스-벤츠 S550 세단 등을 차량으로 제공했다.

당시만 해도 우버캡은 연간 45억달러의 적자를 내는 상황이었다. 하지만 많은 투자자들이 우버의 플랫폼 비즈니스가 성공할 것이라고 믿고 지금에 이른다. 자산이 없는 서비스 플랫폼으로 수익을 극대화할 수 있는 사업모델로 투자자를 설득한 것이다. 결국 2019년 상장에 성공하고 2022년 드디어 EBITDA 흑자전환을 달성한다. 2023년 회계연도에서는 순이익 흑자전환을 시장에서는 기대하고 있다. 2024년에는 의미있는 FCF를 기대해본다.

전년동기대비 33% 성장 기록

2023년 3분기 순매출액은 컨센서스를 2.5% 하회한 93억달러를 달성했다. 이는 전년동기대비 11.4% 증가한 숫자이며, 순이익은 컨센서스의 절반 수준인 1.7억달러를 기록했다. 하지만 EBITDA는 컨센서스를 비트한 6.3억달러를 달성했다.

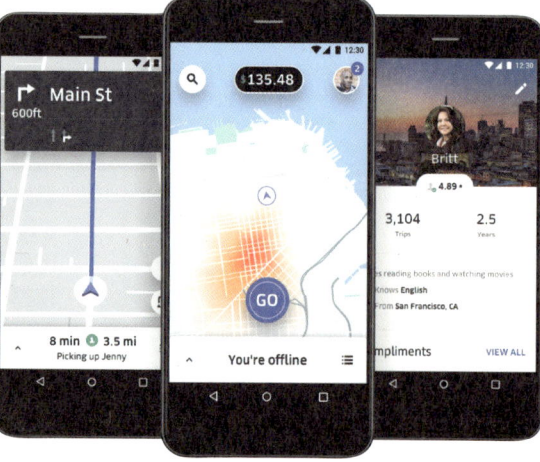

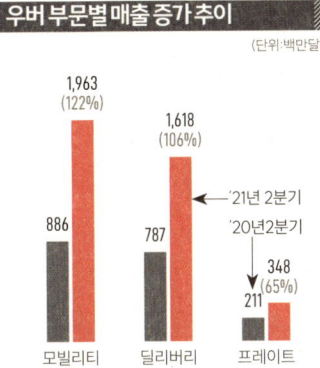

우버 부문별 매출 증가 추이
(단위: 백만달러)
자료: investor.uber.com

해 161억달러를 기록했고 18.2%의 수수료율로 29.3억달러의 순매출을 기록했다. 수수료율은 신규 서비스에 대한 프로모션 영향을 시장전망치 20% 대비 낮게 나온 것이다. 딜리버리 타임은 전년동기 대비 3분 축소했다고 한다. 기타 광고부문은 활성 광고가 70% 성장했다. 전사적으로 볼 때 회사가 제시한 가이던스 총거래액 350억달러 대비 높았고 시장 컨센서스 대비로도 초과한 숫자를 보였다.

3분기 활성화 고객수는 1.42억명으로 전년동기대비 15% 증가했으며, 탑승 횟수(Trips)는 24억회로 전년동기 대비 무려 25%가 증가했다. 이에 따라 총거래액(Gross Bookings)은 353억달러로 전년동기대비 21% 성장했다. 수수료율(Take-Rate)은 26.3%로 순매출 93억달러를 달성했다. 사업부문 별로 뜯어보면 모빌리티 사업부의 총거래액은 전년동기대비 31% 증가한 179억달러를 보였고 수수료율 28.3%로 순매출 50.7억달러를 달성했으며 이는 전년동기대비 33% 성장한 것이다. 특히 아시아 태평양 지역과 라틴아메리카 지역이 주도했다고 한다. 미국 시장 역시 강한 수요를 보여줬는데 특히 기업 고객의 수가 증가했다. 딜러버리 사업부는 총거래액이 전년동기대비 18% 증가

향후 전망 및 애널리스트 의견

차기 분기 실적 전망치는 소폭 상향되는 그림을 보여주고 있다. 그리고 2024년 시장 예상 매출액은 429억달러로 15.7% 성장을 예상하고 있고 EBITDA는 58억달러, 순이익은 29.8억달러로 순이익률 약 7%를 전망하고 있다. 이에 FCF는 52억달러를 벌것으로 시장은 기대하고 있다.

애널리스트 평균 목표가는 88달러로 Buy:Hold:Sell 비율은 92%:8%:0%로 매수 의견이 압도적으로 많다. 2019년 상장 당시 주가 45달러와 큰 차이가 없는 수준이다. 코로나 팬데믹이 한창이던 2020년 한 해를 빼고는 폭발적인 성장을 이어가고 있으며 2022년 기준 첫 EBITDA 흑자전환에 성공했고 2023년 3분기 누적 기준 순이익단 흑자전환에 성공했다. 2023년 예상 순이익도 12억달러로 흑자전환이 가능한 것으로 시장은 보고있다. 이는 지난 10년간 적자의 늪에서 탈출하는 첫 해가 될 것이고 33억달러의 FCF를 전망하고 있다. 드디어 주주에게 과실을 나눠줄 수 있는 회사로 전환된 것이기 때문이다.

→ 우버택시

2014년 우버의 기업가치는 18조원을 넘겼으며, 현재 기준 1580억 달러로 한화 210조원으로 추산

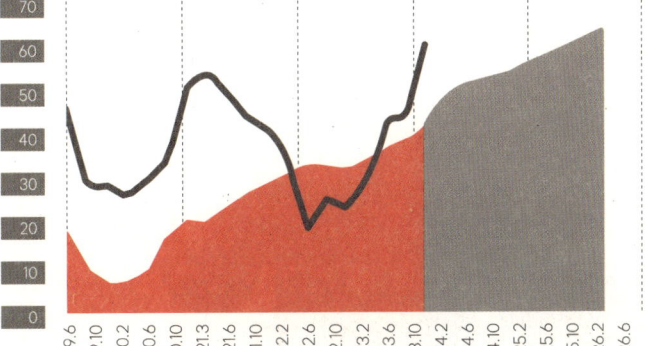

주가와 잉여현금흐름(FCF) 추이
■ Tr 12M FCF(억달러)(우) ― 주가(달러)(좌) ■ FCF 추정치

자료 Bloomberg Professional Services

Tr 12M : 직전 12개월

28 리테일의 정석
월마트 Walmart Inc

글로벌 시장이 인공지능(AI) 붐으로 들썩이고 있는 가운데 월마트가 조용히 신고가를 찍었다. 이커머스의 수익성이 크게 개선되는 등 탄탄한 실적을 기록했기 때문이다.

투자지표 5점 척도

월마트는 산업 특성상 낮은 수익성을 보이지만 높은 수익 안정성과 우수한 주주환원 정책을 자랑한다.

주식 정보 바로보기

Investment Point
- 안정적인 성장 기업
- 코로나 시기에 258억달러 최대 FCF 달성
- 10년 배당성장률 2%

업종	소매업
티커 심볼	WMT
시장 정보	나스닥(NASDAQ)
시가총액	4726억달러
매출액	6481억달러
영업이익	270억달러
순이익	155억달러
제품	Walmart U.S., Walmart International, Sam's Club, Global eCommerce

(2023년말 기준, 직전 4개 분기 실적)

> 월마트는 주말 장사가 중요하다. 따라서 4주, 5주, 4주 월을 묶어서 보는 4-5-4 캘린더 기준으로 실적발표를 진행한다

▶ 조용히 신고가 찍은 월마트

월마트는 1962년 아칸소주 로저스에 작은 잡화점으로 시작하여 현재 미국을 비롯하여 19개국에 1만 500여 개 매장을 운영하고 있으며 매주 2.4억명의 고객들이 방문하는 세계적 유통회사다. 2023년 회계연도 기준으로 총매출 6113억달러를 기록했다. 월마트의 주요 사업 부문은 할인점인 월마트 미국사업과 회원제인 Sam's Club(이하 샘스 클럽) 부문 그리고 해외로 나뉜다. 월마트 미국 사업부가 69%, 샘스 클럽이 14%, 해외 부문이 17%다. 2023년 회계연도 기준 영업현금흐름 288억을 달성해 약 160억달러를 주주환원에 사용했는데 배당에 61억달러, 자사주 매입에 99억달러를 사용했다. 월마트의 배당성장률은 10년 동안 CAGR 1.9%를 실현했다.

멤버십 플러스 성장률도 우수

최근 발표한 2024년 3분기 실적(8월~10월)은 1608억달러 매출로 전년동기대비 5.2% 성장했으며, 순이익은 42억달러로 약 2.6%의 마진을 달성했다. 이번분기에는 환율 영향이 14

→ 월마트는 최근 자사 앱에 생성형 AI 검색 기능을 도입했다.

월마트 전체 매장 수 추이

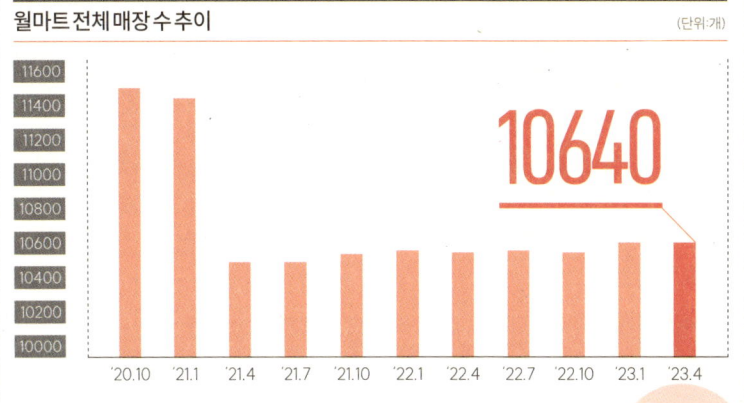

(단위:개)

자료 Factset, KB증권

억 달러 수준의 영향을 줬다. 이커머스 부문 순매출은 240억달러를 달성하며 순매출의 15%를 차지했다. 성장률도 15% 보였는데 주로 픽업과 딜리버리 영향이었다. 이에 멤버십 플러스 성장률도 좋았다. 이에 GPM을 32비피 개선하며 24%를 달성했다. 특히 해외 사업부의 실적이 우수했는데 동일점포 성장률이 약 9% 성장한 것으로 보인다. 2년 성장률은 17.7% 수준이었다. 특히 중국의 동일점포 성장률이 18.6% 성장하며 총매출이 25.3% 성장했다. 중국은 이커머스 부문의 성장률도 매우 좋았는데 매출이 38% 성장했다. 2년 기준 101%, 3년 기준 197%의 성장률을 보인 것이다.

향후 전망 및 애너리스트 의견

1월 말에 발표되는 2024년 연간 실적은 6445억달러의 매출, 174억달러의 순이익 그리고 129억달러의 FCF가 예상되며, 2025년 회계연도 기준 예상 매출은 3.5% 증가한 6668억달러에 189억달러의 순이익과 162억의 FCF를 예상하고 있다. 성장률이 다소 떨어지는 이유는 내년 경기 둔화를 반영해 매출액 성장률을 다소 보수적으로 잡고 있기 때문이다.

애널리스트 평균 목표가는 63달러(1/3분할 후 기준)이며 Buy:Hold :Sell 비율은 87%:11%:2%로 매수 의견이 지배적이다. 최근에 발간된 도이치뱅크 보고서에 따르면 공급사슬을 지속적으로 최적화하고 있어 전체적인 생산성이 향상하고 영업 마진이 개선되어 성장할 것으로 봐 매수 의견을 제시했다. 특히 인당 생산성 향상, 풀필먼트 투자, 자동화 투자, 에너지 전환 등의 활동을 높게 평가했다.

← 월마트가 최근 사상 최고 실적을 발표했다.
자료 연합뉴스

주가와 잉여현금흐름(FCF) 추이

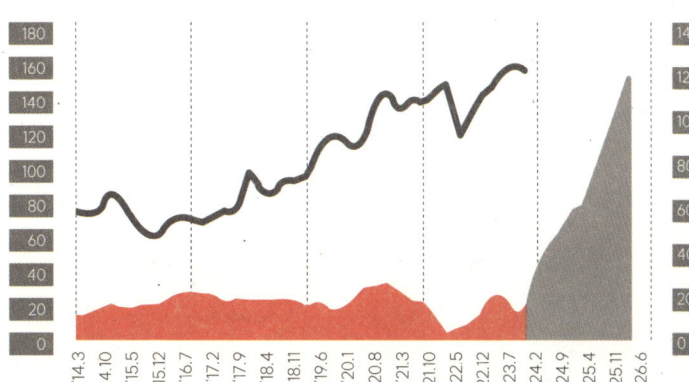

■ Tr 12M FCF(억달러)(우) ■ 주가(달러)(좌) ■ FCF 추정치

자료 Bloomberg Professional Services
주 1월말 결산법인 (4분기 실적은 1월말까지의 숫자), 1/3 분할 전 주가 추이

Tr 12M : 직전 12개월

29 월트디즈니

100주년을 맞이한 콘텐츠 랜드

The Walt Disney Company, DIS

투자지표 5점 척도

디즈니는 보통 수준의 수익성과 수익 안정성 그리고 성장성을 보이고 있다.

디즈니 플러스가 2024년, 한국 시장에서 도약을 꿈꾸고 있다. 월트디즈니 컴퍼니 코리아에 따르면 2023년 디즈니+ 최다 시청 로컬 오리지널 작품 상위 15개 중 9개가 한국 작품으로, 시장 확장을 위해 한국 콘텐츠 및 크리에이티브 업계에 대한 투자를 이어갈 계획이라고 전했다.

Investment Point

- DTC 전체 가입자 추이
- 디즈니랜드 방문자 수

업종	미디어, 엔터테인먼트
티커 심볼	DIS
시장 정보	나스닥(NASDAQ)
시가총액	1976억달러
매출액	884억달러
영업이익	87억달러
순이익	23억달러
제품	픽사 애니메이션 스튜디오, 마블 스튜디오, 20세기 스튜디오, 내셔널 지오그래픽 파트너 등

(2023년 9월 기준 비즈니스 4)

디즈니플러스 플랫폼을 출시하며 스트리밍 시장 뛰어들다

디즈니는 2023년 올해 설립 100주년을 맞이했다. 더현대 서울 백화점에서는 디즈니 100주년을 기념하는 특별 행사도 진행됐다. 할아버지 할머니 세대와 손녀 손자 세대가 같은 캐릭터의 애니메이션을 보고 있는 모습을 보면 정말 위대한 회사라는 생각이 든다.

지금의 디즈니는 1923년 월트 디즈니와 로이 디즈니 형제가 애니메이션 스튜디오를 설립하면서 시작되었다. 이어서 1928년 미키마우스를 월트 디즈니 컴퍼니의 공식 마스코트로 지정했고 1955년 전 세계 모든 어린이의 사랑을 받고있는 디즈니랜드가 탄생된다. 비록 1970년대 디즈니 형제의 사망 이후 입장객 감소와 연이은 개봉 영화 실패로 재정이 악화되었지만 1980년대 들어 영화 시장으로 확장하고, 1990년대에는 ABC, ESPN 등 방송 채널까지 인수하는 모습을 보였다. 2000년대 들어서는 픽사, 마블, 루카스필름, 21세기 폭스 등을 인수하며 지금의 왕좌에 오른다. 더 나아가 2019년에는 디즈니+ 플랫폼을 출시하며 스트리밍 시장에 뛰어들었다. 디즈니는 현재 엔터테인먼트(Entertainment) 46%, 스포츠(Sports) 18%, 익스피리언스(Experience) 36%, 크게 3가지 사업

익스피리언스(디즈니랜드) 사업부는 전년대비 16% 증가한 325억달러 매출을 달성했다

↓ 100주년을 맞은 디즈니는 OTT 실적 부진 등의 매출 타격을 만회하기 위해 놀이공원 분야에 집중 투자하겠다고 밝혔다.

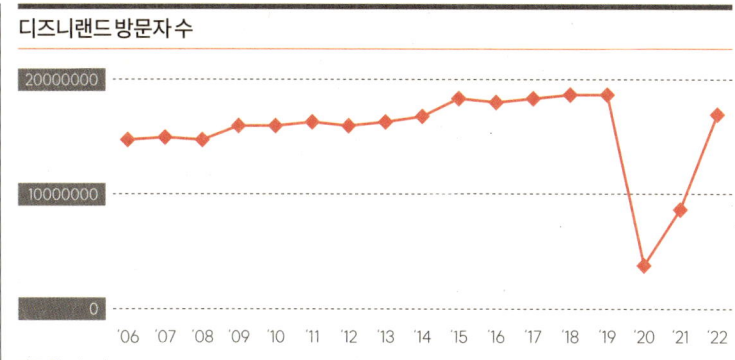

디즈니랜드 방문자 수
자료 월트디즈니

부로 구분되어 있다. 엔터테인먼트 사업부는 다시 뉴스 사업부인 리니어(Linear), 스트리밍 서비스(Direct to Consumer, DTC), 콘텐츠 세일즈 & 라이선스 아웃(CSLO)로 나뉜다. 스포츠 사업부는 ESPN 채널을 갖고 있다. 익스피리언스 사업부는 바로 '디즈니랜드' 테마파크다.

아직은 오프라인 테마파크!

9월 말 결산법인으로 2023년 실적을 리뷰해보면 연간 매출 889억 달러로 전년대비 7% 성장했으며 영업이익은 128억 6000만달러로 6% 증가했다. 영업현금흐름은 64% 증가한 98억 6000만달러를 기록했다. 사업부 별로 뜯어보면 엔터테인먼트 사업부 전체적으로 전년대비 3% 증가한 406억달러 매출을 기록했다. 이는 최근 4분기 실적에 크게 기여한 영화 '엘리멘탈'이 5억 달러의 수익을 안겨주는 등 DTC 전반적으로 유입효과를 가져왔다. 프리미엄 가입자의 가격을 27% 인상해 내수 ARPU를 0.19달러 올렸으며, 가입자 또한 690만명(국내 50만명 + 국외 640만명)증가했

다. 이로 인해 DTC 부문의 적자폭이 크게 줄어들었다. 사업부 전체 영업이익은 14억 달러를 기록했다. 스포츠 사업부는 플랫한 수준인 171억달러 매출과 25억달러 영업이익을 달성했다. 익스피리언스(디즈니랜드) 사업부는 전년대비 16% 증가한 325억달러 매출을 달성했다. 이는 특히 중국 상해와 홍콩 디즈니랜드에서 객당 소비금액이 크게 증가했기 때문이었다. 이에 영업이익 또한 89억 5000만달러로 영업이익 측면에서 가장 큰 약 70%를 기여했다.

향후 전망 및 애널리스트 의견

2024년 시장 컨센서스 매출은 926억달러로 4% 성장을 예상하고 있다. 순이익은 8.8% 증가한 81억달러이다. 코로나 팬데믹으로 어려웠던 디즈니랜드의 실적이 빠르게 회복되고 있어 2024년 순이익률도 두자리수를 회복할 것으로 보인다. 이런 기세를 몰아 2026년 1000억달러 매출과 100억달러 수준의 잉여현금흐름(FCF)를 만들어 낼 것으로 시장은 기대하고 있다. 하지만 내년 경기둔화에 대한 우려로 여행수지가 악화될 수 있어 주의가 필요해 보인다. 최근 주가의 흐름도 이러한 점을 반영하고 있는 듯 하다.

애널리스트 평균 목표가는 117달러이며 Buy:Hold:Sell 비중은 71%:23%:6%로 매수 의견이 지배적이다. 막강 IP를 보유한 기업인만큼 이러한 시기를 잘 이겨낼 것으로 판단하며 CSLO 사업부의 매출 성장을 기대해본다.

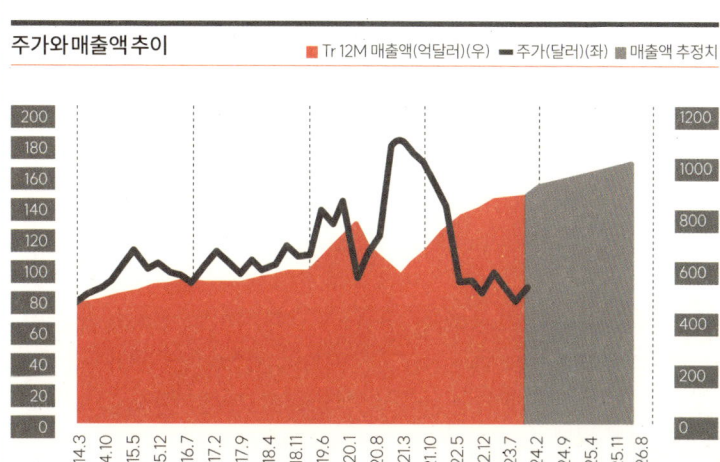

주가와 매출액 추이
자료 Bloomberg Professional Services 주 9월말 결산 법인

30 유나이티드헬스그룹
꾸준한 성장속 워싱턴의 바람
United Health Group Inc.

2017년 트럼프 행정부 때 미들맨(Middle Man)이 더이상 부자가 될 수 없을 것이라고 엄포를 놓으며 역할을 축소시키려는 시도가 있었지만 유나이티드헬스케어는 오히려 가파르게 성장했다. 2024년은 미국 대선이 있는 해다. 약가인하를 강하게 얘기할수록 승자에서 멀어지는 통계가 있으니 놀라지 않길 바란다.

투자지표 5점 척도

유나이티드헬스그룹은 산업 특성상 수익성이 낮지만 높은 수익 안정성과 우수한 주주환원 정책 그리고 ESG 영역에서 좋은 평가를 받고 있다.

Investment Point
- PBM 사업의 매력
- 10년전 대비 3.7배 성장, 20년전 대비 15배 성장
- 그래도 워싱턴의 입을 주의해라

업종	의료, 보험
티커 심볼	UNH
시장 정보	나스닥(NASDAQ)
시가총액	4748억달러
매출액	3716억달러
영업이익	323억달러
순이익	223억달러
제품	Uniprise, Health Care, Services, Specialized Care Services, Ingenix

(2023년말 기준, 직전 4개 분기 실적)

미국의 종합 헬스케어 서비스 기업

1977년 설립된 미국의 종합 헬스케어 서비스 기업이다. 건강보험과 PBM 사업을 주업으로 하는 기업으로 미국 의료 시스템의 왕좌에 있는 기업이다. 건강보험 부문인 United HealthCare에서는 우리나라의 손해보험업과 건강보험공단의 역할과 같은 보험 서비스를 담당하고 있고, 옵텀(Optum) 사업부에서는 PBM사업을 영위하는 옵텀RX(Optum RX), 의료시설 운영을 주업으로 하는 옵텀헬스(Optum Health), 데이터 분석 및 컨설팅 서비스를 제공하는 옵텀인사이트(Optuminsight)로 나뉘어 영업 중이다. 매출액 비중은 건강보험 부문이 59%, 옵텀 부문이 41%를 차지하며, 영업이익 기준으로 보면 반반 수준이다.

미국 의료 시스템 이해하기

우리나라와 다르게 미국은 사보험이 훨씬 큰 시장으로 알려져 있다. 미국은 공보험 역할을 사보험이 거의 대신하고 있는데 여기서 PBM(Pharmacy Benefit Management)이라고 하는 기업들이 등장한다. 한국의 경우 보건복지부 산하의 공공기관인 '건강보험심사평가원'에서 약가를 결정하고 급여 항목으로 등재를 하는 구조인데 반해 미국은 사보험 기업들이 일일이 제약사와 병원을 누비며 이 일을 하기에 PBM을 전문으로 하는 서비스 기업이 생겨난 것이다. 한국은 공공기관에서 일괄

2017년 5월 11일, 트럼프의 경고

"We're very much eliminating the middle men (PBM). The middle men became very, very rich. They won't be so rich anymore."

(PBM의 역할을 축소시키고 있다. 그들은 더 이상 부자가 될 수 없을 것이다)

미국 클린턴, 부시, 오바마 정부의 비보험률(%) 추이

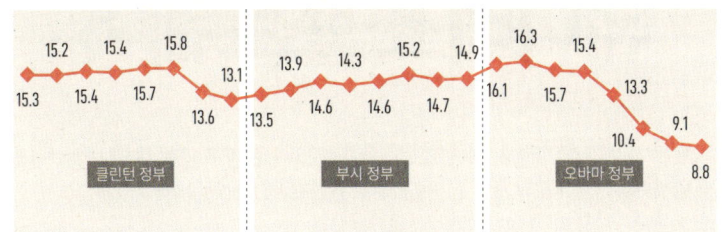

자료: NHIS, 이베스트투자증권 리서치센터

적으로 약제비를 책정하기 때문에 소득에 상관없이 동등한 약제로 처방을 받을 수 있는 반면, 미국은 개개인의 주머니 사정에 따라 사보험을 가입하고 보험의 커버리지에 따라 약제가 결정되는 구조다.

성장의 끝은 어디인가?

2023년 3분기 실적은 전년동기대비 14% 성장한 924억달러를 기록했다. 순이익은 58억 4000만 달러로 순이익률 6.2%를 기록했다. 3분기 성장을 견인한 것은 옵텀 서비스와 보험 이용자들이 더 확대됐기 때문이다. 3분기 MCR은 서비스 믹스 변화 영향으로 82.3%로 전년도 81.6% 대비 증가했다. 사업부문별로는 건강보험 부문인 유나이티드헬스케어 부문은 이용객의 증가로 전년동기대비 13% 성장한 699억달러의 매출을 기록했다. 옵텀 사업부의 3분기 실적은 전년동기대비 22% 증가한 567억달러를 기록했다. 영업이익률은 6.9%로 전년도 대비 낮아졌는데 이는 고객을 위한 서비스 개선 투자가 있었기 때문이다. 옵텀 사업부에서도 병원 등 의료서비스 사업을 영위하는 헬스 부문은 이용자별 케어 서비스가 크게 늘어 무려 29%나 성장했다. 의료 빅데이터 서비스를 영위중인 옵텀 인사이트 부문 역시 지난해 인수한 체인지헬스케어 합병 효과로 35%의 성장을 보였다. 현재 수주잔고는 70억달러 증가한 310억달러이다. 끝으로 PBM 사업부인 옵텀RX 사업부는 새로운 고객의 증가와 기존 고객의 서비스 확대, 약국 서비스 개선 효과로 14% 성장했다.

향후 전망 및 애널리스트

시장에서 전망하고 있는 2024년 매출액은 3980억달러로 약 8% 성장을 전망하고 있고, 순이익은 255억달러를 예상하고 있다. 애널리스트 예상 목표가는 592달러이며 Buy:Hold:Sell 비율은 85%:11%:4%로 매수의견이 지배적이다.

향후 주목할 포인트는 옵텀 사업부의 성장 지속 여부와 비만약 인기로 인한 MCR 상승 여부 워싱턴발 규제 정책 등이다. 우선 성장엔진인 옵텀 사업부가 전반적으로 우상향하는 데이터를 보여주는지 지속적으로 모니터링해야 할 것이다. 그리고 최근 비만약 처방건수가 급증하고 있고 12월 릴리의 신제품도 출시가 이뤄져 본격적인 시장 확대가 예상되는 만큼 동사의 MCR 수치가 부정적으로 변하지 않는지 살펴봐야 한다. 최근 발표한 실적 가이던스에서는 MLR(MCR과 같은 개념)을 83.5~84.5%로 제시했다.

주가와 잉여현금흐름(FCF) 추이

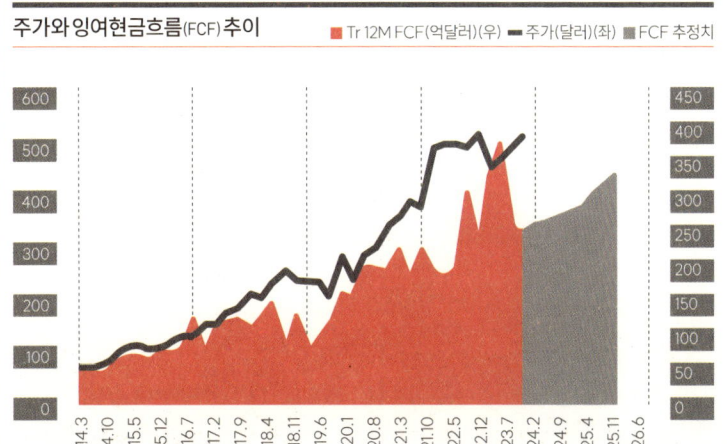

자료 Bloomberg Professional Services

Tr 12M: 직전 12개월

31 유니티 소프트웨어

모바일 게임 개발 엔진 1등 기업

Unity Software Inc

소프트웨어 개발자들은 개발에 필요한 툴을 '엔진'이라고 말한다.
글로벌 대형 개발사들이 많이 쓰는 3D 게임 개발 엔진으로 'Unreal Engine'이 있다.
'유니티'는 엔진의 이름이자 회사의 이름이다.

투자지표 5점 척도

유니티는 수익성과 주주환원 측면에서 아직은 많이 부족하지만 높은 성장성과 수익 안정성이 기대된다.

Investment Point

- 모바일 게임 개발 엔진 1등 기업
- 메타버스 수혜주
- 언리얼엔진과 한판승부

업종	소프트웨어
티커 심볼	U
시장 정보	뉴욕 거래소
시가총액	117억달러
매출액	20억달러
영업이익	-8억달러
순이익	-8억달러
제품	실시간 3D 개발 플랫폼 지원, 유니티(Unity) 엔진, 유저 인터페이스 등

(2023년말 기준 직전 4개 분기 실적)

▶ 모바일 게임 시장 한판승부

유니티 소프트웨어(이하 유니티)는 Over the Edge 라는 이름으로 덴마크에서 시작한 회사다. 처음엔 게임 개발사로 시작했지만 2005년 출시한 게임은 실패로 끝났지만 게임 개발을 위한 엔진을 만드는 회사로 전향한다. 2007년 아이폰의 등장에 따라 수많은 모바일 게임이 출시되기 시작하며 유니티의 개발엔진을 널리 사용하게 되었다. 에픽게임즈의 '언리얼 엔진'의 경우 자본력이 충분한 대형 게임 개발사들만 사용할 수 있었고 영세한 규모의 모바일 게임 개발기업 또는 개발자들은 비용 부담이 거의 없는 '유니티'를 많이 사용하였다. 현재는 모바일 게임뿐만 아니라 모바일 외 게임에서도 활용할 수 있도록 발전하였다. 게임 개발 엔진의 원조 강자 에픽게임즈의 '언리얼 엔진'과 유니티의 한 판 승부가 펼쳐지고 있다. 대형 개발사에서는 서비스가 잘 되는 '언리얼' 엔진을, 소규모 개발사들은 '유니티' 엔진을 사용하는 모습은

핵심사업인 유니티 에디터, 런타임 등 AI 기능 추가해 수익화 솔루션 기대

→ 유니티가 차기 주요 소프트웨어 '유니티6'를 공개할 예정이다.

여전히 계속되고 있다. 하지만 모바일 시장에서는 유니티가 강자다.

모바일 게임 시장 규모 추이

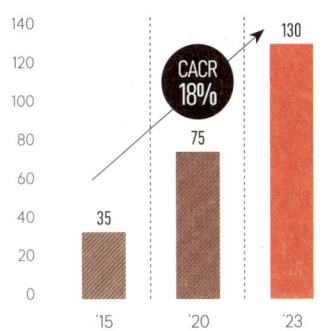

자료: 하나금융투자

대작 게임 출시로 기저효과 작용

3분기 매출은 전년동기대비 69% 증가하며 가이던스 범위인 5.4억~5.5억달러 수준인 5.4억달러를 기록했다. 순이익률 측면에서는 여전히 적자를 기록하고 있지만 적자폭은 의미 있게 줄고 있다. EBITDA 기준으로는 마진율 24%를 기록하며 가이던스를 상회하는 실적을 냈다. 그리고 FCF는 1억달러를 달성했다. 사업 부문별로 살펴보면 Create 솔루션 매출은 전년동기와 유사한 1.9억달러 매출을 달성했고 중국을 제외한 핵심구독(Core Subscriptions)은 19% 증가했다. 이번 분기에 부정적으로 작용한 세 가지 요인은 작년 3분기 대작 게임 출시로 기저효과(Base Effect)가 작용했고 중국 정부의 게임규제로 매출이 둔화됐으며 PS(Professional Services) 부문 의

존 낮추기가 지속되었다. Grow 솔루션 부문 3분기 매출은 3.5억달러로 전년동기대비 166% 증가했다. 시장은 정체되는 가운데 점유율 확보하고 있어 고무적이며 분기말에 런타임 요금 도입으로 인해 일시적 매출 감소가 있었다.

향후 전망 및 애널리스트 의견

아직 구체적인 가이던스를 발표하기 전이지만 2023년 기준 예상 매출과 2024년 시장 컨센서스 매출을 살펴보면, 2023년 매출 2132억달러로 전년대비 53% 증가 예상하며 순이익은 2.5억달러로 흑자전환을 예상하고 있으며 2024년 매출은 2393억달러로 전년대비 12.3% 성장을 예상하고 있으며 순이익은 4억달러 수준으로 추정하고 있다. 이에 FCF는 4.8억달러를 달성할 것으로 예상하고 있다.

애널리스트 평균 목표가는 33달러 수준이며 Buy:Hold:Sell 비율은 47%:43%:10%로 매수와 보유 의견이 지배적이다. 코로나 팬데믹 국면에서는 메타버스 등 소프트웨어 업체들이 제로마진 영향으로 큰 수혜를 봤지만 QT와 금리 인상 등의 요인으로 동사에 부정적인 환경이 지속되었다. 하지만 2024년 금리 인하가 기대되는 상황이기 때문에 시장 환경은 다소 우호적으로 변할 것으로 예상된다. 뿐만 아니라 동사는 게임 개발 엔진 플랫폼 기업으로 다수의 고객을 확보하고 있기 때문에 향후 고정비를 넘어서는 구간에서는 큰 폭의 실적 개선이 가능할 전망이다.

주가와 매출액 추이

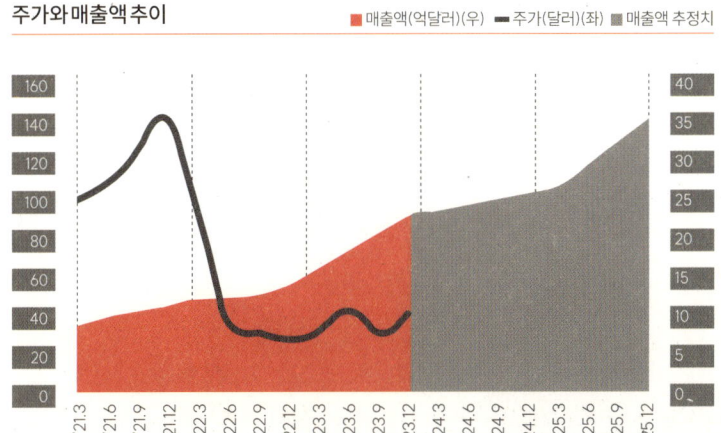

자료: Bloomberg Professional Services

32 인텔 Intel Corporation

반도체 시장은 무한 경쟁의 태풍 속

최근 ASML의 최신 노광장비인 high-NA EUV 장비를 업계 최초로 입고시켜 귀추가 주목된다. 2025년에는 달라진 미국 반도체의 위상 특히, INTEL의 변화된 모습이 기대된다.

투자지표 5점 척도

인텔은 산업 특성상 수익 안정성 등에서 높은 점수를 받지 못하지만 우수한 ESG 점수를 받고 있다.

Investment Point

- high-NA EUV 첫 도입
- 2025년은 나의 해
- "TSMC, 삼성전자 기다려" 파운드리 원조 등장

업종	반도체
티커 심볼	INTC
시장 정보	나스닥(NASDAQ)
시가총액	1817억달러
매출액	542억달러
영업이익	26억달러
순이익	16억달러
제품	중앙 처리 장치, 마이크로프로세서, 단일 칩 체제, 메인보드 칩셋, 네트워크 인터페이스 컨트롤러, 모뎀, 휴대 전화, 플래시 메모리

(2023년말 기준·최신 4개 분기 실적)

원조 맛집의 부활을 꿈꾸며

반도체의 역사와 함께한 종합반도체 기업(IDM)으로 '무어의 법칙'을 만든 고든 무어 박사가 창립 멤버 중 한 명이었다. 1970년대 미국이 전 세계 반도체 시장을 이끌 때 그 중심에 있었고, 1980년대 일본 반도체 기업들과 치킨게임에서 비록 메모리 사업은 철수했지만 x86기반의 CPU시장에서 1위를 유지하며 최근까지도 73%의 높은 점유율을 보여주고 있다. 2016년 이후 10나노 선단 공정미세화 경쟁에서 뒤쳐져 여전히 경쟁사 대비 어려움을 겪고 있지만 모바일 아이를 이끌던 겔싱어가 CEO로 임명된 후 변화의 모습이 보이기 시작한다. 그는 파운드리 사업을 강화하겠다는 발표를 하고 공격적인 투자를 단행하고 있다.

최근 실적 컨퍼런스에서 미래를 찾다

지난 3분기 매출은 전년동기대비 8% 감소한 142억달러를 기록했고, 순이익은 71% 감소한 3억달러를 기록했다. 사업부 별로 살펴보면 클라이언트 컴퓨팅 그룹(CCG) 부분이 79억달러로 전분기대비 3% 감소, 데이터 센터와 AI(DCAI) 부분은 38억달러로 전분기 대비 10% 감소, 네트워크와 엣지(NEX) 상업부는 15억달러로 전

→ 인텔은 신형 데스크톱 프로세서 '인텔 코어 i9-14900KS'를 곧 출시할 예정이다.

분기대비 32% 감소했다. 모빌아이(자율주행) 부분은 18% 증가한 5.3억달러를 기록했고 인텔 파운드리 서비스(IFS) 부분은 전분기 대비 299% 증가한 3.1억달러를 기록했다. 4분기 가이던스는 146억달러에서 156억달러로 제시했다.

이번 실적발표 컨퍼런스에서 주목할 포인트 두 가지가 있다. 첫째는 ASML의 차세대 노광 장비인 high-NA EUV를 연내에 최초로 설치한다는 것이고. 둘째는 미국 '칩스법(Chips Act)'에 발맞춰 약 1000억달러의 투자 계획안을 제출했다는 것이다.

> 인텔은 2021년부터 투자비를 200억달러 이상으로 공격적으로 투자하고 있다

2024년 전망과 애널리스트 의견
- 먹구름이 조금씩 걷히고 있다

2024년 컨센서스를 살펴보면 반도체 업황의 회복에 힘입어 약 14% 증가한 616억달러의 매출과 79억달러의 순이익을 전망하고 있다. 하지만 FCF는 작년과 유사한 수준의 CAPEX(자본지출) 영향으로 -48억달러가 예상된다. TSMC의 '모리스 창'이 그랬듯이 불황기에 공격적인 투자는 미래 시장을 선점하기 위한 중요한 결단이다. 인텔은 그동안 선단 공정에서 다른 경쟁사들 대비 부

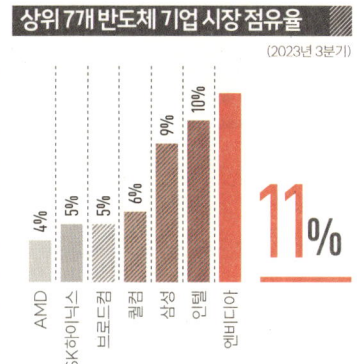

상위 7개 반도체 기업 시장 점유율 (2023년 3분기)

진한 모습을 보였다. 미국 정부의 반도체 지원 정책이 나온 지금이 투자의 적기라고 생각한다. 겔싱어 대표가 파운드리 재개를 통해 인텔을 순위권으로 끌어올릴 수 있을지 지켜보자.

애널리스트의 12개월 목표가 평균은 47달러이며 Buy:Hold:Sell 비율을 살펴보면 25%:63%:12%로 보유 의견이 지배적이다. 12 Fwd PER이 34배 수준으로 과거 평균 대비 다소 높은데 이는 반도체 시장의 회복을 전망하여 주가가 선반영하며 상승했기 때문으로 해석된다. 반도체 업황

은 손익 변동성이 큰 사업이기 때문에 턴어라운드 기미가 보이면 주가는 선반영해서 먼저 오른다. 따라서 고PER에 사서 저PER에 파는 전략이 유효하다. 다시 말해 실적이 적자 수준으로 부진하지만 6개월 뒤 반도체 가격의 반등이 예상되면 매수자들이 보이기 시작한다.

→ 인텔, AI 칩 신제품 '가우디3' 공개
팻 겔싱어 인텔
자료 연합뉴스

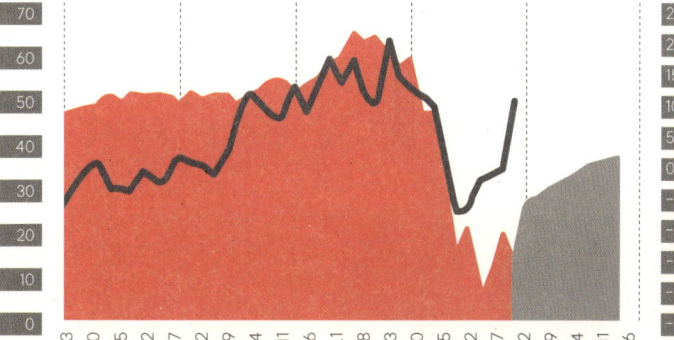

주가와 잉여현금흐름(FCF) 추이

자료 Bloomberg Professional Services   Tr 12M : 직전 12개월

33 인튜이트 Intuit Inc
재무 관리 솔루션 서비스 기업

미국 나스닥 상장사 인튜이트는 개인 세금 신고 및 환급 플랫폼인 터보텍스 운영사다. 매출 19조원, 자산 37조원 규모의 글로벌 기업이다. 시가총액은 245조원에 달한다.

투자지표 5점 척도

인튜이트는 ESG를 제외한 대부분의 영역에서 높은 점수를 받고 있다.

주식 정보 바로보기

Investment Point
- 온라인 세금 신고 1등 기업
- 2024년 1분기 가이던스 24% 초과 성장
- AI 서비스 '어시스트' 출시

업종	기업용 소프트웨어
티커 심볼	INTU
시장 정보	나스닥(NASDAQ)
시가총액	1874억달러
매출액	150억달러
영업이익	34억달러
순이익	27억달러
제품	크레딧 카르마, 인튜이트 민트, 메일침프, 퀵북, 터보텍스, 회계 소프트웨어

(2023년 9월 기준 직전 4개 분기 실적)

글로벌 금융 기술 플랫폼

인튜이트는 재무 관리 솔루션 서비스 기업으로 온라인 세금신고, 소상공인 재무관리, 개인 자산관리, 개인 신용평가 솔루션, 이메일 마케팅 플랫폼 등 다양한 소프트웨어를 서비스하고 있다. 사업부는 Small Business & Self-Employed, Consumer, Pro Tax, Credit Karma 4가지로 나뉜다. TurboX, QuickBook은 소상공인들의 간편한 세금 신고 서비스와 회계 서비스를 제공하는 솔루션으로 시장 점유율 70~80%의 1등 기업이다. 그 외에도 다양한 서비스들이 최근 출시된 어시스트 AI 기능으로 한층 강화된 서비스를 제공하고 있다.

최근 실적 및 주목할 포인트 - 폭발적인 성장률!

2024년 1분기 실적은 전년동기대비 15% 증가한 29.8억달러 매출에 2.4억달러의 순이익을 달성했다. 이는 컨센서스 대비 24% 높게 나온 서프라이즈였다. 사업부 별로 보면 Small Business & Self-Employed 사업부 매출은 전년동기대비 18% 증가한 23.4억달러, Consumer 사업부 매출은 25% 증가한 1.9억달러, Pro Tax 사업부 매출은 24% 증가한 0.4억달러, Credit Karma 사업부 매출은 5% 감소한 4.05억달러를 달성했다. 2024년 2분기 가이던스로 11~12% 증가한 33.6억~33.9억달러 매출을 제시했다.

→ 사산 구달지 CEO는 고객을 제대로 응대하기 위해서는 직원 업무에 방해가 되는 요인들을 없애야 한다는 철학을 내세우고 있다.

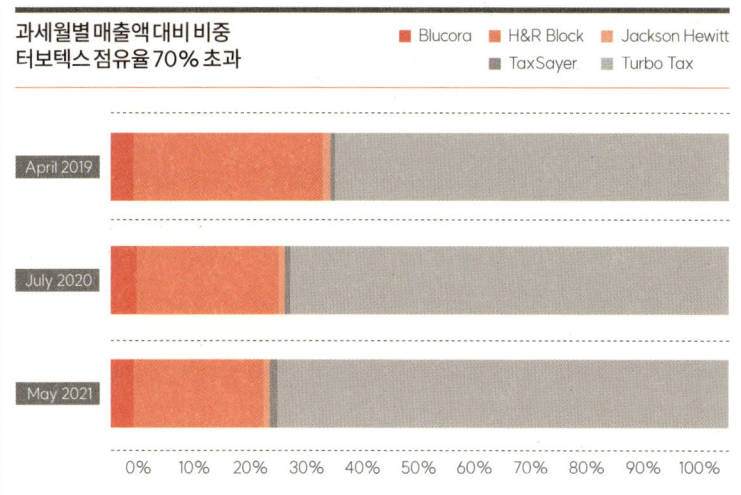

과세월별 매출액 대비 비중 터보텍스 점유율 70% 초과

자료 Bloomberg Second Measure

컨퍼런스콜에서 주목할 점은 바로 AI 관련 정보이다. 인투이트는 5년 전 AI드리븐(AI-Driven) 전문 플랫폼이 되는 것이 목표라고 선언했으며 그 결과 올해 '인투이트 어시스트(Assist)' 서비스를 출시했다. 인투이트가 확보한 1000만 고객의 거래 및 행동 데이터는 AI학습을 강화하는 데 아주 큰 강점으로 작용할 것이다. 다양한 인투이트의 서비스에 AI 기능이 추가되어 향후 십년간 비교할 수 없는 혜택을 제공하게 될 것이다.

투자의견 - 진정한 성장주

2024년 연간 가이던스를 살펴보면 매출은 11~12% 증가한 159억~161억 달러이다. 사업부 별 매출 가이던스는 1) Small Business & Self-Employed 사업부 16% 증가한 93억달러, 2) Consumer 사업부 7% 증가한 44억달러, 3) Pro Tax 사업부 3% 증가한 5.8억달러, 4) Credit Karma 사업부 플랫한 수준의 16억달러를 제시했다. 2024년 시장 컨센서스 매출은 앞서 회사가 제시한 가이던스와 유사한 수준이며 순이익 전망치는 순이익률이 29% 수준으로 개선되며 46억달러를 예상하고 있다. EPS 기준으로 16.4 달러로 전년대비 93% 증가하는 높은 수치이다. 이는 최근 1분기의 서프라이즈 영향이 반영된 것으로 보인다. FCF는 49억달러를 전망하고 있다. 애널리스트 평균 목표가는 692달러이며 Buy:Hold:Sell 비율은 74%:23%:3%로 매수 의견이 지배적이다.

> 인투이트는 5년 전 AI드리븐(AI-Driven) 전문 플랫폼이 되는 것이 목표라고 선언했다

주가와 매출액 추이

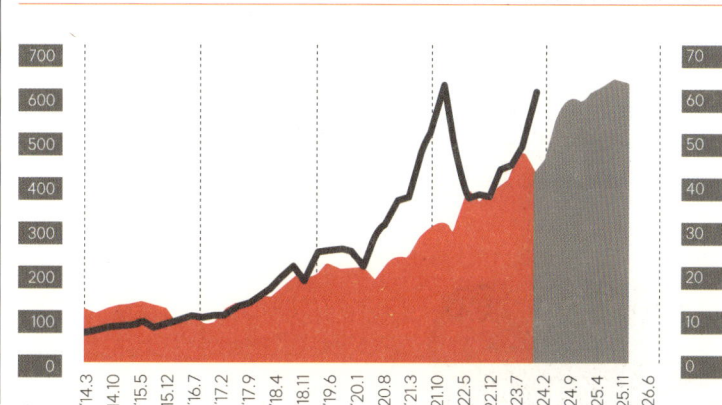

자료 Bloomberg Professional Services

34 수술 로봇 시장의 독보적인 1위
인튜이티브 서지컬
Intuitive Surgical Inc

전 세계 로봇 수술 시장은 2018년 14억6300만달러에서 코로나19 팬데믹 영향으로 2020년 11억달러까지 줄었다가 2022년 44억달러로 다시 확대됐다. 현재 인튜이티브 서지컬은 시장의 약 80%를 장악하고 있다.

투자지표 5점 척도

인튜이트서지컬은 ESG 스코어를 제외한 대부분의 영역에서 우수한 점수를 받고 있다.

주식 정보 바로보기

Investment Point
- 두자리수 성장 지속
- 중국 공장 가동 2025년
- 비만 시장은 다소 위축

업종	첨단 의료 장비 및 기술
티커 심볼	ISRG
시장 정보	나스닥(NASDAQ)
시가총액	1361억달러
매출액	71억달러
영업이익	17억달러
순이익	17억달러
제품	da Vinci 수술 시스템, Ion 관내 시스템

(2023년말 기준 최근 4개년 실적)

업계 1위, 꾸준한 매출의 성장

1980년대 후반 군사목적으로 연구원으로 참여했던 프레드릭 몰이 지적재산권을 인수해 회사를 설립했고 2003년 경쟁사 컴퓨터 모션을 인수하고 볼트온 전략으로 통해 최고의 기술로 20년간 수술 로봇 시장을 독점해 온 기업이다. 매출액 구성은 수술용 제품과 서비스로 나뉘며 수술용 제품은 부품 및 액세서리와 다빈치 시스템으로 나뉜다. 부품 및 액세서리 매출이 60%, 다빈치 시스템이 23%, 서비스 매출이 17% 비중을 차지한다. 사업 초기에는 시스템 매출 비중이 60% 이상이었지만 설치 대수가 늘어나며 소모품인 부품과 액세서리 그리고 유지 관리를 위한 서비스 매출이 늘어나는 구조로 변화되었다. 이러한 추세는 앞으로도 지속될 전망이다.

최근 실적 현황 및 주목할 포인트

2023년 3분기 다빈치 시스템은 전년 동기대비 19% 성장했으며 코로나 직전인 2019년과 비교하면 연평균 17%의 성장률을 보였다. 이번 분기에 총 312대의 다빈치 시스템을 설치해 누적대수 8,285대로 늘어났다. 이에 힘입어 3분기 매출은 17.4억달러로 전

→ 인튜이티브 서지컬, 다빈치 SP 로봇으로 CE마크 취득

전 세계 수술용 로봇 시장에서 80% 이상의 점유율을 20년 넘게 차지하고 있는 독보적인 기업, 인튜이티브 서지컬

년동기대비 12% 성장했다. 부품 및 액세서리 매출은 전년동기대비 23% 성장한 10.7억달러 매출을 달성했고, 시스템 매출은 설치대수가 전년대비 소폭 늘었지만, 3.9억달러로 11% 감소했다. 이는 운용리스 형태의 설치 비중이 높아졌기 때문으로 판단된다. 순이익은 40.8억달러로 순이익률 23.4%를 달성했다.

향후 전망 및 애널리스트 의견

2024년 시장 예상 매출은 80억달러로 전년대비 14% 성장하는 것으로 보고 있다. 순이익은 22억달러로 순이익률 28%를 전망하고 있는데 이는 코로나 전 2019년과 비교하면 거의 두 배 수준으로 성장하는 것이다. 연간 FCF는 22억달러를 예상하고 있다.

애널리스트 평균 목표가는 403달러로 Buy:Hold:Sell 비율이 58%:36%:6%로 매수 의견이 많은편이다. 최근 12월 이후 나온 보고서의 목표가 레인지는 330달러에서 400

다빈치 로봇 수술 시스템 활용 수술 횟수

'22 '23   (단위: 만 건)

187.7
229

자료 인튜이티브 서지컬

달러로 다양하며 매수 의견 비중이 75% 수준이다.

높은 가격에 대한 부담을 운용리스 방식으로 진입 허들을 낮추고 인건비 절감 및 수술의 효율성 증대를 위해 채택율이 장기간 높아질 것으로 전망한다. 하지만 최근 유행하는 GLP-1계 비만 치료제의 열풍이 인튜이티브 서지컬에게도 노이즈로 작용하고 있다. 비만대사수술용 시장이 5% 미만 수준으로 크진 않지만

해당 수요는 당분간 타격을 받을 수 있을 전망이다. 환자마다 상황이 다르기 때문에 어떤 선택을 할지 모르지만 수술밖에 대안이 없었던 환자에게 경쟁사의 도약은 도전적인 과제임에 틀림없다. 앞으로 우리가 주목할 시장은 중국이다. 현재는 수술횟수 기준 5%에 불과하지만 설치대수가 매년 증가하고 있고 중국의 수술 횟수는 글로벌 평균인 200회를 넘어섰다.

중국 복성제약과 JV를 설립해 2025년 상하이에서 본격 생산이 진행될 예정이기 때문에 향후 중국 시장의 성장이 주목된다.

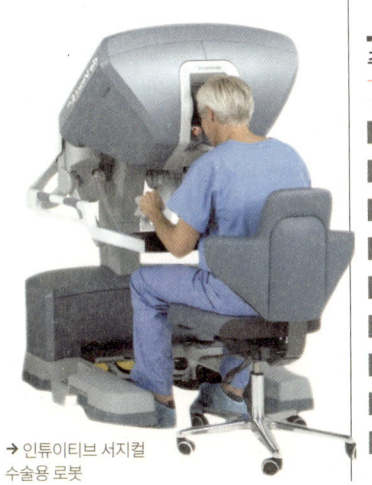

→ 인튜이티브 서지컬 수술용 로봇

주가와 잉여현금흐름(FCF) 추이

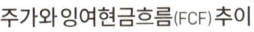
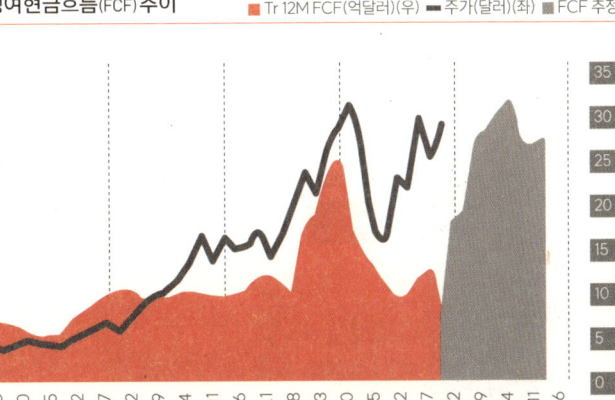

자료 Bloomberg Professional Services   Tr 12M : 직전 12개월

35 일라이 릴리 Eli Lilly and Co

당뇨 및 항암 질환 치료제 글로벌 제약회사

1876년 미국 인디애나주에서 일라이 릴리 화학자가 시작한 제약회사로 말라리아 치료제, 페니실린, 합성 인슐린 등 수많은 치료제를 개발해 판매 중이다.

투자지표 5점 척도

일라이릴리는 모든면에서 우수한 모습을 보이고 있는데 특히 비만약으로 높은 성장성을 보여주고 있다.

Investment Point
- 젭바운드(Zepbound)에 주목하라
- GLP-1 점유율 싸움 시작
- 체중 26% 감소

업종	제약
티커 심볼	LLY
시장 정보	뉴욕 거래소
시가총액	7268억달러
매출액	341억달러
영업이익	103억달러
순이익	52억달러
제품	Alimta, Cyramza, Erbitux, Jaypirca, Retevmo 등

(2023년말 기준 직전 4개 분기 실적)

판매 급증과 함께 기대감 상승

최근에는 당뇨병, 면역, 신경계, 암 관련 치료제 등을 생산하고 있다. 매출의 약 56%를 당뇨병 관련 치료제를 판매하고 있으며 두번째로 비중이 큰 품목은 암 관련 치료제로 20% 수준이다. 신경계와 면역계 관련 치료제는 약 10%씩 차지한다. 지역별로 살펴보면 미국 비중이 62%, 유럽이 20%, 일본이 5%, 중국이 5%, 그 외 지역으로 이뤄진다. 일라이 릴리는 최근 노보 노디스크의 '위고비' 비만 치료제 영향으로 당사의 GLP-1 당뇨병 치료제인 '마운자로'의 판매가 급증하는 효과를 누리고 있다. 심지어 최근 발표된 논문에 따르면 '터제파타이드' 성분의 마운자로 약효가 노보노디스크의 위고비 대비 우월한 결과를 보여줬다고 공개했다. 이에 12월 새롭게 런칭한 '젭바운드'의 실적이 내년 어떤 돌풍을 일으킬지 시장은 이미 흥분한 상태이다.

비만 치료제 승인으로 날개를 달다

2023년 3분기 전체 매출은 전년동기 대비 37% 증가한 95억달러를 달성했다. 순이익은 23억 4000만 달러로 24.7%의 마진율을 기록했다. 환율 영향을 제외한 지역별 매출 실적은 미국이 21% 증가, 유럽이 136% 증가, 그 외 지역은 10~20% 대의 등락을 보이고 전체적으로 36% 성장을 이뤄냈다. 특히 2022년 2분기에 출시한 마운자로의 꾸준한 성장으로 빛을 봤다. 이번 3분기 기준 마운자로 매출은 14억달러로 성장했다. (전분기 매출 9.8억달러) 이는 최근 메디케

↑ 일라이릴리의 항체치료제는 코로나19에 감염됐다 회복한 환자의 혈액에서 항체를 추출해 만들어졌다

↑ 일라이 릴리는 '젭바운드'와 '도나네맙' 신약 개발로 상승세에 박차를 더할 것으로 전망

일라이릴리는 매출 비중의 46%가 당뇨, 20%가 항암치료제로 구성되어 있는 만큼 당뇨와 항암 질환에 강점을 가진 글로벌 제약회사다

어 파트D 혜택(처방약)을 받으면서 급증하는 모습을 보여주고 있다. 비만 치료제 승인까지 났으니 2024년은 더 놀라운 성과가 예상된다.

향후 전망 및 애널리스트 의견

2024년 시장 전망 역시 장미빛이다. 매출은 16% 증가한 391억달러를 전망하고 있고, 순이익은 112억달러로 마진이 10%P 상승한 28.6%를 전망하고 있다. 2월 7일 차기 분기 실적 발표에서 2024년에 대한 가이던스가 발표되겠지만 시장 기대치 이상의 매출 성장이 예상된다. 그 이유는 첫째 현재 미국에서 폭발적인 수요를 보이고 있는 '위고비'의 대

← 제약 1위 일라이릴리의 데이브 릭스 회장

항마인 '젭바운드'가 출시됐기 때문이다. 그동안 시장 수요에 못따라 간 노보 노디스크의 공급 문제를 일라이 릴리 제품이 채워줄 것으로 보인다. 12월 11일 추가로 발표된 젭바운드의 임상 결과에서는 88주간 26%의 체중 감량을 보였다는 내용은 시장의 이목을 집중시키고 있다. 비만 치료제 시장은 현재 GLP-1 내분비계 신약이 기존에 없던 수요를 창출해 가며 전체 파이를 키우고 있기 때문에 업사이드(성장)가능성이 매우 높다고 생각한다. 미국 인구의 약 70%가 비만이거나 과체중 상태라고 한다. 1996년 WHO는 비만을 질병으로 분류했다. 공급만 받쳐준다면 정말 어디까지 클 수 있는지 궁금하다.

두번째 이유는 신약 개발 라인업 중 내년 1분기 FDA 승인 결과를 기다리고 있는 '도나네맙' 알츠하이머 신약이다. 바이오젠사의 레카네맙에 이은 두번째 신약으로 2035년까지 50억달러 이상의 블럭버스터급 매출을 기대하고 있다. 2024년을 빛낼 '젭바운드'와 '도나네맙', 이 두 신약을 기억해두자. 애널리스트 평균 목표가 797달러로 Buy:Hold:Sell 의견 비중이 74%:19%:7%로 매수 의견이 지배적이다.

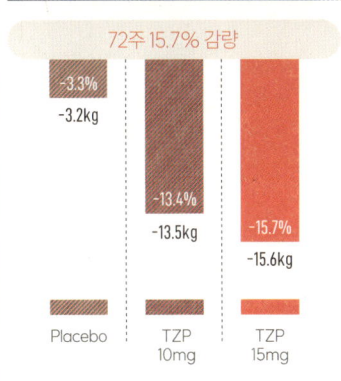

일라이 릴리 '터제파타이드' 성분의 비만 효과

자료 일라이릴리 신제품의 판매 성과

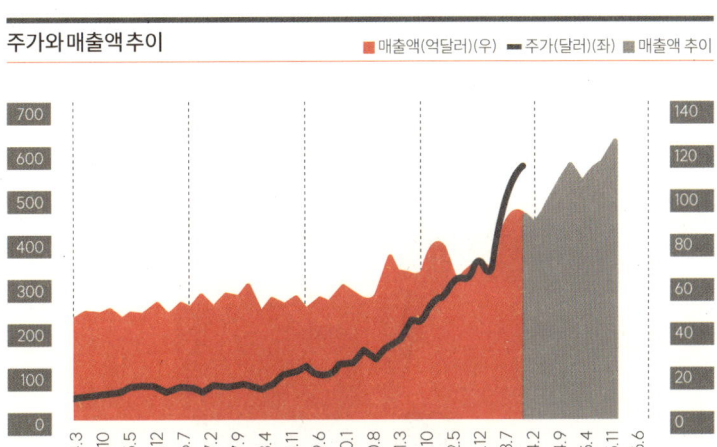

주가와 매출액 추이

자료 Bloomberg Professional Services

36 게임 개발사들의 롤모델
일렉트로닉 아츠 Electronic Arts Inc

이에이 스포츠(EA Sports)라는 이름이 귓가에 익숙할 정도로 스포츠 게임의 최고봉에 있는 회사다. 1982년 캘리포니아에서 시작해 FIFA라는 체험형 축구 게임으로 성공하여 지금의 자리까지 올랐다.

투자지표 5점 척도

EA는 ESG와 성장성 측면에서는 다소 낮은 점수를 받고 있지만 주주환원과 수익성, 수익 안정성 측면에서는 높은 점수를 받고 있다.

Investment Point
- 안정적 매출 성장 기업
- 스포츠 게임의 제왕
- 돈 잘 버는 게임회사를 찾는다면 좋은 대안

업종 비디오 게임 산업
티커 심볼 EA
시장 정보 나스닥(NASDAQ)
시가총액 381억달러
매출액 72억달러
영업이익 13억달러
순이익 8억달러
제품 배틀필드(Battlefield), 니드 포 스피드(Need for Speed), FIFA, Madden NFL, NBA Live, NHL

(2023년 기준 직전 4개 분기)

스포츠 게임의 왕

축구, 미식축구, NHL, 농구, 야구, 골프, UFC, F1 레이싱 등 거의 모든 장르의 스포츠 게임을 만들고 있다. 콘솔 게임에서 모바일 게임에 이르기까지 거의 모든 플랫폼 채널을 통해 게임을 제공하고 있다. EA가 갖고 있는 가장 큰 차별점이자 강점은 위에서 언급한 장르의 스포츠 게임이 매년 새로운 버전으로 나온다는 것이다. 따라서 매니아층은 매년 새로운 버전으로 게임을 구매하기 때문에 구독형과 유사한 모델을 갖고 있다. 스포츠 외에도 전쟁 시뮬레이션 장르와 소셜 네트워크 등 게임도 출시하여 많은 사랑을 받고 있다. 따라서 EA는 다른 게임사보다 안정적인 실적과 재무구조로 모든 게임 개발사들이 지향하는 롤모델이 되었다.

테일러 스위프트 효과 팬덤 확대

2024년 2분기(2023년 9월말 기준) 실적을 살펴보면 전년동기 대비 0.5% 성장한 19억달러 매출을 달성했고 순이익은 33.9억달러로 약 18%의 마진을 달성했다. 조금 더 깊이있게 들어가보면 가장 중요한 판매액(Bookings)이 동일환율 기준 전년동기대비 5% 증가했으며, 풀게임(일회성 다운로드 매출) 판매액은 10% 증

→ EA SPORTS UFC 5는 MMA 격투기 UFC를 게임으로 옮긴 시리즈의 최신작이다.

↑ EA는 EA 스포츠 FC로 세계 최대의 축구 커뮤니티를 구축하고 있다.

가했다. 이는 미식축구 게임인 메이든(Madden) 판매액이 6% 증가했는데 최근 테일러 스위프트 효과로 미식축구 경기에 대한 팬덤이 많이 늘어난 결과라고 해석된다. 플랫폼별로는 콘솔이 14% 증가해 전체적으로 5%의 성장을 보였다.

주목할점은 라이브 서비스 판매액(Bookings)이 지속적으로 증가해 전체 판매액의 73%까지 늘었다는 것이다. 2021년 3분기 기준 40억달러 미만 수준이었던 것이 꾸준히 성장해 2024년 2분기 기준 55억달러까지 커졌다. 이는 단발성 게임 출시 매출로 실적 변동성이 큰 회사들과 달리 안정적인 매출구조가 더욱 강화된다는 의미이다.

EA는 전년 동기 대비 31% 증가한 EA SPORTS FIFA 프랜차이즈의 성공에 힘입어 전년동기대비 11% 증가한 19억 4600만달러의 기록적인 순예약을 달성했다

향후 전망 및 애널리스트 의견

2024년 3월에 마감되는 2024년 회계연도 매출은 73억~77억달러로 가이던스를 제시했다. 그리고 판매액 가이던스도 유사한 수준으로 제시했다. 시장에서 예상하는 매출 76

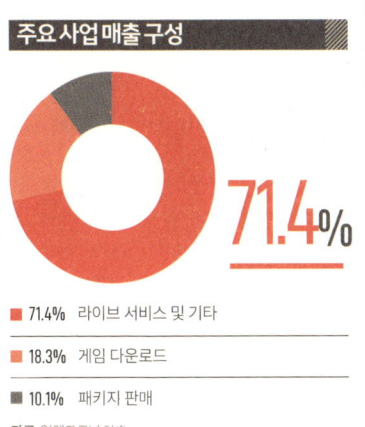

주요 사업 매출 구성

- 71.4% 라이브 서비스 및 기타
- 18.3% 게임 다운로드
- 10.1% 패키지 판매

자료 일렉트로닉 아츠

억달러로 유사하고 순이익과 FCF는 각각 18.7억달러와 19.3억달러이다. 최근 5년간의 실적흐름을 살펴보면 10억~20억달러 수준의 꾸준한 순이익을 달성하고 FCF 역시 10억달러에서 17억달러 수준으로 꾸준히 성장하는 그림이다. 그동안 EA는 주주환원에 적극적인 모습을 보인 기업은 아니었지만 2021년 부터 배당을 시작하여 2023년 회계연도 기준 배당은 2.1억달러, 자사주매입은 6.4억달러를 시행하며 주주환원에도 관심을 기울이는 모습이다. 인공지능, 메타버스, VR, XR, MR 등 차세대 플랫폼으로의 확산 전략을 잘 수행하는지 관심있게 지켜봐야 할 것이다. 애널리스트 평균 목표가는 151 달러로 Buy:Hold:Sell 비율이 57%:43%:0%로 매수의견이 지배적이다. 안정적인 게임 엔터테인먼트 회사에 투자하고 싶은 성향에게 추천하는 종목이다.

주가와 잉여현금흐름(FCF) 추이

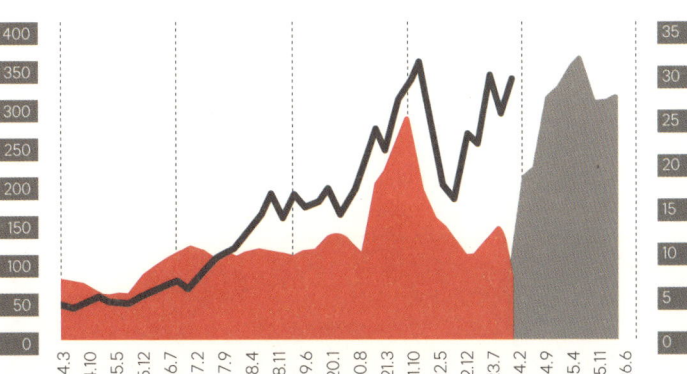

자료 Bloomberg Professional Services Tr 12M : 직전 12개월

37 미국에서 가장 존경 받는 금융회사
제이피모간체이스 JPMorgan Chase & Co.

2023년 5월 실리콘밸리은행(SVB)의 파산 이후 연쇄 부도 우려가 커지며 제2의 저축대부조합 사태가 터질 것이라는 우려가 커졌다. JPM은 연방예금보험공사(FDIC)로부터 '퍼스트 리퍼블릭 은행(First Republic Bank)'의 특정 자산 및 부채를 인수하며 연쇄부도 리스크를 잠재우는데 큰 기여를 했다.

투자지표 5점 척도

JP모간은 성장성과 ESG 측면에서 낮은 점수를 받고 있지만 수익성과 주주환원 측면에서는 매우 높은 점수를 받고 있다.

주식 정보 바로보기

미국 은행 순위 Top 10
1. JPMorgan Chase (JP모간 체이스)
2. Bank of America (뱅크 오브 아메리카)
3. Wells Fargo (웰스 파고)
4. Citigroup (씨티그룹)
5. Morgan Stanley (모건 스탠리)
6. Goldman Sachs (골드만삭스)
7. U.S. Bancorp (US 뱅크)
8. Truist Financial (트랜스퍼웨이)
9. First Republic (퍼스트 리저브)
10. PNC Financial Services Group (PNC 은행)

자료: 미국 은행 감독 위원회(OCC)

Investment Point
- 어려운 환경속에서도 빛날 JP모간
- 꾸준히 증가한 배당금
- 바젤III 확정안에 주목하자

업종	금융업
티커 심볼	JPM
시장 정보	나스닥(NASDAQ)
시가총액	5299억달러
매출액	2393억달러
영업이익	629억달러
순이익	492억달러
제품	제품 JP모간 체이스 뱅크, 체이스 뱅크 등 미국의 종합금융 투자은행

(2023년 4분기 기준 자료: 버크)

미국의 금융위기 때마다 구원투수

JP모간 체이스 컴퍼니(이하 JPM)는 세계에서 가장 오랜 역사를 가진 금융기관 중 하나이다. 미국의 연방준비은행(Federal Bank)이 생기기 이전부터 존재했으며 미국의 금융위기 때마다 구원투수로 나서 혼란(Chaos)을 막은 가장 존경받는 기업 중 하나이다.

경영 보고 목적을 위해 회사의 활동은 4개의 주요 사업 부문으로 구성되어있다. 회사의 소비자 사업 부문인 '소비자 및 커뮤니티 뱅킹(CCB)', 회사의 도매 사업 부문인 '기업 및 투자 은행(CIB)', '상업 금융(CB)'부문, 그리고 '자산 및 자산 관리(AWM)'이다. CCB, CB 그리고 AWM은 한국의 은행업으로, CIB는 증권사의 IB 업무라고 이해하면 된다.

미국 1등, 세계적인 종합금융지주회사

최근 발표한 3분기 실적을 살펴보면 6.7억달러의 주식투자 손실을 포함하여 총 399억달러의 수익을 기록했다. 사업부문 별로 살펴보면 CCB 사업부의 예금이 3% 감소하는 가운데 투자자산은 43%나 증가했다. 대출은 전년동기대비 27% 증가했고 전분기 대비로는 9% 증가했다. 카드 서비스 수수료는 2.49%를 수취했다. 직불과 신용 카드 매출이 8% 증가했다. 모바일 고객이 9% 증가했다. CCB의

→ JP모간은 인공지능(AI) 기술이 은행업계에 신뢰를 높일 것으로 내다봤다.

ROE는 41%를 기록했다.
예금은 감소했지만 여전히 미국 1등 소매금융을 차지하고 있으며 경쟁사 대비 3배 많은 신규 계좌가 개설됐다. CB 사업부는 8% 증가한 8.2억 달러의 수익이 났으며 기업대출은 24% 증가했고 예금은 7% 감소했다. AWM 부문의 AUM은 3.2조달러로 22% 증가했다. 대출은 3% 증가하고, 예금은 20% 감소했다. 끝으로 CIB 사업부는 글로벌 1등 IB 사업자로 올해 누적 8.6억의 수수료를 수취했다. 3% 줄어든 66억달러 수익을 냈는데 채권은 1% 증가했지만 주식 쪽이 10% 줄었다.

제이미 다이먼의 훌륭한 사업 운영으로 오늘날 JP모간은 뱅크오브 아메리카, 씨티, 웰스 파고와 함께 미국의 4대 은행으로 꼽힌다

컨퍼런스 콜에서 제이미 다이먼 CEO의 주요 내용을 살펴보면 132억 달러의 순이익을 벌어 ROTCE(유형자본수익률, ROE) 22%를 달성해 견조한 성과를 냈다고 자평했다. 그리고 최근 이슈가 되고 있는 바젤III 관련한 CET1(보통주 자본비율)은 14.3%로 상승했고 총 손실 흡수 능력(TLAC, total loss absorbing capacity)은 496억달러에 달한다고 강조했다. 가장 위험한 자산인 대출은 1.3조달러지만 JPM의 현금과 매도 가능 유가증권이 1.4조 달러로 매우 높은 유동성을 확보하고 있다고 강조했다. 바젤III에 대한 최종 가이드라인이 만들어 지고 있는데 JPM이 과거에 보여준 모습처럼 새로운 규칙에 아주 빠르게 적응하고 관리할 계획이라고 밝혔다. 그럼에도 불구하고 다이먼은 이러한 규제 변경이 시장과 최종 사용자에게 실질적으로 부정적 영향을 미칠 가능성이 높다고 경고했다. 다이먼 대표는 최근에 열린 상원 은행위원회에서도 고객과 경제에 악영향을 줄 수 있다며 자본요건을 지나치게 높였다며 지적했다.

향후 전망 및 애널리스트 의견

2024년에 대한 시장 전망치를 살펴보면 전년대비 약 8% 감소한 453억 달러의 순이익을 전망하고 있다. 세부적인 내용을 뜯어보면 CCB 소비자 금융 부문의 순이자 마진을 2.5%로 전년대비 10bp 감소하는 것으로 전망하고 있기 때문이다. 다만 CIB 부문의 IB 수수료는 74억달러로 전년대비 10억달러 증가하는 것으로 전망하고 있다. 그리고 AWM부문의 자산관리 수수료도 226억달러로 전년대비 10억달러 증가하는 것으로 보고 있다. 자기자본 규제와 관련한 RWA는 1.7조에서 1.78조로 소폭 증가하는 수준이며, 위험이 큰 대출역시 1.33조로 전년대비 소폭 증가하는 수준으로 예측하고 있다. 이러한 전망은 최근 다이먼 대표의 향후 미국 경기에 대한 불확실성과 글로벌 지정학적 리스크를 언급하며 매우 위험한 환경속에 있다며 걱정했던 부분이 반영되어 나타난 결과로 보인다. 앞으로 적정 자본비율에 대한 연준과 바젤 위원회의 규제 강도가 어떻게 나오는지에 따라 사업의 성장률이 정해질 것으로 판단된다.
애널리스트 평균 목표가는 194달러이며 Buy:Hold:Sell 의견 비율은 75%:22%:3%로 매수 의견이 지배적이다.

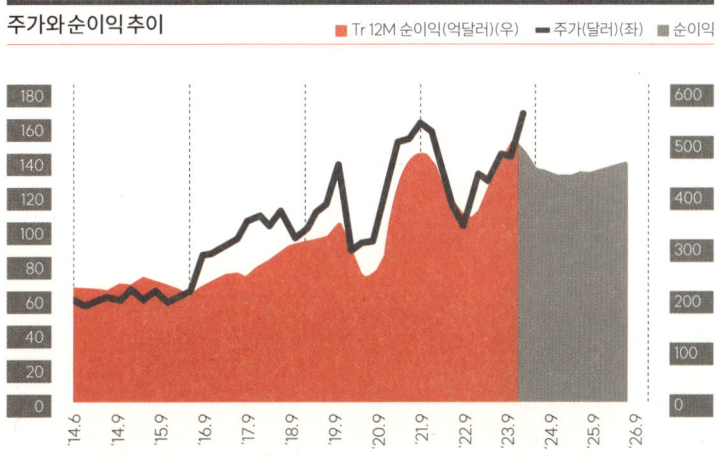

→ JP모간체이스의 제이미 다이먼 회장은 지난 2월 23일 2000억원에 달하는 회사 주식을 매각한 것으로 나타났다.

주가와 순이익 추이 — Tr 12M 순이익(억달러)(우) / 주가(달러)(좌) / 순이익

자료 Bloomberg Professional Services

38 너무나도 익숙한 브랜드 부자
존슨앤드존슨 Johnson & Johnson

존슨앤존슨은 미국 남북전쟁 당시 상처 치료용 거즈 및 깁스 등을 생산하며 사업을 시작했다. 1921년에는 '밴드 에이드'라는 '반창고' 아이디어 상품을 출시해 소위 '대박'을 쳤다.

투자지표 5점 척도

존슨앤드존슨은 인류의 보배 같은 기업으로 모든면에서 우수한 모습을 보여주고 있다.

'밴드 에이드' 반창고는 얼 딕슨이라는 한 직원의 발명품이다. 아내가 요리하다가 손을 다쳤을 때 손쉽게 치료하길 바라며 만든 것이다. 그는 이 발명으로 부회장 자리에 오르게 된다

Investment Point
- 60년 연속 배당 기업
- 장기 성장 목표 5~7%
- RYBREVANT+레이저티닙 병용 투여 임상 결과

업종	제약, 의료
티커 심볼	JNJ
시장 정보	뉴욕 거래소
시가총액	3905억달러
매출액	930억달러
영업이익	237억달러
순이익	141억달러
제품	의약품, 아기위생용품, 피부미용제품, 세안용품, 콘택트렌즈

(2023년말 기준, 직전 4개 분기 실적)

▶ 사랑이 담긴 발명품에서 거대 기업으로

존슨앤존슨은 얀센 등 공격적인 인수합병 전략으로 사업 다각화를 추진하였고 지금의 모습으로 성장하게 된다. 이후 제약, 의료기기, 컨슈머헬스로 크게 3개의 사업부로 구성되었다. 우리가 잘 아는 '아큐브렌즈', '뉴트로지나', '타이레놀' 등 무수히 많은 브랜드의 제품이 우리 삶속에 들어와 있다. 뉴트로지나, 리스테린, 존슨즈(화장품), 타이레놀 브랜드는 연매출 10억달러 이상 벌어들이는 효자 브랜드다. 인지도는 컨슈머헬스 사업부(자회사 켄뷰)의 브랜드가 높지만, 매출은 혁신 의약(제약) 부문이 가장 크다. 2022년도 매출 비중은 제약이 52.6%, 의료기기 27.4%, 컨슈머헬스(자회사 켄뷰) 15% 순이다. 컨슈머헬스 부문은 2023년 5월 분사(Spin-off)하여 뉴욕증권거래소에 Kenvue(켄뷰)로 상장했다. 제약 사업은 1961년 얀센을 인수하면서 시작해 레미케이드 등 공격적인 인수합병을 지속했다. 현재 얀센은 악성종양 치료제, 면역질환, 신경질환 분야에서 강점을 보유하고 있다. 얀센은 연매출 10억달러 이상의 계열내 최초/최고(First in Class / Best in Class) 수준의 캐시카우 치료제 14개를 보유하고 있다. 신규 파이프라인으로 50억달러 이상의 가치를 인정받는 7개 신약과, 10억달러 이상의 가치를 인정받는 7개의 라인을 보유 중이다. JNJ는 60년 연속 배당을 한 배당 우수 기업이고 5년 FCF의 60%를 주주환원에 사용했다.

← 존슨앤드존슨은 다우 존스 산업평균지수를 구성하는 30개 기업 가운데 하나이며, 포춘 500에도 순위권에 이름을 올리고 있다.

↑ 존슨앤존슨 주요 수익 브랜드

최근 실적 및 주목할 포인트

지난 3분기 매출은 213억달러로 전년동기대비 6.8% 성장했다. 순이익은 58억달러로 마진율 27%를 기록했다. FCF는 65억달러를 기록해 2021년 3분기 이후 최대치를 달성했다. 혁신 제약 부문 실적은 전년동기대비 5% 성장하며 139억달러를 달성했고 의료기기 부문인 메드테크는 전년동기대비 10% 성장하며 74.6억달러를 기록했다. 동사의 베스트 셀러 약품인 스텔라라와 트렘프야, 심포니, 다잘렉스가 실적을 견인했다. 무엇보다 우리가 주목할 임상은 랜드마크 3상 MARIPOSA 연구인데, 2020년 기준 사망자가 가장 많이 발생한 암이 폐암이기 때문이다. EGFR 변이 비소세포폐암 환자에서 오시머티닙(타그리소) 대비 RYBREVANT(amivantamab-vmjw) + 레이저티닙(렉라자)의 무진행 생존율이 통계적으로 유의미하고 임상적으로 의미 있는 개선을 보이는 1차 평가변수를 충족했다고 발표했다. 즉 EGFR 변이 비소세포폐암 환자 치료에 가장 많이 쓰이는 오시머티닙(타그리소)을 넘어설 수 있는 가능성을 보여준 것이다. 따라서 앞으로도 RYBREVANT(amivantamab-vmjw) + 레이저티닙의 임상 결과에 주목할 필요가 있다.

향후 실적 전망 및 애널리스트 의견

지난번 실적 컨퍼런스콜에서 2023년 실적에 대해서는 가이던스를 살짝 올렸다. 그리고 최근 개최된 투자 컨퍼런스에서 2024년 매출 성장률을 5~6% 성장을 제시했다. 반면 시장에서 예상하는 2024년 매출 전망치는 879억달러로 3.8% 성장을 내다보고 있다. 순이익은 261억달러로 마진율 29.7%를 예상하고 있고 FCF는 249억달러를 전망하고 있다. 2023년의 성장률보다는 다소 낮아지는 것으로 보고 있다.

애널리스트 예상 목표가 평균은 175달러이며 Buy:Hold:Sell 비율 42%:58%:0%로 보유 의견이 지배적이다. 최근에 발간된 웰스파고의 보고서에 따르면 자가면역 치료제인 스텔라라의 특허 만료에 따른 성장 둔화와 탈크 유방암 관련 소송 결과 등이 다운사이드 리스크로 작용할 수 있다며 목표가를 하향 조정했다. 이러한 우려로 타사 대비 PER 멀티플이 낮게 거래되는 이유라고 보인다. 반면 씨티증권은 매수 의견을 유지하며 목표가 185달러를 유지했다.

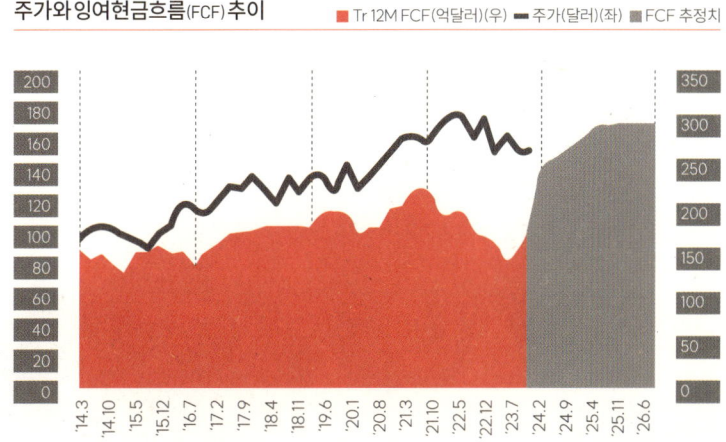

주가와 잉여현금흐름(FCF) 추이

자료 Bloomberg Professional Services   Tr 12M: 직전 12개월

39 캐터필러 Caterpillar

부동의 1위 기업이자 배당귀족주

캐터필러의 대표적인 제품은 불도저를 비롯한 다양한 종류의 중장비이며, 무한궤도와 노란색 도색이 특징이다. 고무바퀴를 사용한 차륜형 차량이 아닌 철제 무한궤도를 이용해 궤도차의 대명사로 불린다.

투자지표 5점 척도

수익성 / 수익안정성 / 성장성 / ESG / 주주환원

캐터필러는 산업 특성상 경기를 많이 타기 때문에 수익 안정성이 낮지만 우수한 기술혁신을 바탕으로 놀라운 주주환원 정책을 보여주고 있다.

주식 정보 바로보기

Investment Point
- 글로벌 1위 중장비 업체
- 배당성향 115%
- 자율주행 트럭

업종	중장비 제조
티커 심볼	CAT
시장 정보	뉴욕 거래소
시가총액	1681억달러
매출액	670억달러
영업이익	137억달러
순이익	103억달러
제품	굴삭기, 휠로더, 스키드로더/콤팩트 트랙로더(멀티 터레인 로더), 모터 그레이더 등

(2023년 9월 기준, 직전 4개 분기 실적)

원조 맛집의 부활을 꿈꾸며

1925년 농기계 트랙터로 시작한 캐터필러는 현재 전 세계 최대 규모의 중장비 제조회사로 성장했다. 시가총액 1500억달러 규모의 이 회사는 전 세계 중장비 시장의 부동의 1위 자리를 지키고 있다. 2022년 기준 미국 매출이 41%, 나머지 국가 매출이 59%를 차지했다. 건설, 자원(광산), 에너지&운송 사업부로 구분하여 운영되고 있다. 제조업체에도 불구하고 두 자릿수의 영업이익률을 보여주고 있다. 60억~80억달러 수준의 영업현금흐름을 만들어내 지난 5년간 80% 이상의 주주환원을 실현해 배당귀족주란 별명을 얻었다.

이보다 더 좋을 수 있을까?

10월 말에 발표한 2023년 3분기 실적 자료를 살펴보면 전년동기대비 12% 성장한 168억달러를 기록했으며 영업이익도 전년동기대비 42% 증가해 20%의 영업이익률을 기록했는데 가격 인상 효과, 지역별 믹스 개선, 높은 판매량의 결과물이다. 이번 분기 잉여현금흐름은 29억달러를 창출했다.

→ 캐터필러는 라스베이거스에서 열린 CES 2024에서 전기 중장비 및 에너지 솔루션을 선보인 바 있다.

사업 부문별로 살펴보면 1) 건설 부문 매출은 전년동기대비 12% 증가한 7억달러, 영업이익은 전년동기대비 53% 증가한 6억 3000만 달러를 달성했고 2) 자원 부문은 9% 증가한 2억 6000만 달러 매출과 44% 증가한 2억 2000만 달러 영업이익을 달성했다. 3) 에너지 및 운송 부문은 11% 증가한 6억 7000만 달러 매출과 26% 증가한 2억 4000만 달러의 영업이익을 달성했다. 전반적으로 놀라운 성장을 보여준 분기였다. 수주잔고(Backlog)는 6억달러 감소했지만 281억달러로 12개월 매출의 44% 수준으로 과거 평균 레벨보다 위에 있는 건강한 수준으로 평가하고 있다.

2023년 기준 건설장비 시장 점유율 16.3%로 1위, 지난 5년간 80% 이상의 주주환원을 실현

향후 전망 및 애널리스트 의견
- 피크 아웃이란 말인가?

2월에 발표될 4분기 실적을 포함한 2023년 연간 실적 전망치를 살펴보면 653억달러 매출, 103억달러의 순이익, 94억의 잉여현금흐름을 예상하고 있다. 2024년 실적은 전년대비 2% 증가한 666억달러 매출에 전년대비 플랫한 수준인 102억달러의 순이익을 전망하고 있다. 이는 2024년 경기둔화를 반영한 숫자라고 판단된다. 애널리스트 평균 목표가는 324달러이며 Buy:Hold:Sell 비중

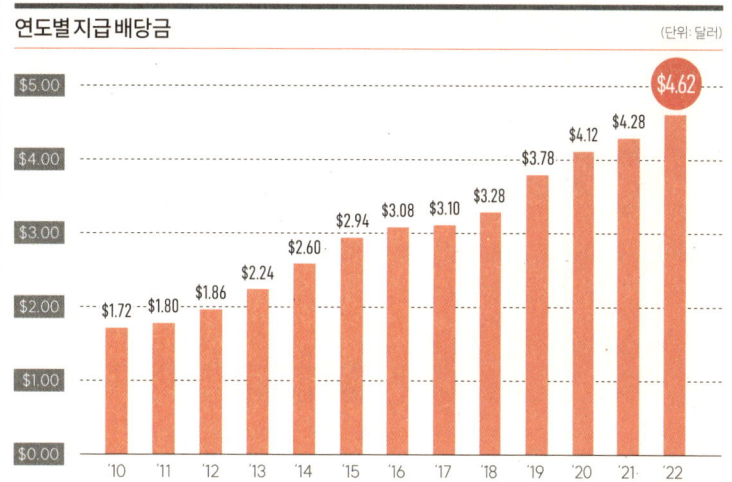

연도별 지급 배당금 (단위: 달러)

자료 캐터필러

은 41%:44%:15%로 보유 의견이 지배적이다. 이 역시 2024년 경기침체에 따른 산업수요 둔화로 캐터필러의 성장률이 둔화될 것으로 보고 있기 때문이다.

단기적으로는 성장률이 둔화될 수 있지만 장기적인 관점에서 바라보면 캐터필러의 자율주행 서비스가 얼마나 빨리 확대되는지 눈여겨볼 필요가 있다.

→ 시가총액 1500억달러 규모의 세계 중장비 시장 부동의 1위

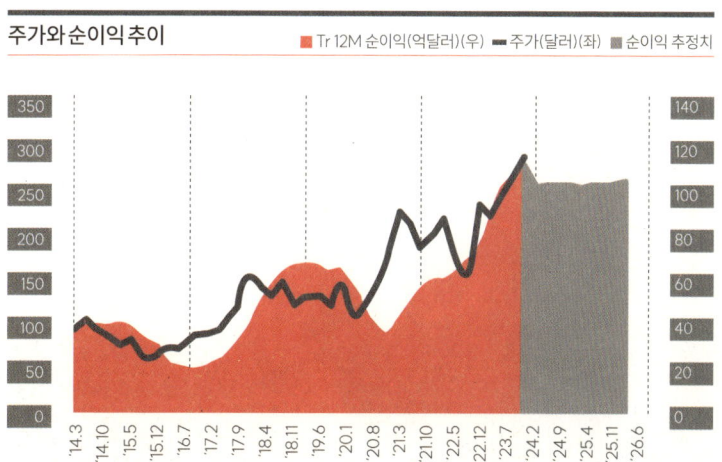

주가와 순이익 추이

자료 Bloomberg Professional Services 주 1월말 결산 법인 (1월말 실적을 3월말에 표기)

40 컴캐스트 Comcast Corporation
미국 최대의 케이블 공룡 업체

컴캐스트는 뉴스 채널인 NBC, 경제 채널로 유명한 CNBC, 스포츠 채널로 유명한 SKY SPORTS 등의 다양한 TV 방송 채널과 영화 배급사인 Universal(유니버셜) 스튜디오를 보유한 미국의 대표 미디어 그룹이다.

투자지표 5점 척도

컴캐스트는 매우 높은 수익 안정성과 우수한 주주환원 정책을 자랑하는 안정적인 기업이다.

Investment Point
- 안정적인 실적 성장 기업
- 코로나 팬데믹 완전 극복
- 새로운 성장 엔진 'Peacock' 스트리밍에 주목

업종	전기통신, 대중 매체
티커 심볼	CMCSA
시장 정보	나스닥(NASDAQ)
시가총액	1699억달러
매출액	1215억달러
영업이익	233억달러
순이익	153억달러
제품	컴캐스트 케이블, 미드컨티넌트 커뮤니케이션스, 컴캐스트 인터랙티브 미디어, 컴캐스트 벤처스, NBC유니버설

(2023년말 기준·직전 4개 분기 실적)

뉴스 채널에서 스트리밍 서비스까지!

원래 컴캐스트는 1963년에 설립한 미국 최대 케이블 통신망 공급사업자였다. 이후 케이블 TV 사업으로 콘텐츠를 배급하는 일을 주로 했었다. 이후 성장성이 둔화되자 2013년 NBC 유니버설을 인수한다. 주요 사업부는 기존의 유선 사업부문과 NBC계열의 방송 콘텐츠 및 체험 서비스 부문으로 나뉜다. 최근 실적 규모를 놓고보면 콘텐츠 및 체험 사업부문이 65% 수준으로 더 높다. 기존 케이블 사업부는 Connectivity & Platforms 사업부로 인터넷, 케이블TV, 전화 등의 서비스로 한국의 유선통신사업자라고 생각하면된다. 2022년 온기 매출액 기준으로 포춘 500대 기업 중 29위를 차지했으며, EBITDA 마진은 30%, 130억달러의 FCF를 달성했다. 유선사업부의 가입자중 무려 5230만명이 매월 100달러 이상을 지불하고 있으며, 약 7억명이 컴캐스트의 콘텐츠 및 테마파크를 방문하고 있다. 유선사업부 매출액 중 38%가 VOD 매출이며 그 뒤로 인터넷매출이 38%를 차지하고 있다. 반면 광고는 6%로 많이 낮아져 있다. 콘텐츠 및 체험 사업부는 미디어 매출이 57%, 스튜디오 매출이 26%를 차지하고 테마파크 매출은 16% 수준이다. 테마파크는 현재 4개 사이트를 운영중이며 미국 올랜도, LA, 일본 오사카, 중국 북경에 있으며 2020년

주식 정보 바로보기

스튜디오 부문에서 영화 '오펜하이머'가 9억달러 기록하며 성장 주도

← 유니버셜 픽쳐스 미국의 영화 제작사 유니버셜 픽쳐스가 2023년 박스오피스에서 가장 높은 수익을 기록한 스튜디오로 선정됐다.

코로나 팬데믹 시기 5억달러 EBITDA 적자를 냈지만 2022년은 27억달러로 코로나 직전해 25억달러 매출을 넘어섰다. 이에 2022년 180억달러의 사상 최대 주주환원을 집행했다.

3년간의 기다림을 보상 받다

최근 발표한 3분기 실적은 매출은 301억달러로 전년동기대비 0.9% 성장했으며, EBITDA는 100억달러로 5.1% 성장했다. FCF는 CAPEX 33억달러 등을 반영하여 40억달러를 기록했다. 이에 3분기 누적 주주환원으로 47억달러를 집행했다. 사업부문별로 살펴보면 유선사업부 매출은 전년과 유사한 수준이었지만 EBITDA 측면에서는 2.6%의 성장을 보였다. 콘텐츠 및 체험 사업부의 매출은 0.8% 성장한 106억달러를 기록했고 EBITDA는 10.2% 성장한 20억 달러를 기록했다.

콘텐츠 및 체험사업부를 조금 더 살펴보면 미디어 부문이 피코크 스트리밍 서비스의 매출이 64% 성장하며 8.3억달러의 매출을 달성했으며 유료 가입자가 400만명 늘어나 2800만명으로 80%의 놀라운 성장을 보여주고 있다. 이에 전년동기대비 6.5% 성장한 7억2000달러 EBITDA를 기록했다. 스튜디오 부문은 영화 '오펜하이머'가 9억달러를 기록하고 성장을 주도하며 4억3000달러 의 사상 최대 EBITDA를 기록했다. 전년 동기 '미니언즈'와 '쥬라기 월드' 라는 대작 영화가 있었음에도 23.6%의 놀라운 매출 성장을 보여줬

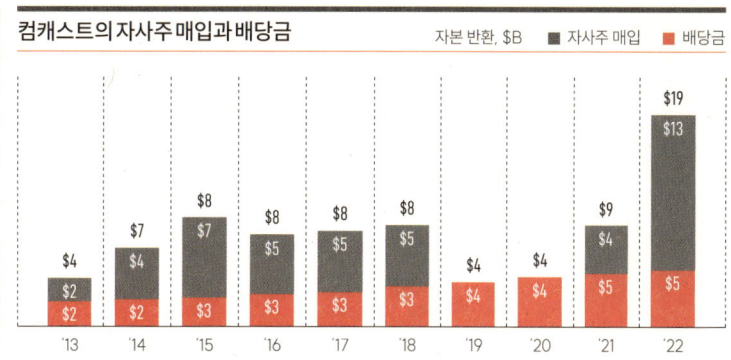

자료: 컴캐스트

다. 테마파크 역시 일본의 '슈퍼 닌텐도 월드' 개장 영향, 베이징 및 LA 사이트의 사상 최대 EBITDA 등의 영향으로 17.2% 증가한 24억달러의 매출과 9.8억달러의 EBITDA를 기록했다.

향후 실적 전망 및 애널리스트 의견

시장 예상 매출액을 살펴보면 전년 대비 2.3% 성장한 1234억달러 매출에 165억달러의 순이익을 전망하고 있다. EBITDA는 391억달러를 전망하고 있으며, CAPEX 125억달러를 감안하여 FCF는 141억달러를 예상하고 있다. 애널리스트 평균 목표가는 50달러로 Buy:Hold:Sell 비율이 62%:38%:0%로 매수 의견이 지배적이다. 안정적인 유선사업부의 매출과 변동성이 있는 콘텐츠 및 체험 사업부의 업사이드 가능성을 함께 겸비한 기업이라고 생각한다. 통신회사 처럼 완전히 안정적인 것은 아니지만 추가 업사이드 엔진을 보유한 기업이기에 좋아보인다. 최근 피코크 스트리밍 서비스의 향후 성장 스토리에 주목해 보자.

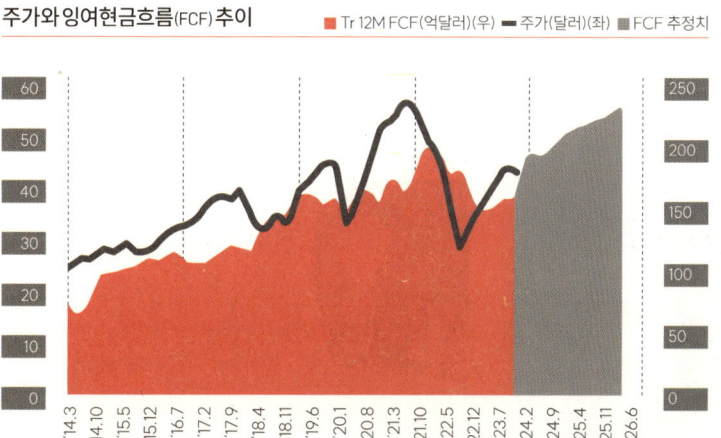

자료 Bloomberg Professional Services

Tr 12M: 직전 12개월

투자지표 5점 척도

코스트코는 매우 낮은 수익성을 보이지만 이는 회원제 서비스에서 돈을 버는 사업구조 때문이며 대신 높은 수익성 안정성과 우수한 주주환원 정책을 보이고 있다.

주식 정보 바로보기

41 유통을 혁신하라
코스트코 홀세일
Costco Wholesale Corporation

코스트코의 실적 자료를 보면 매년 2%대의 순이익 마진율을 남기고 있다. 즉, 회원비를 받기 위해 저렴한 상품을 제공하는 서비스 기업이라고 말할 수 있다.

Investment Point

- 순이익률 2%의 놀라움
- 유통 마진이 전부가 아니다
- 팬데믹에도 10%나 성장한 안정적 기업

업종	유통업
티커 심볼	COST
시장 정보	나스닥(NASDAQ)
시가총액	3325억달러
매출액	2488억달러
영업이익	85억달러
순이익	68억달러
제품	생활용품, 식품

(자료: 구글 텍스트 기반 2023년 4월)

코스트코는 유통회사가 아니다?

그렇다. 코스트코는 다른 유통업체 물건을 소싱하고 마진을 붙여 판매하고 이윤을 남기는 구조가 아닌 회원비를 받고 돈을 버는 구조로 사업을 진행한다. 물건을 소싱하고 판매하는 데서는 크게 수익이 남지 않는다는 얘기다. 순매출에서 제품 원가를 빼고 매출총이익에서 판매관리비를 빼고 나면 3.5%의 영업마진이 남는다. 세금과 이자를 제외하고 나면 결국 2%대의 순이익률이 남는데 분기당 20억달러 결국 회원비를 받은 15억달러와 거의 유사한 수준이다.

코스트코는 1983년 시애틀에서 처음 사업을 시작했다. 전 세계 861개의 회원제 창고형 매장을 운영하고 있으며 이커머스 웹사이트를 미국, 캐나다, 영국, 한국, 대만, 일본, 호주에서 운영 중이다. 8월 말 일요일 결산 법인이라 8월 말, 9월 초 연간 실적을 공시한다. 창고형 회원제 서비스로 브랜드 및 자체 PB브랜드를 낮은 가격에 제공하며 대량 판매로 재고 회전율을 높이는 전략을 취한다. 대부분의 상품을 공급업체로부터 직접 구매하여 이를 교차 도킹 통합 지점(Depots)으로 보내거나 창고 매장으로 직접 보낸다. 이러한 프로세스는 화물량과

> 회원들에게 저렴한 가격으로 고품질 상품을 제공하는 것이 목표라 대부분의 품목을 빠르게 판매되는 모델, 크기 및 색상으로 제한한다

↓ 코스트코는 회원수 증가로 꾸준히 성장중이다.

처리 효율성을 높이고 기존의 여러 단계의 유통 비용을 절감할 수 있다. 창고 매장당 4000개 미만의 SKU를 보유하고 있으며 이는 다른 소매업체보다 매우 적은 편이다. 이 모든 활동이 고객에게 물건을 싸게 공급하고 회원제를 유지하기 위해서다. 2023년 말 기준으로 회원 갱신율은 미국 및 캐나다에서 92.7%, 전 세계적으로 90.4%였다. 6년간 회원비 인상이 없었음에도 회원수 증가로 꾸준히 성장 중이며 2023년에는 8%의 도약을 보였다.

애플과 맞먹는 충성도

코스트코 실적을 사실 볼 것이 별로 없다. 왜냐면 늘 꾸준한 흐름을 이어가고 있기 때문이다. 꼭 이동통신사나 유선 통신회사처럼 늘 비슷한 실적을 내는 기업이다. 그래도 2023년 연간 실적을 살펴보면 전년대비 6.8% 성장한 2423억달러 매출을 달성하고 매출총이익은 301억달러를 달성해 GPM 12.4%를 기록했다. 순이익은 66억달러를 달성해 마진율 2.7%를 기록했다. 코스트코는 최근 10년간 꾸준히 2%대의 순이익률을 기록하고 있다. FCF는 67억달러를 기록했다. 최근에 발표한 2024년 1분기(12월 15일 발표)도 컨센서스 순이익을 4.5% 상회한 실적을 보였다. 위에서 언급했듯이 주목할 포인트는 회원비 수익과 재가입율(Renewal Rate)이다.

◀ 크레이그 젤리넥 코스트코 CEO는 TV 프로그램에 출연해 핫도그 세트 가격 인상 여부에 대한 질문에 "노(NO)"라고 답한 바 있다.

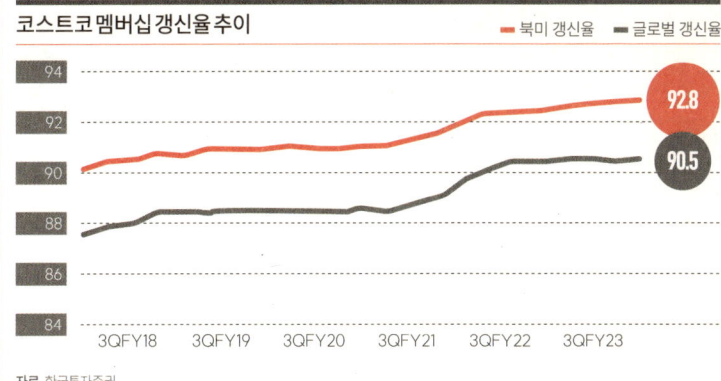

코스트코 멤버십 갱신율 추이
━ 북미 갱신율 ━ 글로벌 갱신율
92.8
90.5

자료: 한국투자증권

연간 8% 대의 멤버십 수익 성장과 재가입률 90% 수준을 유지하며 매우 높은 충성도를 보여주고 있다.

향후 전망 및 애널리스트 의견

2024년 시장 예상 매출액은 4.4% 증가한 2530억달러에 GPM 10.8%인 273억달러를 예상하고 있다. 순이익률은 전년과 동일한 2.7%에 69억달러의 순이익을 전망하고 있다. 최근에 발간된 도이치증권의 2024년 멤버십 수익 전망치는 전년대비 4% 증가한 47.5억달러다.

애널리스트 평균 목표가는 757달러이며 Buy:Hold:Sell 비율은 67%:31%:2%로 매수 의견이 지배적이다. 현재 주가는 PER이 40배가 넘는 상황인데 안정적인 매출 성장에 대한 프리미엄이라고 생각한다. 코로나 팬데믹 시기인 2020년에도 10%의 성장을 보이며 안정적인 실적을 보인 기업이다. 코스트코에서 장만 보지 말고 코스트코 주식에도 관심을 가져보도록 하자. 지난 10년간 주가는 6배나 올랐으니 말이다.

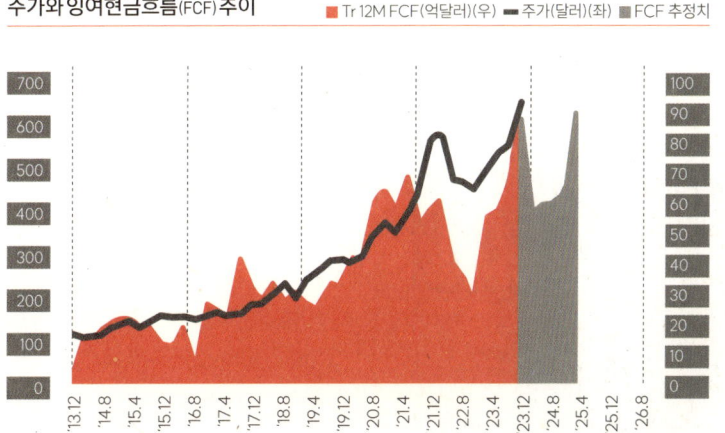

주가와 잉여현금흐름(FCF) 추이
■ Tr 12M FCF(억달러)(우) ━ 주가(달러)(좌) ■ FCF 추정치

자료: Bloomberg Professional Services

Tr 12M: 직전 12개월

42 코카콜라 The Coca-Cola Company
세계에서 가장 인지도가 높은 음료기업

코카콜라컴퍼니의 코카콜라는 전 세계에서 가장 많이 소비되는 음료로 200여 국가에서 매일 20억잔씩, 초당 2만잔이 넘게 팔린다. 이에 코카-콜라는 맥도날드, iPhone과 함께 미국식 자본주의와 세계화를 상징하는 트레이드마크로 자리잡았다.

투자지표 5점 척도

코카콜라는 높은 수익성과 수익 안정성 그리고 우수한 주주환원 정책을 보여주고 있다.

Investment Point
- 연평균 10% 성장 + 안정적
- 연평균 14%의 FCF 성장
- FCF 증가 = 주주환원 증가

업종	음료수 제조업
티커 심볼	KO
시장 정보	뉴욕거래소
시가총액	2567억달러
매출액	458억달러
영업이익	129억달러
순이익	107억달러
제품	코카콜라, 코카콜라 제로, 환타, 스프라이트, 미닛메이드, 파워에이드, 네스티 등

(2023년 9월 기준, 직전 4개 분기 실적)

2001년부터 2012년까지 '글로벌 100대 브랜드' 연속 1위

137년의 역사를 가진 전 세계 음료 시장 1위 기업이다. 코카콜라 외 200여개의 브랜드로 NARTD(Non Alcoholic Ready To Drink) 음료 시장을 장악하고 있으며, 전 세계 200개국, 200개의 병입 파트너, 950개의 병입 공장, 3000만개의 리테일 파트너 등 놀라운 숫자를 자랑한다. 이러한 지위를 유지하기 위해 TCCC는 매년 10억달러 이상의 자금을 디지털 광고에 쓰고 있으며, 매년 80억달러의 자본지출(CAPEX)을 투자하고 있다.

TCCC의 잠재적 시장은 6500억달러 시장에서 1조3000억달러 시장으로 확대되고 있다. 앞으로도 따뜻한 음료(hot Beverage) 시장과 신흥국에서 성장이 예상된다.

소비자 중심의 M&A와 자사주 매입 소각으로 주주 환원 실천

TCCC는 12월 결산법인으로 지난 10월 24일 시장 컨센서스를 상회하는 3분기 실적을 발표했다. 매출은 119억달러로 전년동기대비 7.8% 증가했으며 순이익은 31억 6000만 달러로 27%의 순이익률을 기록했다. 분기 FCF는 39억달러를 달성했다. 4분기 실적은 3분기 대비 탑라인 매출이 소폭 줄겠지만 2023년 시장 예상 실적을 살펴보면 전분기 대비 5.5% 증가한 454억달러 매출, 순이익 116억달러로 25.5% 순이익률이 예상된다. 주주에게 가장 중요한 잉여현금흐름(FCF)은 97억달러가 예상된다. 이를

↓ 코카콜라는 K팝을 모티브로 한 한정판 제품 '코카콜라 제로 한류'를 20일 선보였다.

TCCC의 잠재 시장확대

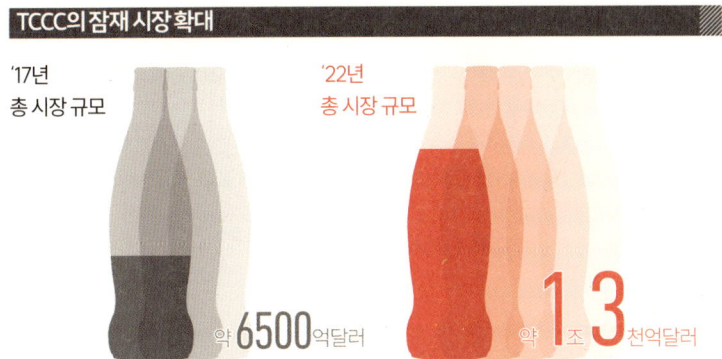

'17년 총 시장 규모 약 6500억달러

'22년 총 시장 규모 약 1조 3천억달러

자료 코카콜라컴퍼니

바탕으로 TCCC는 매년 20억달러 규모의 CAPEX 투자, 배당 성장률 5%, 소비자 중심의 신규 M&A, 자사주 매입 소각으로 주주환원을 실천할 것이라고 언급했다.

코카콜라병은 100여년 전에 그 형상이 개발되어 아직까지 그 원형성을 유지하며 전 세계적으로 판매되고 있다

향후 전망 및 애널리스트 의견

2024년 실적 전망을 살펴보면 매출액은 전년대비 3.3% 증가한 469억달러, 순이익 121억달러, 순이익률 25.8%, 잉여현금흐름(FCF) 97억달러를 예상하고 있다. TCCC는 큰 이변이 없는 한 실적이 장기 안정적 흐름을 이어갈 것으로 보이는데 지난 5년간의 평균 성장률은 7% 수준이었으며 환율효과를 제외한 성장은 10%에 육박한다. 잉여현금흐름(FCF)는 5년 평균 14% 성장해 5년 전 53억달러에서 2022년 기준 95억달러로 성장했다. 음료회사이지만 두자리수의 성장을 보여 주고 있는 훌륭한 기업이다.

애널리스트 평균 목표가는 66달러이며 Buy:Hold:Sell 비중은 75%:25%:0%로 매수 의견이 지배적이다.

리스크 요인

2023년은 덴마크 기업 노보노디스크의 비만 치료제 '위고비'로 뜨거운 한 해를 장식했다. 유럽 미국 등 전 세계에서 비만약에 대한 수요가 급증하며 가짜약까지 등장하는 형국이다. 특히 미국에서는 상대적으로 저렴한 '오젬픽'에 대한 수요가 급증했다. 지난 10월 월마트 대표가 오젬픽의 판매량이 급증하며 당분이 높은 탄산음료에 대한 소비가 줄고 있다고 언급해 관련주들이 크게 빠지는 모습을 보였다. 하지만 필자는 이런 우려가 기우에 불과하다고 생각한다. 첫째, 위고비, 오젬픽 등 비만약은 일반인들이 복용할 수 있는 보조제가 아니고 당뇨병이나 심각한 비만 환자에 대해서만 처방해주는 ETC 제품이다. 처방전 없이 개인이 구매하기에는 턱없이 비싼 약이다. 둘째, 진화생물학적 관점에서 인간은 생존하기 위해 달콤한 것이 맛있고 좋은 것이라고 느끼도록 진화했다. 설탕을 줄이고 칼로리를 줄여도 우리는 그 단맛을 포기할 수 없다. 셋째, TCCC는 이미 제품 라인업의 2/3를 제로칼로리 제품으로 출시했고 심지어 ASP(평균 판매 가격)까지 올리는 효과를 누리고 있다.

주가와 잉여현금흐름(FCF) 추이

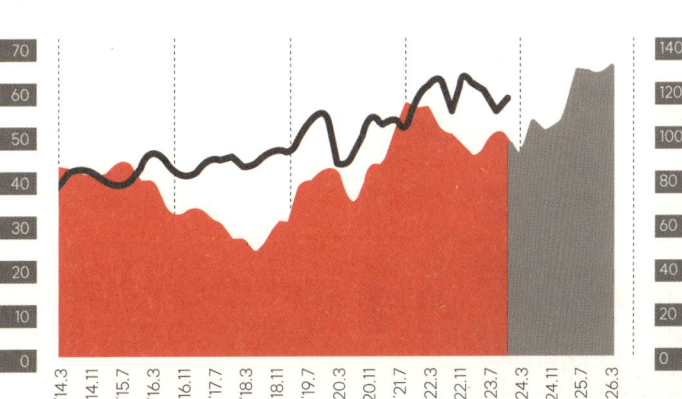

■ Tr 12M FCF(억달러)(우) ― 주가(달러)(좌) ■ FCF 추정치

자료 Bloomberg Professional Services

Tr 12M : 직전 12개월

43 퀄컴 Qualcomm

온디바이스 생성형 AI칩 출시

2023년 10월 선보인 신제품 '스냅드래곤 8 Gen3'는 퀄컴 최초로 생성형 AI 구동에 초점을 맞춰 설계된 제품이다. 퀄컴은 스냅드래곤 8 gen3와 별도로 노트북용 '스냅드래곤 X 엘리트'를 통해 노트북 시장 공략도 시사했다.

투자지표 5점 척도

퀄컴은 통신칩 1등 기업으로 높은 수익성과 수익 안정성을 자랑하며 주주환원 정책도 우수한 기업이다. 다만 성장성이 많이 낮아졌는데 올해는 어떨지 주목해보자.

주식 정보 바로보기

Investment Point
- 모바일 AP 점유율 40%로 1위
- 2023년 소나기 → 2024년 실적은 "Here Comes the sun"
- 2024년 연기대상은 '스냅드래곤8 Gen3'

업종	무선 통신
티커 심볼	QCOM
시장 정보	나스닥(NASDAQ)
시가총액	1820억달러
매출액	362억달러
영업이익	90억달러
순이익	77억달러
제품	CDMA 칩셋, BREW, OmniTRACS, MediaFLO, 큐챗, uiOne, 스냅드래곤 AP, CPU

(2023년말 기준, 직전 4개 분기 누적)

세계 최고 수준의 NPU 설계 역량

1985년 캘리포니아 샌디에고에서 시작한 통신기기 반도체 개발회사다. 피쳐폰 시절부터 CDMA 기술을 통해 전 세계 통신칩 시장을 장악한 회사로 지금도 스마트폰의 모바일 AP 시장 40%를 차지한 1등 기업이다. 사업부는 크게 QCT(CDMA Tech)와 QTL(Tech Licencing) 사업부로 나뉘며 QCT 사업부는 다시 핸드셋(휴대폰), 오토모빌(자동차), IoT(사물인터넷) 사업으로 나뉜다. 모바일 AP 업황이 좋을 때는 약 90% 수준이 QCT 사업부에서 발생한다. QTL은 통신기술 관련 라이센싱 사업으로 50억~60억달러 수준의 라이센싱 매출이 발생하고 있다. 퀄컴의 전방 산업이 스마트폰 시장이기 때문에 실적 변동성이 크고 성장 속도가 둔화되고 있어 최근에는 자동차 영역과 사물인터넷향 매출을 늘리기 위해 노력 중이다.

소나기가 지나가고 맑음 예상

2023년 회계기준 매출은 전년대비 19% 감소한 358억달러를 기록했다. QCT 사업부는 19% 감소한 304억달러를 기록했는데 이는 스마트폰 시장의 부진으로 휴대폰 사업부 매출이 22% 감소하며 226억달러로 떨어졌기 때문이다. 사물인터넷 사업부 역시 무선통신 시장의 부진으로 19% 감소한 59억달러를 기록했다. 다만 고무적인 부분은 자동차 부문이 24% 증가하며 19억달러를 기록했다. 이번 실적발표에서 우리가 주목

↓ 퀄컴 차량용 반도체 스냅드래곤을 적용한 차량을 타고 있는 크리스티아노 아몬 퀄컴 CEO

해야 할 점은 애플과의 장기공급계약으로 2024년~2026년 사이의 신규모델에 스냅드래곤 5G 칩을 사용하기로 합의했다는 점이다. 삼성전자 역시 자사의 엑시노스칩 대신 스냅드래곤 칩을 사용하는 것으로 알려져있다. 그리고 자동차 사업부에서는 신규 SoC 제품을 런칭하여 고객 확보에 나서고 있다는 점이다. 사물인터넷 사업부에서는 메타의 MR 신제품인 퀘스트 3와 레이밴의 스마트 글라스에 퀄컴의 XR2 Gen2 칩이 들어간다. 메타의 퀘스트 3는 애플의 비전프로 및 기존 모델보다 가격이 저렴하기 때문에 물량이 많이 늘어날 것으로 추정된다.

생성형 AI(GenAI) 모바일칩 시장도 내가 최고

2024년 시장 예상 매출은 5% 증가한 377억달러, 순이익은 77억달러로 약 22%의 마진을 기록할 것으로 전망하고 있다. EPS는 전년대비 24.5% 증가한 9.24달러로 전망하고 있다. FCF는 104억달러로 100억달러를 돌파하는 해가 될 것으로 기대하고 있다. 이러한 가정에는 앞서 실적 컨퍼런스 내용에서도 언급했지만 애플과의 공급계약으로 휴대폰 사업이 크게 성장하고 자동차 및 사물인터넷 부문 또한 신고객, 신제품 효과가 나올 것으로 보인다. 최근 폭발적으로 늘어나고 있는 생성형 AI칩 또

> 퀄컴은 향후 2년간 생성형 AI 스마트폰 반도체 시장에서 80%가 넘는 점유율을 가져갈 것으로 보인다

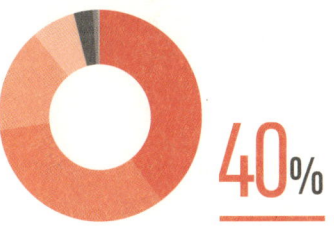

한 매출 성장에 큰 기여를 할 것으로 보인다. 퀄컴은 스냅드래곤8 Gen3 제품을 통해 모바일 자체에서 LLM를 구동할 수 있는 엣지 컴퓨팅 칩을 출시했다. 2024년 1월 출시 예정인 갤럭시24울트라에서도 이 부품을 사용할 것으로 보는 견해가 지배적이다. 애널리스트 전망을 살펴보면 평균 목표가 164달러로 현재가 수준과 비슷한 수준이며 Buy:Hold:Sell 비율이 63%:32%:5% 수준으로 매수와 보유 의견이 지배적이다. 그리고 12개월 PER 멀티플이 17배 수준으로

다른 반도체 회사들보다 낮게 형성되고 있다. 이는 향후 스마트폰 시장의 성장률이 둔화될 것이라는 가정이 주가에 프라이싱되고 있는 것으로 보인다. 앞으로 자동차 사업부와 사물인터넷 사업부의 매출 성장이 휴대폰 사업부의 부진을 얼마나 커버하는지가 관전 포인트가 될 전망이다.

매출 기준 글로벌 스마트폰 AP(애플리케이션 프로세서) 시장점유율

(2023년 2분기)

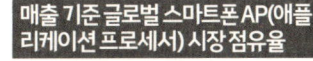

40%

- 40% Qualcomm
- 33% APPLE
- 16% MEDIATEK
- 7% SAMSUNG
- 3% UNISOC
- 1% Google
- 0.1% JLQ

자료 카운터포인트 리서치

주가와 순이익 추이

■ Tr 12M 순이익(억달러)(우)　━ 주가(달러)(좌)　■ 순이익 추정치

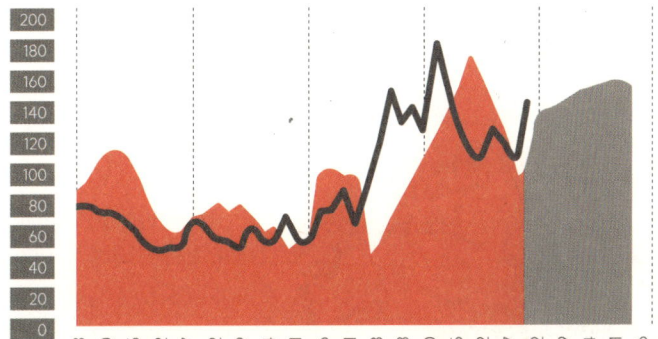

자료 Bloomberg Professional Services

44 크록스 Crocs Inc
대세는 '원 앤 온리'

'별다꾸(별걸 다 꾸민다)'의 원조로 꼽히는 '신꾸(신발꾸미기)'의 중심에 크록스가 있다. "실용성을 택하고 심미성을 잃었다"는 투박함의 대명사, 크록스 신발은 '신꾸' 열풍과 함께 '못생긴 신발'의 오명을 벗었다. 뚫린 크록스 신발 구멍에 끼우는 전용 액세서리 '지비츠 참' 덕분이다.

투자지표 5점 척도

크록스는 높은 수익성과 수익 안정성으로 높은 평가를 받고 있다. 아직은 성장을 꿈꾸고 있기에 주주환원 정책은 미흡하다.

주식 정보 바로보기

↓ 크록스는 지난해 이어 2024년에도 유저들의 창의성을 예술로 승화시킬 수 있는 '2024 크록스 아트 콘테스트'를 개최한다.

Investment Point
- 중국 성장률 90%
- ASP 2019년 이후 73% 상승
- 헤이듀드! 너만 잘하면

업종	신발 및 악세사리
티커 심볼	75억달러
시장 정보	나스닥(NASDAQ)
시가총액	75억달러
매출액	39억달러
영업이익	10억달러
순이익	7억달러
제품	클로그, 지비츠 참, 샌달, 플랫, 플립, 워크 슈즈 등

(2023년 말 4차 전지 기준 기준 공시 개정)

전 세계 남녀노소 모두 크록스 홀릭

놀라운 크록스의 발전, 여름에만 보이던 크록스가 이제는 사시사철 어디서나 찾아볼 수 있다. 개인적으로는 처음 크록스를 만난게 종합병원에서다. 일하는 의료진들이 전부 비슷한 실내화를 신고 다니고 있었는데, 그 실내화를 보면서 바람이 송송 통해서 땀이 덜 차겠구나 생각하며 좋은 아이디어 상품이라고 생각했다. 그런데 어느새 전국민이 크록스에 열광하고 있다. 2022년 기준 전 세계 시장에서 8.5억 켤레를 팔았다. 2022년 크록스는 헤이듀드라는 새로운 브랜드를 인수해 크게 두 개의 사업부로 나뉜다. 지난 3분기 실적 기준 약 76%가 크록스 매출, 나머지 24%가 헤이듀드 브랜드 매출이다.

> 사람들은 팬데믹 기간 크록스를 구매하기 시작했고, 이후에도 멈출 수 없었다. 크록스는 코로나19 대유행 이후에도 사랑받고 있는 승자
> - 뉴욕타임스(NYT)

최근 실적 및 주목할 포인트

2023년 9월 말 기준 3분기 매출은 10억달러로 전년동기대비 6.2% 성장했다. 순이익은 2억달러로 약 20% 수준의 순이익률 마진을 기록했다. 컨센서스를 소폭 초과하는 수준이었다. 브랜드별로 보면 크록스가 전년동기대비 12% 성장한 7.9억달러를 기록했고 헤이듀드 브랜드는 8% 둔화된 2.5억달러의 매출을 기록했다. 차기분기 가이던스는 9억~9.4억달러 매출로 1~4% 둔화를 예상했다.

크록스 분기 매출 추이

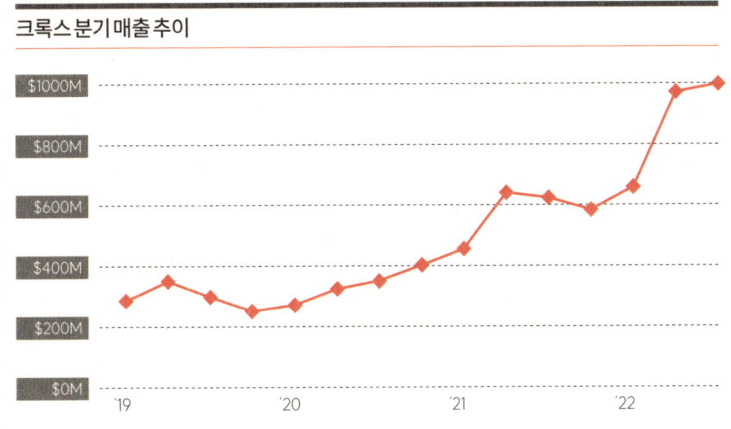

자료 크록스

이번 실적발표에서 주목할 포인트는 전반적인 실물경제가 제약적인 가운데 재고를 전년동기 대비 24% 감축하며 비용효율화에 나서고 있다는 사실이다. 특히 기대 이하의 인기를 끌고 있는 헤이듀드의 브랜드 재고를 41% 감축했다. 다만, 고무적인 부분은 중국 매출이 이번 분기에도 90%로 크게 성장하며 아시아 매출이 29% 성장하는데 중요한 역할을 했다. 또 한 꼭지는 크록스의 ASP가 계속 오르고 있는 점이다. 2019년 기준 15.7 달러에서 2023년 3분기 기준 27.3달러까지 상승했다. 그리고 나이키(5~7% 대) 등 다른 브랜드에 비해 재고자산회전율이 8~11%대로 매우 높다는 점이다.

향후 전망 및 애널리스트 의견

2024년 시장 예상 매출액은 4.5% 성장한 41억 달러이다. 순이익은 7.3억달러로 순이익률 18%이다. 잉여현금흐름(FCF) 역시 약 7억달러 수준을 보일 것으로 예상된다.
애널리스트 평균 목표가는 137달러로 Buy:Hold:Sell 비율이 69%:25%:6%로 매수의견이 지배적이다. 다만

미국에서는 소형주에 해당되기 때문에 증권사 커버리지가 많지 않다. 크록스는 기존 브랜드가 중국 등 아시아 지역에서 어떤 성장세를 보이는지 그리고 새로 인수한 헤이듀브 브랜드의 마케팅 전략 성공여부가 향후 주가를 결정하는 주요 변수가 될 전망이다. 필자는 기존 브랜드의 ASP 증가 그리고 중국 등 신흥시장에서의 판매량 증가를 높게 평가한다. 그리고 크록스의 철학에 맞는 헤이듀드 브랜드 역시 좋은 시장 반응을 이끌어 낼 것으로 생각한다. 왜냐면 신발은 편함이 우선이기 때문이다.

↓ 크록스 신발은 독자적으로 개발한 '크록스라이트'나 이후 개발된 더 부드럽고 가볍다는 '라이트라이드' 같은 재료로 만들었다.

주가와 잉여현금흐름(FCF) 추이

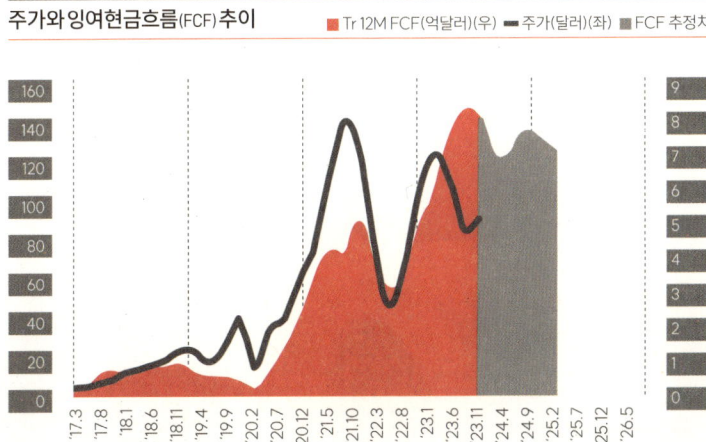

자료 Bloomberg Professional Services

Tr 12M : 직전 12개월

45 테슬라 Tesla, Inc
단순한 자동차 제조 회사가 아니다

테슬라가 세계 최대 전기차 시장인 중국에서 1년여만에 공장 출하량이 최저 수준으로 떨어진 가운데, 또 다른 문제에 직면했다. 테슬라의 미국 내 전기차 시장점유율이 최근 몇 년 새 눈에 띄게 빠른 속도로 줄어들어 50%선까지 추락한 것으로 확인됐기 때문이다. 과연 테슬라는 연이은 악재에서 벗어날 수 있을까.

투자지표 5점 척도

테슬라는 인류의 미래를 위해 성장과 환경을 위해 앞장서는 모범기업이다.

Investment Point
- 자동차 시장의 부진
- 경기 회복이후의 사이버트럭 판매량에 주목
- 자율주행 택시 및 휴머노이드 신사업 성공 여부

업종	전기 자동차
티커 심볼	TSLA
시장 정보	나스닥(NASDAQ)
시가총액	6453억달러
매출액	967억달러
영업이익	88억달러
순이익	149억달러
제품	테슬라 로드스터(2008), (2020), 모델 3, 모델 X, 모델 Y, 세미, 사이버트럭 등

(2023년 말 기준 4분기 전 자료)

▶ 테슬라의 급격한 매출 상승
전기차 시장에서 가장 빠르게 성장하고 있는 기업으로 22년까지 5년 매출 CAGR 50% 수준을 유지했다. 현재 EV자동차 생산 및 판매가 주력 사업이지만 점차 에너지, FSD, SW 부문 수익이 늘어나는 구조로 변모하고 있다. 중국 정부의 무서운 보조금 정책으로 현재까지 BYD가 점유율 21%로 전기차 시장내 점유율 1위를 차지하고 있지만 테슬라가 14%로 그 뒤를 따라가고 있다. 북미 시장에서는 단연 1등을 차지하고 있다.

2023년 현황, 하락추세
최근 3분기 실적을 살펴보면 순이익이 전년동기대비 -44% 감소하며 컨센서스를 하회했다. 이는 생산라인의 업그레이드 공사, 신모델 출시 준비, 가격 인하로 EV사업부의 이익이 부진했기 때문이다. 미연준의 금리인상에 따라 최근 자동차 구매에 필요한 Auto Loan이 제약적인 수준(약 8%)으로 올랐기 때문에 자동차 전반적인 수요둔화가 나타나고 있는 것이다. 이러한 시장 상황을 반영하여 애널리스트들은 ASP를 하향조정하는 추세이다.

주식정보 바로보기

↓ "성장 없는 성장기업" 평가 잘나가던 전기차업체 선두 주자 테슬라의 앞날에 빨강 신호등이 크게 켜졌다.

← 일론 머스크 테슬라 CEO
자료 연합뉴스

> 2023년 기준 테슬라의 판매량은 전 세계 전기차의 약 12.9%를 차지했다.

따라서 EPS 추정치가 하락 추세를 보이고 있다.

2024년 및 중장기 전망

1월에 발표되는 4분기 실적에서도 부진한 모습은 지속될 전망이다. 시장에서는 2023년 연간 회계기준 영업이익이 전년대비 -32% 수준이 될 것으로 전망하고 있다. 하지만 이보다 더 중요한 것은 11월 말 출시한 사이버트럭의 출하량과 4680배터리의 수율이 주된 관전포인트가 될 전망이다. 사이버트럭은 4680배터리, 스텐인리스 스틸 등 신기술을 많이 적용한 모델이라 생산에 어려움이 많이 따르는 모델이다. 여기서 테슬라가 시장의 기대를 총족시킨다면 또 다른 모습의 테슬라로 거듭나는 한 해가 될 것으로 보인다.

2024년 실적은 이러한 점을 반영하여 매출액은 +21% 증가, EPS는 +27% 증가할 것으로 애널리스트들은 전망하고 있다. 지난 실적발표 이후 애널리스트의 평균 12개월 목표가는 212달러이며 Buy:Hold:Sell 비율이 34%:46%:20% 수준이다. 12월 중순인 현재 주가는 247달러로 목표가를 소폭 상회하고 있는데 이는 최근 미국 물가 및 노동 시장이

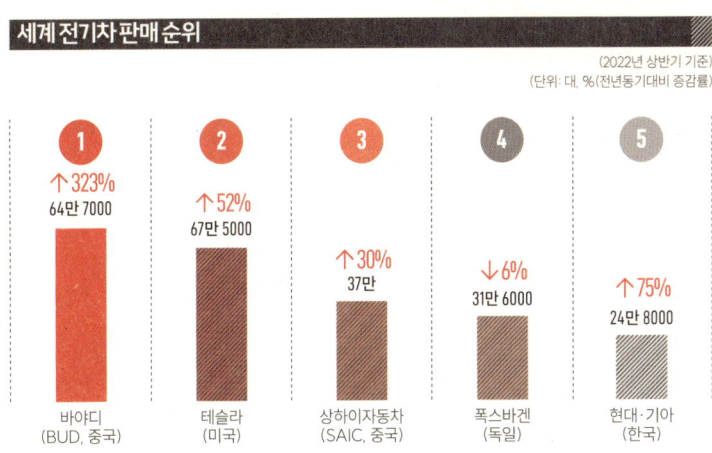

자료 SNE리서치

다소 진정된다는 의견이 많아 시장금리(10년물)가 5%에서 4.2%대로 안정되었기 때문이다. 금리의 하락은 Auto Loan 금리의 하락으로 이어질 수 있기 때문이다.

12월 13일 200만대의 리콜 소식이 있지만 테슬라의 자율주행 AI 기술인 FSD는 단연 세계 최고 수준이라고 생각한다. 이미 누적 500만대의 차량을 판매한 테슬라는 FSD 서비스를 통해 얻은 데이터의 양이 엄청나다. 데이터의 양이 딥러닝에 있어 가장 중요한 요소인데 테슬라는 그 어떤 자율주행 개발 업체보다 많은 양의 데이터를 모으고 있다. 따라서 미래 자율주행 택시 사업을 누구보다 성공적으로 이끌 수 있을 것으로 전망한다. 나아가 휴머노이드 사업 또한 새로운 미래 성장산업으로 시장을 또 한 번 놀라게 할 것이라고 생각한다.

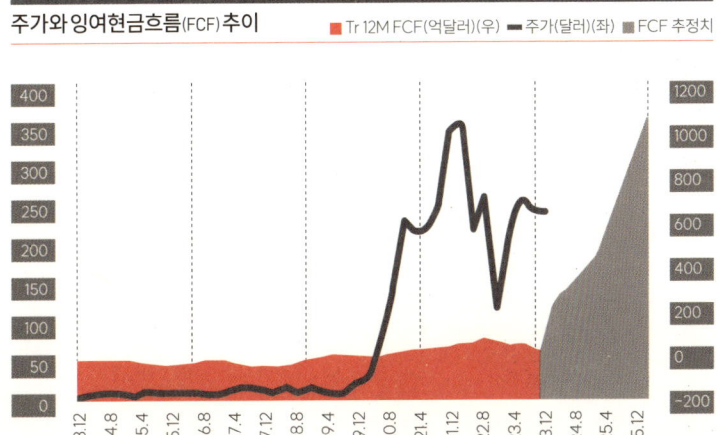

자료 Bloomberg Professional Services

Tr 12M: 직전 12개월

46 텍사스인스트루먼트
DLP 칩 분야와 아날로그 반도체 분야 세계 1위
Texas Instruments

초기 반도체 역사에서 매우 중요한 역할을 했다. 1954년 세계 최초 실리콘 트랜지스터를 상용화해 트랜지스터 라디오를 만들었으며, 1958년 잭 킬비가 만든 집적회로를 이용해 1967년에는 세계 최초 휴대용 계산기를 만들었다.

투자지표 5점 척도

텍사스인스트루먼트는 여느 반도체 기업과 달리 높은 수익 안정성과 수익성을 자랑하는 기업이다. 주주환원 정책도 매우 우수하다.

Investment Point
- 발행주식의 47% 소각
- 배당 성장 25%
- 연평균 11% 성장하는 FCF

업종	반도체, 전자제품
티커 심볼	TXN
시장 정보	나스닥(NASDAQ)
시가총액	1555억달러
매출액	175억달러
영업이익	73억달러
순이익	64억달러
제품	집적회로, 디지털 신호 처리기, 디지털 광학 처리기(DLP), RFID, 계산기

(2023년달1 기준 직전 4분기 실적)

인류 발전에 크게 기여한 위대한 반도체 기업

1942년 설립한 무려 82년의 역사를 지닌 반도체 기업이다. 세계 3위 메모리 반도체 기업인 '마이크론'의 전신이 텍사스인스트루먼트(이하 TI)의 메모리 사업부였으며, 미사일 전문 방산 업체인 '레이시온' 역시 TI의 방산 부문의 전신이기도 하다. 또 전 세계 1등 파운드리 기업 TSMC의 창업주 모리스 창도 바로 여기서 20년간 근무하며 부사장으로 승진했었다. TI는 1954년 최초의 '실리콘 트랜지스터'를 개발했으며 1958년에는 세계 최초로 '집적회로'를 개발해 계산기에 적용했다. 지금도 TI의 계산기는 공학 및 재무용으로 널리 쓰이고 있다. 현재는 아날로그 반도체 및 DLP(Digital Light Processing)칩 분야에서 1위를 기록하고 있다. 사업부별 매출 비중을 살펴보면 '아날로그' 반도체 부문이 75%로 가장 크고 '임베디드 프로세싱(Embedded Processing)' 사업부가 20%, 기타 부문이 6% 수준의 매출을 보이고 있다. TI가 지닌 역사만큼이나 지난 20년간의 실적 추이와 주주환원 성과를 보면 정말 박수를 치고 싶다.

텍사스인스트루먼트는 반도체 업체 중 제품 포트폴리오가 가장 광범위하다. 제품 종류만 10만개, 보유 특허만 4만개 이상이다

↑ 텍사스인스트루먼트 TI-84 Plus CE-Python

← TI의 반도체 웨이퍼 제조 공장(팹)인 RFAB2가 국에서 첫 번째로, 세계에서는 네 번째로 LEED 골드 등급을 획득했다.

← 2023년 선임된 텍사스인스트루먼트의 CEO 하비브 일란

최근 실적 및 컨퍼런스 주요 내용 점검

최근 3분기 실적발표를 살펴보면 매출은 전년대비 14% 감소한 45억달러, 순이익은 16.8억달러로 37%의 높은 마진 기록했지만 EPS는 1.83달러로 전년대비 27% 감소했다. 사업별로 살펴보면 가장 비중이 큰 아날로그 사업부가 전년대비 16% 감소한 33.5억달러의 매출과 31% 감소한 15억달러의 영업이익을 기록했다. 임베디드 프로세싱 사업부는 자동차 향 출하 증가로 8% 증가한 8.9억달러를 기록했다. 하지만 영업이익은 20% 감소한 2.58억달러를 기록했다. 기타 부문은 32% 감소한 2.89억달러의 매출과 1.3억달러의 영업이익을 달성했다. 산업 전반적으로 수요가 둔화되는 가운데 자동차 부문이 한 자리수 성장을 보였다. 12개월 누적으로 전년과 비교해 보면 영업활동 현금흐름(CFO)가 28% 감소한 65.38억 달러를 기록했고 자본 지출(CAPEX)는 57% 증가한 48.9억달러로 FCF가 16.5억달러로 72% 감소했다. 반도체 산업은 업앤다운(Up & Down)의 진폭이 큰 산업이다. 전반적으로 부진한 실적을 보여줬지만 이번 컨콜에서 회사가 강조했던 두가지를 기억해두자. 우선 시스템당 반도체 수요의 지속적인 증가가 지속될 것이며 특히 산업 분야와 자동차 분야에 대한 확신이 크다. 나아가 300mm 생산 로드맵은 고객사들에게 안정적인 공급으로 이어질 수 있으며, 이와 함께 미래 성장 동력 확보를 위해 2026년까지 연간 약 50억 달러의 자본지출(CAPEX)를 집행할 예정이다. 이는 미국 정부의 '칩액트(CHIPS and Science Act)'의 수혜가 예상되는 부분이다.

인내를 가지고 2025년을 바라보자

시장에서 전망하고 있는 2024년 실적 전망치를 살펴보면 올해와 큰 차이가 없는 177억달러의 매출과 약 7% 감소한 6.7달러의 EPS를 전망하고 있다. 2026년까지 지속되는 자본지출 영향으로 FCF는 34억달러에 그칠 것으로 보인다.

애널리스트 평균 목표가는 171달러로 Buy:Hold:Sell 비율이 30%:54%:16%로 매수보다는 보유 의견이 지배적이다. 최근 실적 부진과 당분간 유지될 투자비 부담으로 내년까지는 큰 실적 개선을 기대하기 힘들어 보인다. 하지만 장기적으로 보면 자율주행 전기차의 보급확대 및 각 산업의 오토메이션 등 엣지 컴퓨팅에 대한 수요가 확대됨에 따라 동사의 칩 사용이 늘어날 것으로 전망된다. 따라서 300mm 팹이 완성된 2025년 이후 큰 성장이 기대된다.

주당 배당금 추이
자료 텍사스인스트루먼트

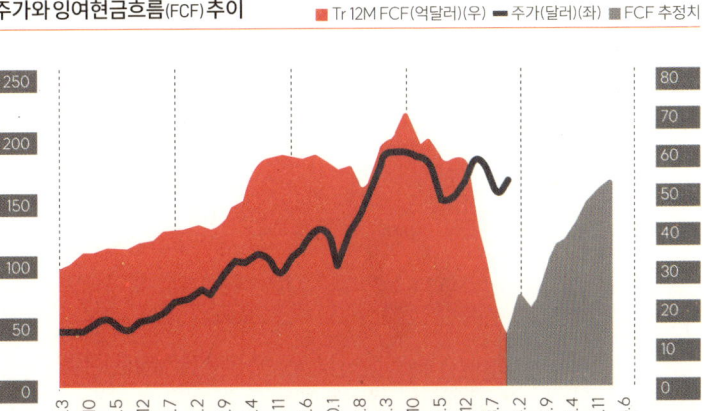

주가와 잉여현금흐름(FCF) 추이
자료 Bloomberg Professional Services
Tr 12M : 직전 12개월

47 미국 통신사 업계의 대인배
티모바일 T-Mobile US, Inc

CEO 존 레저의 'Un-carrier' 캠페인이 어마어마한 호응을 받으며 가파른 성장세를 보이고 있다. 미국에서는 통신료를 비롯한 온갖 요금에 정체불명의 수수료가 붙어 광고한 금액보다 훨씬 더 많은 금액이 청구되기도 하는데, 조삼모사 같은 구조를 없애고 "할인은 이 정도지만, 대신 요금제 구성은 풍성하다"는 발상의 전환으로 파격적인 호응을 얻었다.

투자지표 5점 척도

티모바일은 수익 안정성을 빼면 자랑할 것이 없는 기업이지만 성장을 꿈꾸는 무선 통신 기업이다.

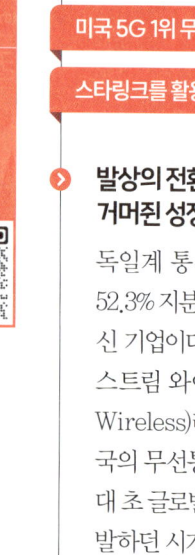

↓ 티모바일은 도이치 텔레콤의 자회사로 다국적 이동통신사로는 세계 최대규모를 자랑한다.

Investment Point
- 성장하는 무선통신 회사
- 미국 5G 1위 무선 통신 기업
- 스타링크를 활용한 첫 통신기업

업종	무선통신서비스
티커 심볼	TMUS
시장 정보	나스닥(NASDAQ)
시가총액	1938억달러
매출액	785억달러
영업이익	152억달러
순이익	83억달러
제품	T-Mobile, 스프린트, Metro by T-Mobile 등

(2023년 4월 기준 직전 4개 분기 실적)

발상의 전환과 혁신의 연속으로 거머쥔 성장

독일계 통신사인 도이치텔레콤이 52.3% 지분을 보유한 미국의 무선통신 기업이다. 처음엔 1994년 보이스 스트림 와이어리스(VoiceStream Wireless)라는 이름으로 설립된 미국의 무선통신 사업자였다. 2000년대 초 글로벌 통신사들의 M&A가 활발하던 시기 독일의 도이치텔레콤이 이 회사를 인수하여 최대 주주가 되었다. 2020년 스프린트와 합병하여 현재는 AT&T, 버라이즌에 이어 점유율 3위를 기록 중에 있다. 한국의 유플러스와 비슷한 지위와 성격을 갖고 있는듯 보인다. 다른 통신사 대비 매우 공격적인 투자와 마케팅을 시도하고 있다. 2013년 'Un-carrier' 를 천명하고 지금까지도 적극적인 움직임을 보이고 있다. 무선통신 시장 전체에서 3위를 기록 중이지만 속도가 가장 빠른 5G 서비스 부문에서는 티모바일이 1위를 차지하고 있다. 5G 서비스 가능지역의 크기가 AT&T와 버라이즌을 합한 것보다 크다. 이뿐만 아니다 2024년 1월에는 스페이스X의 스타링크 인공위성을 성공적으로 발사해 경쟁사 보다 빨리 'Direct to Cell'(다이렉트셀) 서비스를 시작했다.

최근 실적 및 주목할 포인트

서비스 매출은 전년동기대비 4% 증가한 159억달러를 기록했고 순이익은 21억달러를 달성했다. 통신사는 네트워크 투자비가 많이 들기 때문에 CAPEX를 고려한 EBITDA 실적

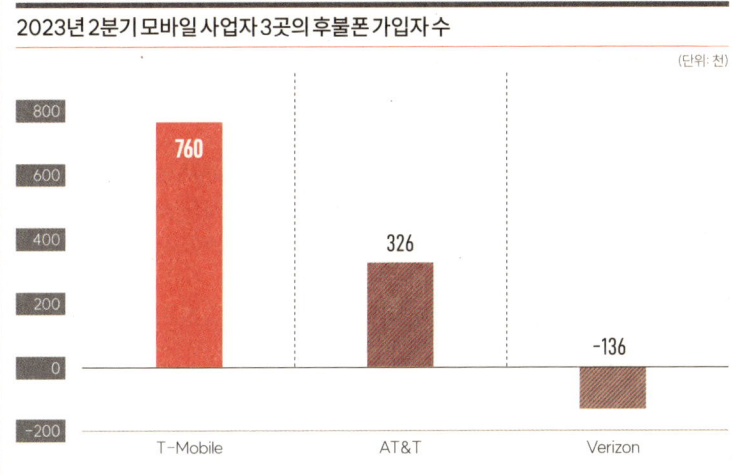

2023년 2분기 모바일 사업자 3곳의 후불폰 가입자 수
(단위: 천)
자료 시킹알파(Seeking Alpha)

이 중요한데 티모바일은 75억달러로 12%가 성장했다. 이번분기에는 영업현금흐름이 크게 늘고 자산 및 장비 구입이 줄어 잉여현금흐름(FCF)이 40억달러를 달성했다. 3분기 기준 5G 커버리지 지역은 미국의 98% 수준이며 3억명에게 서비스할 수 있다.

> 2022년 2분기 기준 미국내 1억 1000만명 가입자 보유, 점유율 2위인 이동통신사다

3분기 기준 후불제 가입자는 전년동기대비 38.6만명이 증가해 2949만명으로 늘어나고 공격적인 프로모션이 있었음에도 프리미엄 요금제의 비중이 늘어나 ARPU는 2% 증가한 139.83달러를 기록했다. 이탈률(Churn rate)은 0.87%로 전년동기 0.88% 대비 1bp 하락했다. 선불제 고객은 7.9만명 증가한 2159만명을 기록했다. 초고속인터넷 가입자의 수도 423만명으로 늘어났다.

향후 전망 및 애널리스트 의견

아직 4분기 실적발표 전이라 가이던스를 알 수 없으나 최근 시장의 매출액 전망을 살펴보면 전년대비 3.7% 증가한 806억달러의 매출과 338억 달러 수준의 EBITDA 그리고 126억달러의 순이익을 전망하고 있다. 자본적지출(CAPEX)는 97억달러 수준으로 전년대비 소폭 증가한 수준으로 예상해 잉여현금흐름(FCF)를 169억달러로 전망하고 있다.

애널리스트 평균 목표가는 186달러로 Buy:Hold:Sell 의견 비율이 85%:12%:3%로 매수 의견이 압도적으로 많다. 5G 시장에서의 적극적인 모습 그리고 첫 위성통신 서비스를 시작한 점을 고려해 볼 때 높은 성장을 보일 것으로 기대한다.

↑ 티모바일은 2022년 2분기 기준, 미국내 1억 1000만명 가입자를 보유하고 있다.

주가와 잉여현금흐름(FCF) 추이

자료 Bloomberg Professional Services   Tr 12M: 직전 12개월

48 펩시코 PepsiCo, Inc
세계에서 가장 인지도가 높은 식음료기업

미국 CNN머니는 2015년 4월 19일 '탄산음료가 아닌 차(茶) 시장에서 코카콜라와 펩시가 격돌하고 있다'고 보도했다. 100년이 넘도록 단 한 번도 탄산음료 시장에서 코카콜라의 아성을 넘지 못해 만년 세계 2위에 머물던 펩시가 코카콜라의 하이엔드 차 음료를 향해 포문을 먼저 열었다.

투자지표 5점 척도

펩시코는 성장성이 낮지만 높은 수익 안정성과 수익성 그리고 우수한 주주환원 정책을 보여주고 있다.

코카콜라와 펩시코는 최대 경쟁업체로, 2005년 12월 펩시코는 112년 만에 시가총액으로 코카콜라를 앞지른 바 있다

↓ 펩시코는 지속적인 M&A로 음료, 스낵, 간편식품의 균형 잡힌 비즈니스 포트폴리오를 구축하고 있다.

Investment Point
- 스낵 회사 vs 비만약
- 500개 식음료 브랜드
- 제품 포트폴리오 피봇이 필요해!

업종	식품 제조업
티커 심볼	PEP
시장 정보	나스닥(NASDAQ)
시가총액	2262억달러
매출액	914억달러
영업이익	139억달러
순이익	90억달러
제품	펩시콜라, 퀘이커 오츠, 게토레이, 프리토레이, 트로피카나 등

(2023년 4월 기준 직전 4분기 실적)

2001년부터 2012년까지 '글로벌 100대 브랜드' 연속 1위

1898년 콜라 음료를 출시한 "펩시 콜라회사와 프리토-레이 회사가 1965년 합병하면서 'PEPSI CO'(펩시코)라는 사명으로 시작했다. 현재 200개 국가에서 연간 860억달러의 매출을 달성하고 있는 초대형 식음료 회사이다. 펩시코는 도리토스(1966년), 치토스, 게토레이, 마운틴듀(1966년), 퀘이커 등 우리 귀에 익숙한 500개 이상의 브랜드를 보유한 종합 식음료 회사이다. Food(식품) 매출 비중이 58%, Beverage(음료) 매출 비중이 42%를 차지하고 있다. 지역별로는 미국이 57%, 그외 지역이 43%이다. 그리고 '북미', '유럽'(EU), '라틴 아메리카'(LatAM), '아프리카/중동/남아시아'(AMESA), '아시아 태평양/호주 뉴질랜드/중국'(APAC)으로 구분해서 관리된다. 영업이익 기준으로 기여도는 '플리토-레이 북미'(FLNA) 비중이 44%로 이익 기여도가 가장 크고 북미 펩시 음료(PBNA) 부문이 19%로 기여하고 있다.

인플레 환경 속에서도 양호한 마진 창출

최근 3분기 실적에서는 전년동기대비 6.7% 증가한 234억달러 매출, 순이익은 31억달러를 달성하며 13.3%의 마진을 기록했다. 잉여현금흐름(FCF)는 46억달러를 기록했다. 고무적인 것은 비용 통제를 바탕으로 순이익단의 호조에 힘입어 고정 환율

국내 대표 탄산음료 소매점 매출

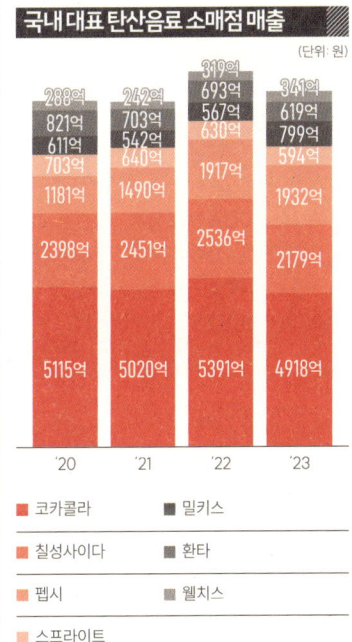

(단위: 원)

- 코카콜라
- 밀키스
- 칠성사이다
- 환타
- 펩시
- 웰치스
- 스프라이트

자료: 식품산업통계정보 FIS

기준 EPS 성장률이 16%나 성장했다는 점이다. 사업부 별로 오가닉 성장률을 살펴보면 AMESA 지역 매출이 17%나 성장하였고, 유럽 또한 13%의 성장을 보였다. 인플레이션 기간이 지속되고 있는 가운데 효율적인 비용관리와 제품 가격 믹스 개선으로 양호한 마진율을 유지하고 있는 점이 긍정적인 포인트다. 컨퍼런스콜에서도 관련 질문이 나왔으며 음료 사업부는 포장(패키징) 비용이 올라간 측면이 있지만 인플레이션 수준으로 가격 인상이 이뤄지고 있다고 전했다.

← 라몬 라구아르타
CEO

향후 전망, 부정적 의견이 나오기 시작

2023년 시장 컨센서스 기준으로 2024년 매출 전망치는 967억달러로 전년대비 4.8% 성장할 것으로 보고 있다. 그리고 순이익은 112억달러로 11.3%의 순이익률을 예상하고 있다. 잉여현금흐름(FCF)은 92억달러로 전망하고 있다. 애널리스트 평균 목표가는 187달러이며 Buy:Hold:Sell 비중은 61%:35%:4%로 매수와 보유 의견이 지배적이다. 최근 12월 들어 다운그레이드된 보고서가 다수 발간됐는데 주된 이유는 1) 경쟁심화 2) 비만약 붐에 따른 다이어트 요인 증가 3) 환율 변동성을 예로 들었다. 이는 식음료 전체에 해당되는 내용인데 펩시코가 유독 공격을 많이 받고 있는 모습이다. 특히 두 번째 이유인 비만약 관련 이슈에서 코카콜라컴퍼니는 3분의 2에 해당되는 제품 라인업을 이미 제로칼로리 제품으로 준비한 점이 상대적 강점으로 부각되는 것 같다. 이에 반해 펩시코는 매출의 58%가 스낵류로 구성되어 있어 대응이 쉽지 않은 상황이다. 이번 컨퍼런스콜에서도 관련 질문(GLP-1)이 나왔지만 지난 5년간 비만을 야기하는 원료를 줄이는 것으로 대응해오고 있었고 앞으로 5~10년 동안 제품 포트폴리오 수정할 계획이라고 응답했다. 과연 소비자들의 행동이 판매에 영향을 미치는지 면밀히 모니터링해 보자.

> **잠깐!**
> 코카콜라 컴퍼니와 비교해보면 매출액 사이즈는 펩시코가 2배 더 크지만 시가총액은 코카콜라 컴퍼니가 소폭 더 크다. 순이익 규모, ROE, ROA, PER, PBR 등 대부분의 지표가 비슷하지만 잉여현금흐름(FCF)이 코카콜라 컴퍼니가 더 크기 때문으로 판단된다. 그리고 펩시코는 스낵 사업도 함께 영위하고 있고 그 비중이 절반 이상이다.

주가와 잉여현금흐름(FCF) 추이

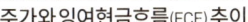

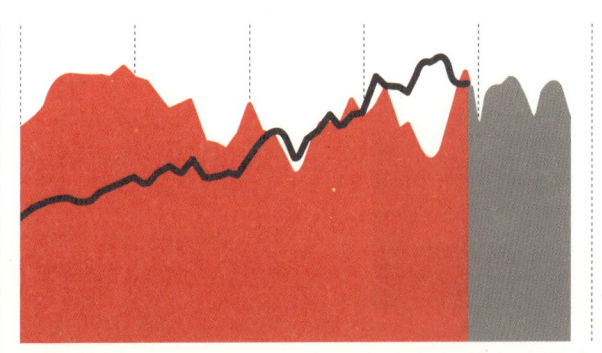

자료: Bloomberg Professional Services

Tr 12M: 직전 12개월

49 프록터 앤드 갬블

글로벌 시장 소비자의 일상을 장악

The Procter & Gamble Company, P&G

동서지간인 양초제조업자 윌리엄 프록터(William Procter)와 아일랜드 출신 비누제조업자인 제임스 갬블(James Gamble)은 1837년 미국 신시내티에서 두 업체를 합병하고 미국 남북전쟁이 한창이던 1850년대 말 북군에 비누와 양초를 공급하면서 1859년 100만 달러의 매출을 올렸다. 당시 비누 이름이 '아이보리'였다.

투자지표 5점 척도

P&G는 성장성이 낮지만 높은 수익 안정성과 수익성 그리고 우수한 주주환원 정책을 보여주고 있다.

Investment Point
- 133년 연속 배당, '배당 귀족'
- 높은 이익 가시성
- 배당성향 60% 이상

업종	생활용품
티커 심볼	PG
시장 정보	뉴욕거래소
시가총액	3737억달러
매출액	839억달러
영업이익	198억달러
순이익	147억달러
제품	팬틴, 질레트, 다우니, 페브리즈, 오랄비, SK 등

(2023년 말 기준 작간 4자리 실적)

철저한 브랜드 관리, 모두가 알지만 낯선 이름

브랜드 이름만 들어봐도 손뼉을 딱 치며 아! 그 회사라고 외칠 것이다. 질레트, 페브리즈, SK-II, 다우니, 팸퍼스, 오랄비, 아이보리 등 정말 오랜 기간 소비자로부터 사랑 받는 브랜드를 많이 가진 회사다. 한 지붕 아래 동서지간이었던 프록터와 갬블은 장인어른의 설득으로 프록터&갬블(이하 피앤지)이라는 회사로 1837년 탄생했다. 합병전 프록터는 양초 제조업을 했고 갬블은 비누 제조업을 했다. 두 회사가 비슷한 기름 원료를 쓰기에 대공항 이후 합병을 하게 될 것이다. 이후 남북전쟁 시기 비누와 양초를 공급하는 군수 물자를 조달해 큰 돈을 벌게 된다. 이후 지금도 판매되고 있는 '아이보리'라는 이름의 비누가 크게 히트치면서 눈부신 도약을 한다. 19세기말 전기가 널리 보급되면서 양초는 사양산업에 들어갔고 비누 사업부를 열심히 키우기 시작한다. 신상품 개발과 광고 등 현대 마케팅 전략의 대부분이 이 시기에 만들어 진다. 아침 드라마를 영어로 'Soap Opera'(비누 오페라)라고 하는 이유도 1930년대 피앤지가 엄청난 돈을 라디오 광고비로 집행하고, 20세기 중반에는 미국 주부들이 좋아하는 아침 드라마에 TV광고를 붙이면서 생겨난 이름이다. 지금도 피앤지의 광고는 심심찮게 볼 수 있다. 현재는 10개 카테고리에 65개 브랜드를 갖고 약 180여개 국가의 생활용품 시장에 큰 부분을 자리잡고 있다.

↑ 프록터앤드갬블은 국내에서 헤드앤드숄더, 질레트, 오랄비 제품으로 유명하다.

사업부별 매출

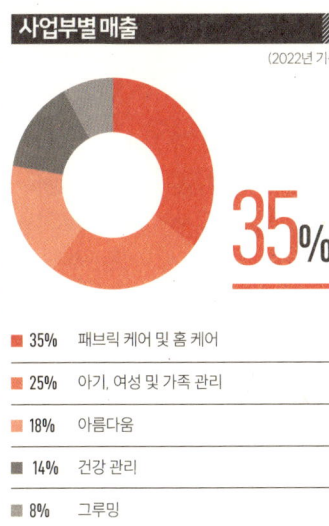

(2022년 기준) 35%

- 35% 패브릭 케어 및 홈 케어
- 25% 아기, 여성 및 가족 관리
- 18% 아름다움
- 14% 건강 관리
- 8% 그루밍

자료 삼성증권

지역별 매출

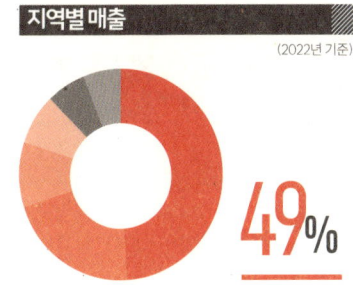

(2022년 기준) 49%

- 49% 음식
- 21% 구강 관리
- 10% 개인 관리
- 8% 아시아 패브릭 케어
- 6% 여성 후
- 6% 기타

최근 실적 현황 및 주목할 포인트

피앤지는 6월 말, 결산법인으로 2023년 6월 말 기준으로 820억달러의 매출을 달성했으며 47.9%의 GPM을 기록했다. 순이익은 149억달러로 18.1%의 마진율을 달성했다. FCF는 무려 138억에 달한다. 2023년 9월 말에 발표한 24년 1분기 실적은 219억달러 매출로 전년동기대비 6.1% 성장하고 52%의 GPM 그리고 44.5억달러의 순이익을 기록했다. 환율 영향을 제외한 오가닉 성장은 약 7%를 한 것이며 주된 원인은 가격인상과 제품 믹스의 개선 영향이 컸다. 39.8억달러의 잉여현금흐름을 창출해 약 23억달러 상당의 배당과 15억달러 상당의 자사주 매입을 실시했다. 약 95%를 주주에게 환원했다. 1890년부터 133년 연속 배당을 실시해 '배당 귀족'이라는 별명이 붙은 것이다.

향후 성장 전망 및 애널리스트 의견

2024년 회사 가이던스는 2~4% 성장을 제시했으며 환율이 부정적 요인으로 작용할 수 있으며 약 1~2%p 영향을 미칠 수 있다고 봤다. 오가닉 성장률은 4~5%를 제시했다. 2024년 회계연도에도 매출의 약 4.5%를 자본지출에 쓸 예정이며 따라서 영업현금흐름의 90%를 잉여현금흐름(FCF)을 기대하며 약 90억달러의 배당과, 50억~60억달러의 자사주 매입을 기대했다.

시장 예상 매출은 849억달러로 3.6% 성장을 전망하고 있고 순이익은 158억달러로 18.6%의 마진을 예상하고 있다. 전년대비 순이익률이 0.6%p 개선되는 것으로 보고 있다. FCF는 153억달러를 예상하고 있다. 애널리스트 평균 목표가는 169달러로 Buy:Hold:Sell 의견 비율이 67%:30%:3%로 매수 의견이 지배적이다. 피앤지는 성장률이 아주 높진 않지만 이익 가시성이 매우 높은 생활용품 위주의 제품 믹스를 보유하고 있어 미래에도 안정적인 실적 흐름을 이어갈 것으로 보인다.

샤넬, 에스테로더와 같은 명품 매장과 어깨를 나란히 하고 있는 SKII 화장품을 만드는 회사가 기저귀도 만든다는 사실을 아는 사람은 많지 않다

주가와 잉여현금흐름(FCF) 추이

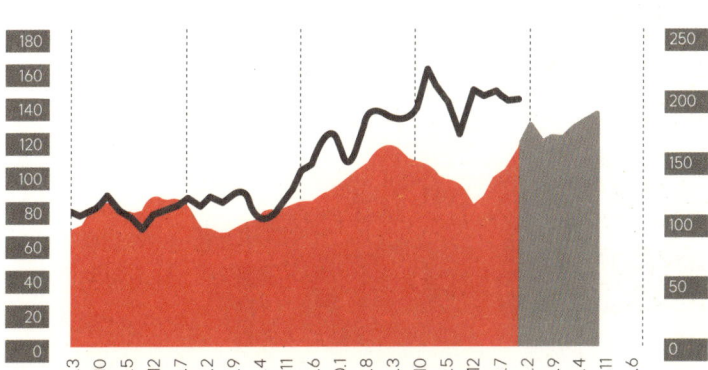

Tr 12M FCF(억달러)(우) ■ 주가(달러)(좌) ■ FCF 추정치

자료 Bloomberg Professional Services   Tr 12M : 직전 12개월

50 세계 최대 건자재 기업
홈 디포
The Home Depot, Inc

1990년대 후반 홈디포는 칠레나 인도네시아의 울창한 숲을 벌채한다는 이유로 비판과 저항운동을 받아왔다. 2000년 이후 홈디포는 환경적으로 민감한 지역의 벌목을 금하기로 선언하고, 2007년 약 3000 종의 친환경 제품을 공개했다.

투자지표 5점 척도

홈디포는 수익성과 성장성은 보통이지만 수익 안정성이 뛰어나고 최고 수준의 주주환원 정책을 보여주고 있다.

↓ 홈 디포는 2023년보다는 부진해도 월가 예상을 웃도는 이익과 매출을 기록했다고 2024년 3월 발표했다. 업체이다.

Investment Point
- 안정적 매출 성장
- 10%의 꾸준한 순이익률

코스트코 크기의 세계 최대 철물점

홈디포는 1978년 미국에서 설립된 세계 최대 종합 주택 건설 자재 전문 기업이다. 한국에 들어와 있는 IKEA(이케아)와 거의 비슷하지만 약간의 차이점은 종합 철물과 가전과 가드닝 제품도 취급하고 있다는 점이다. 주요 품목으로는 조경, 조명, 가전, 가구, 건축자재, 마루, 타일, 도구, 페인트 등 무려 4만개의 아이템을 보유하고 있다. 미국에만 2007개 매장, 캐나다 182개, 멕시코 133개 매장을 보유하고 있으며 직원수는 47만명 수준이다. 최근에는 인터넷과 모바일을 통한 온라인 판매도 많이 늘어나 전체 매출의 14.2%를 차지하고 있다. 2022년 연간보고서(Annual Report)에 따르면 순매출 1574억달러에 순이익 171억달러, 영업현금흐름 146억달러를 기록해 65억달러 수준의 자사주를 매입했다.

업종 소매
티커 심볼 HD
시장 정보 뉴욕거래소
시가총액 3826억달러
매출액 1526억달러
영업이익 217억달러
순이익 151억달러
제품 가전제품, 도료, 배관, 정원 가꾸기 등

(2023년말 기준 직전 4개 분기 실적)

> 격동의 경제 상황 속에도 홈디포의 사업은 건재, DIY 시장의 회복력은 뛰어나다

최근 분기 실적과 주목할 포인트

10월 말까지 집계된 3분기 실적을 살펴보면 전년동기대비 3% 감소한 377억달러 매출에 38억달러의 순이익을 기록하며 순이익

률 10%를 달성했다. 부진한 성과를 냈지만 2023년 연간 가이던스인 3~4% 감소에 부합하는 실적이었다. 2020년 코로나 팬데믹으로 2022년 1월 말까지 약 2년간 37% 성장한 점과 2023년 1월까지 상당히 높은 레벨로 오른 원자재 가격의 영향으로 2023년 회계기준(22년 2월~23년 1월) 역대 최고치 매출인 1537억달러를 기록했기 때문이다. 하지만 2023년은 건설경기 둔화, 물가 안정, 특히 원자재 가격 하락이 건축 자재에 하방 압력을 주면서 홈디포의 판가에도 영향을 주는 것으로 보인다.

향후 전망 및 애널리스트 의견

2024년 1월 기준 발표되는 2024년 회계연도 실적은 가이던스와 유사한 3% 둔화된 1525억달러 매출과 151억달러의 순이익이 예상된다. 2025년 회계연도(24년 2월~25년 1월) 기준 예상 매출액은 1.4% 증가한 1547억달러이며 순이익은 153억달러이다. 탑라인이 둔화되는 가운데에도 10%의 순이익률이 예상된다. 홈디포는 유통기업임에도 두 자릿수인 10% 내외의 순이익률을 꾸준히 보여주고 있는 놀라운 회사다. 애널리스트 평균 목표가는 374달러이며 Buy:Hold:Sell 의견 비율은 56%:33%:10%로 매수와 보유 의견이 지배적이다. 최근 발표된 애널리스트의 보고서를 보면 홈디포, 로우스 등 업체들의 성장률이 같이 둔화되는 것으로 전망하고 있다. 이는 전방산업인 부동산 경기 및 주택 경기의 부진에 따른 것이다. 부동산 시장의 위축은 이사 수요를 둔화시키고 결국 전반적인 건설 경기를 둔화시키기 때문이다. 다만 2024년 경기 둔화에 따른 연준의 금리 인하가 예상되고 있기 때문에 하반기에는 모기지 금리도 의미 있게 하향 안정화될 전망이다. 따라서 2024년 하반기에는 희망의 해가 밝을 것으로 생각한다.

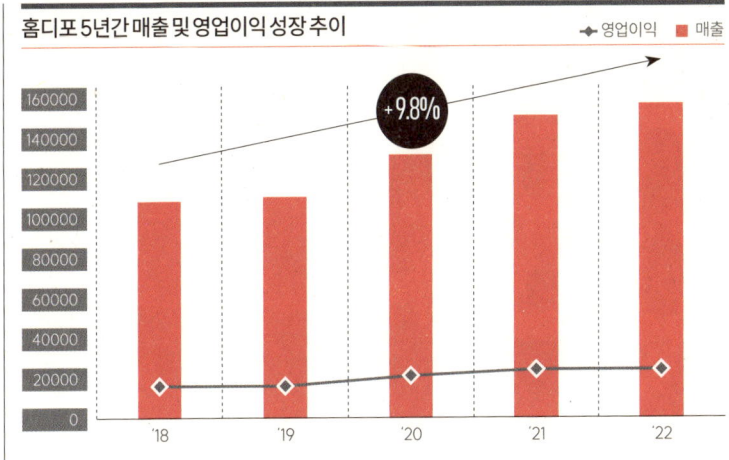

홈디포 5년간 매출 및 영업이익 성장 추이

자료 홈디포

← 홈디포는 건축 자재, 도구, 원예 등을 유통하는 세계 최대의 소매 체인 업체이다.

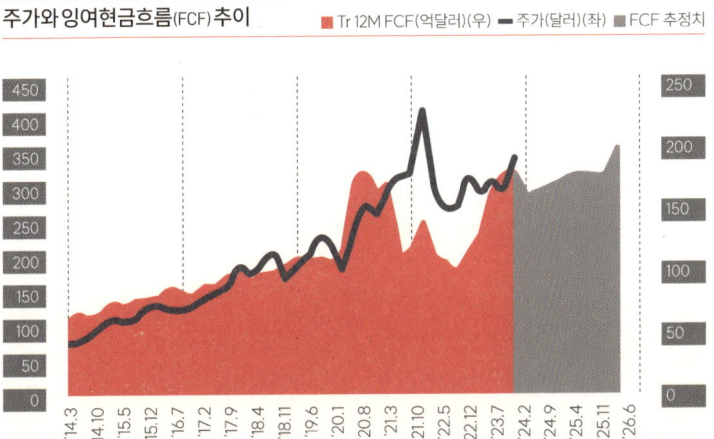

주가와 잉여현금흐름(FCF) 추이

자료 Bloomberg Professional Services

Tr 12M : 직전 12개월

실전 주식투자
Q&A

> 이 책이 여러분의 재테크에 도움이 되길 바라며 올바른 주식투자를 위한 마지막 첨언이다.

올바른 MBTI 유형별 주식투자 활용법

Q MBTI 유형별로 강점과 약점이 있기 마련이다. 강점은 극대화하고 약점은 최소화할 수 있는 재테크 노하우는?

A 나의 성격을 파악하고 이를 재테크에 적용할 때 자산 배분, 종목 선택, 포트폴리오 구성 순서로 전략을 시행해보길 추천한다. 먼저 MBTI 유형별로 위험에 대한 투자성향, 즉 '고위험-고수익', '중위험-중수익', '저위험-저수익'으로 다른 경향을 보이고 있으므로 내 투자성향이 어떤지를 파악하는 것이 중요하다. 이는 곧 내 자산 배분 전략을 좌우하는 기준으로 만약 나의 투자성향이 '저위험-저수익'에 위치했다면 나는 보수적인 자산 배분을 선호하는 편으로 주식 비중을 낮추고 채권 비중을 높이는 자산 배분을 해야 내 성격상 마음이 편하다는 것을 의미한다. 다음으로 내 성격에 딱 맞는 미국 주식을 찾아보고 시도를 해보자. 기업의 성격을 분류하는 기준으로 외향형(E)인지 내향형(I)인지는 베타()로, 직관형(N)인지 감각형(S)인지는 ESG 위험점수로, 이성형(T)인지 감성형(F)인지는 PER로, 계획형(J)인지 즉흥형(P)는 EPS 증가율로 대용치(proxy)로 적용했다. 물론 이러한 방법론의 통계적인 타당성과 완전성보다는 실무적인 편의성(데이터 접근성)과 기존 연구의 누적된 연구성과 등을 바탕으로 구성했음을 다시 한번 밝힌다. 재무 데이터는 주가의 변화와 분기 실적발표에 따라 끊임없이 변하기 때문에 꾸준한 업데이트가 필요하다. 재테크에 진심인 분들은 MBTI에 딱 맞는 종목 찾기를 스스로 해보길 바란다. 마지막으로 주식 포트폴리오 구성하기에서는 내 성격에 딱 맞는 종목군은 포트폴리오의 50~70% 비중으로 편입시키고 남은 비중은 나와 MBTI 궁합상 최적인 다른 성격 그룹군의 종목군을 편입시켜서 포트폴리오상 분산투자 효과를 배가시키고자 했다.

주식 및 기업을 선택하는 TIP

Q 실전 주식투자에 앞서 어떤 지표를 먼저 봐야 할까?

A 펀드 매니저로서 가장 좋아하고 신뢰하는 지표 하나를 뽑으라고 한다면 주저없이 FCF를 선택하고 싶다. 대학원 재학시절 기억에 남는 수업이 두 가지 있는데 하나는 'Efficient Market Theory' 효율적 시장가설과 FCF에 관한 수업이었다. 기업의 미래 FCF를 예측할 수 있다면 큰돈을 벌 수 있다고 생각했다. 미래를 예측한다는 건 어려운 일이지만, 실제 주식시장에서 현재 돈을 많이 벌거나 가까운 미래에 큰 이익 성장이 예상되는 내러티브가 생기면 주가가 크게 오르는 모습이 나타난다.

Q 최고의 주식이란 무엇인가?

A 우선 기업이 돈을 잘 벌고 있어야 한다. 기업의 가치는 이익의 함수이기 때문이다. 또한 성장성이 강한 기업일 것이며, 나아가 성장성과 수익성이 안정적이고 지속 가능할 것(Earning Visibility), 끝으로 주주들의 가치를 증대시킬 수 있도록 주주환원에 적극적인 기업(배당과 자사주매입소각) 이 4가지 요건을 충족하는 모범 기업은 다른 기업보다 높은 평가를 받으며 높은 멀티플로 거래가 된다. 즉 비싸게 거래가 된다는 얘기다.

Q "비싸다, 싸다"는 판단은 어떻게 하는지?

A 단순 주가 보다는 '시가총액'의 규모를 봐야 하고 '순이익'의 크기와 '성장률'을 보고 판단해야 한다. FCF 예측은 물론이고 그것 대비 현재의 시가총액을 비교해보면서 판단해야 한다. 또 시장에서 오랜 기간 많이 활용되고 있는 PER 지표가 있는데 주가 또는 현재가/주당순이익(EPS)으로 기업의 주가를 주당 순이익으로 나눈 것이다. 즉, '시가총액'을 연간 '순이익'으로 나눈 값과 같다.

A 다들 단타 매매로 큰돈을 번다고 하는데 어떻게 하는게 좋을까요?

Q 스캘퍼라고 불리는 전문가들도 단타 매매로 돈을 버는 것은 정말 쉽지 않다. 소위 '운칠기삼'이라는 말처럼 돈을 벌었다면 그것은 운에 가깝다고 생각합니다.

기업분석을 하지 않고 샀다 팔았다를 반복하면 승패를 운에 맡기게 되는 도박과도 같다. 좋아하는 글로벌 브랜드가 있거나 돈을 잘 버는 기업이 눈에 들어오면 해당 기업의 IR 사이트에 들어가서 어떤 비즈니스 모델을 갖고 있고 실적이 어떤 흐름을 보이고 있는지 찾아보자. 그리고 그 회사가 5년~10년 장기적으로 좋아질 것 같다면 투자를 하고 지속적으로 업데이트를 하자.

Q 투자 순서는 어떻게 되나요? A to Z

A 회사의 홈페이지, 공시시스템의 분기실적 보고서, 뉴스 등 채널을 통해 회사의 현황 파악과 미래를 전망해보길 바란다. 나아가 해당 기업이 속한 산업을 분석해보고, 더 나아가 글로벌 경기와 증시 전망을 알아보자. 좋은 기업을 발굴했다면 현재 그 회사가 적정한 가격에 거래가 되고 있는지 살펴보고 직접 주식가치평가를 해보자. 투자할 대상이 정해지면 증권사의 해외주식거래 계좌를 개설하고 거래를 시작하면 되는데, 앱에서 비대면 계좌개설도 가능하니 지금 바로 실천해보자.

시가총액 = 기업의 1주당 현재가 * 총 발행주식수

'시가총액'은 현재 기업의 시장 가치를 말하며 '기업의 현재가'에 '총 발행주식수'를 곱해 계산한다. '발행 예정주식' 또한 함께 고려해야 하는데, 기업이 CB와 같이 주식으로 전환될 수 있는 전환사채를 발행한 경우 향후 채권이 주식으로 전환돼 신주가 상장되면 발행 주식 수가 늘어나기 때문이다. 전환사채의 주식 전환은 '자사주 매입 소각'과 반대되는 개념으로 주주들의 1주당 가치는 떨어진다.

잉여현금흐름 (Free Cash Flow, FCF)

기업활동으로 유입되는 돈에서 투자비 등을 제외한 순수한 주주의 몫이다. 이 돈이 쌓이면 주주에게 배당을 하거나 자사주 매입 소각을 통해 주주의 지분 가치를 올릴 수 있다. 워런 버핏이 이 지표를 가장 중요하게 생각한다고 했다.

EBITDA

'이자, 세금, 감가상각비, 무형자산상각비 차감 전 이익(Earnings Before Interest, Tax, Depreciation, and Amortization)'의 약자이며 현금이 유출되지 않는 항목과 영업활동 이후에 수반되는 항목을 제외해 순수하게 영업활동으로 돈을 잘 벌고 있는지 보려는 것이다. M&A 시장 등에서 활발히 이용되는데 대출 이자가 많아 순손실이 나는 기업이라도 순수하게 영업으로 돈을 잘 버는 기업은 좋은 회사로 판단해 인수의 대상이 된다.

Information

미국 기업의 분기보고서는 어디서 찾아볼 수 있을까?

기관투자자는 '블룸버그' 등과 같이 단말기를 주로 사용하여 기업분석을 한다. 하지만 개인이 그 비용을 감당하기에는 부담이 크다. 과거에는 '블대리'라는 별명을 갖고 있었지만 지금은 '블과장'이라고 불릴 정도로 비싸졌다. 개인이 기업분석을 할 때 어떤 채널을 활용하면 좋을지 몇 가지 추천을 하고자 한다. 한국 기업분석에 있어서도 가장 중요한 것이 '사업보고서' 또는 '분기보고서'다. 이는 금융감독원 공시 사이트인 'Dart'에서 찾아볼 수 있는데 "dart.fss.or.kr" 사이트 주소는 주식투자 한다는 사람은 누구나 머리속에 기억하고 있다. 그렇다면 미국 주식을 하기에는 어떤 것을 필수로 기억하고 있어야 할까? 바로 'EDGAR'다. 미국판 공시 사이트라고 보면 된다. 네이버 또는 구글 검색창에 EDGAR를 입력하고 검색하면 된다. 그리고 회사별 IR 사이트에 가면 매우 친절하게 최근 발표한 분기보고서, IR PDF자료, 컨퍼런스콜 음원, 또는 영상을 찾아볼 수 있다. 구글 검색창에 [기업명 IR] 처럼 IR를 뒤에 붙여서 검색하기만 하면 된다.

주요 회계 용어

EDGAR : 미국의 전자 공시 시스템 (Electronic Data Gathering, Analysis and Retrieval)
Form 10-K : 연차보고서 (Annual Report)
Form 10-Q : 분기보고서 (Quarterly Report)
Form 8-K : 수시보고서
S-1 : 기업공개(IPO)를 위해 SEC(미국증권거래위원회)에 제출하는 유가증권신고서
Condensed Consolidated Statements : 연결재무제표
Unaudited : 회계감사를 받지않은 (감사후 수치가 달라질 수 있다는 사실을 의미)

Balance Sheet : 대차대조표 또는 재무상태표
Income Statement : 손익계산서
SEC : Securities and Exchange Commission, 미국증권거래위원회
Filing : 파일더미
Disclosure : 공시
Public Offering : 공모
Registration Statement : 등록신고서
Prospectus : 사업설명서
Securities : 증권
Equities : 주식
Asset : 자산
Current Asset : 유동자산 (↔ Fixed Asset)

Receivables : 채권
Inventories : 재고자산
Liabilities : 부채
Capital : 자본
Revenues : 수익
Deficit : 적자
Dividend Income : 배당 수익
Legal Proceedings : 법적소송절차
Goodwill : 영업권 (또는 권리금)

참고문헌

하나금융경영연구소,
〈대한민국웰스리포트〉, 2023.
나우진 외 2인, 〈MBTI의 모든 것〉 원앤원콘첸츠그룹, 2023.2.1
한승조 외 2인, 〈MBTI 성격유형에 따른 투자성향 연구〉,
춘계공동학술대회, 2015.
Molly Owens, 〈How Your Personality Type Impacts Your Income〉, Truity, 2019.
Elizabeth Hirsh 외 2인,
〈Introduction to Myers-Briggs Type and Teams(성격유형과 팀)〉, 김영준 외 1인, 번역본 3판
Shu Li & Chang-Jiang Liu, 〈Individual differences in a switch from risk-averse preferences for gains to risk-seeking preferences for losses: can personality variables predict the risk preferences〉, Journal of Risk Research, 2008.7.31
Aniruddha S. Rao 외 1인, 〈A review on personality models and investment decisions〉, Journal of Behavioral and Experimental Finance, 2022.6.10.
곽민정, 곽병열, 〈인공지능에 투자하고 싶습니다만〉, 2023
어도비 IR:
https://www.adobe.com/investor-relations.html
https://www.barrons.com/articles/ai-amd-nvidia-intel-chips-stock-983fd0e7
한국경제:
https://www.hankyung.com/article/202110068290i
조용준, 〈4차산업 미국주식에 투자하라〉, 2020.
상업주간 지음, 〈TSMC 반도체 제국〉, 2018.
김경민, 〈반도체 애널리스트의 리서치 습관〉, 2022.
웹페이지: https://ir.aboutamazon.com/news-release/news-release-details/2023/Amazon.com-Announces-Third-Quarter-Results/
존 바텔, 〈구글 스토리〉, 2005.
정인성, 〈반도체 제국의 미래〉, 2021.
노보노디스크 IR 페이지

Fierce Biotech '2028년 가장 유망한 신약 후보'
http://m.yakup.com/news/ndex.html?mode=view&nid=285490
연합뉴스: 사용자 수와 신규 설치 수, 출시 첫 주 이후 지속 감소,
https://m.yna.co.kr/view/AKR20230822032100017
곽병열, 유성만, 〈메타버스 투자의 정석〉, 2022
김상균, 신병호, 〈메타버스 새로운 기회〉, 2021
Global EV and Battery Monthly Tracker, SNE Research
2023년 4월 ARK 운용사가 작성한 보고서
https://ark-invest.com/articles/valuation-models/arks-tesla-price-target-2027/
제니 챈, 〈아이폰을 위해 죽다〉, 2021.
제리 카플란, 〈인공지능의 미래〉, 2016.
타이탄프로젝트: https://m.businesspost.co.kr/BP?command=mobile_view&num=319290
포트폴리오즈랩: https://portfolioslab.com/symbol/AAPL
린더 카니, 〈팀 쿡〉. 2019.
월터 아이작슨, 〈스티브 잡스〉, 2011.
월트디즈니 IR 페이지:
https://thewaltdisneycompany.com/investor-relations/
스타벅스 IR 페이지: https://investor.starbucks.com/ir-home/default.aspx
오젬픽 관련 뉴스:
https://www.hanhodaily.com/news/articleView.html?idxno=73367
장동선, 〈AI는 세상을 어떻게 바꾸는가〉, 김영사, 2022.
김지연, 〈인공지능과 인간〉, 2022.
해리 벡위드, 〈보이지 않는 것을 팔아라〉, 2022.
권석준, 〈반도체 삼국지〉, 2022.
권영화, 〈4차산업혁명 시대의 반도체 비즈니스〉, 2021
모건 하우절, 〈돈의 심리학〉, 2021
이베스트투자증권 신재훈, 〈아메리칸 헬스케어〉, 2018

아직도 주식 투자가 어렵다면
MBTI 투자법

펴낸날	초판1쇄 2024년 3월 26일
발행인	김정호
편집인	하영춘
펴낸곳	한국경제신문
편집 및 총괄	이선정
편집	김은란
교열	오민영
글	곽병열 · 전상훈
디자인	박유미
판매 · 유통	정갑철 · 선상헌 · 조종현
인쇄	제이엠프린팅
등록	제2006-000008호
주소	서울시 중구 청파로 463 한국경제신문
구입문의	02-360-4859
홈페이지	www.hankyung.com

값 20,000원
ISBN 978-89-475-0074-6 (93320)

<MBTI투자법>은 주식투자를 막 시작하는 MZ세대는 물론, 투자가 어려운 초보투자자들에게 투자 솔루션을 찾는데 도움을 드리고자 심혈을 기울여 펴낸 주식투자 가이드북입니다.

● 잘못 만들어진 책은 구입하신 곳에서 교환해 드립니다.
● 이 책은 저작권법에 따라 보호받는 저작물이므로 무단전재와 복제를 금합니다.